D1673123

Das Chakra-Erlebnisbuch

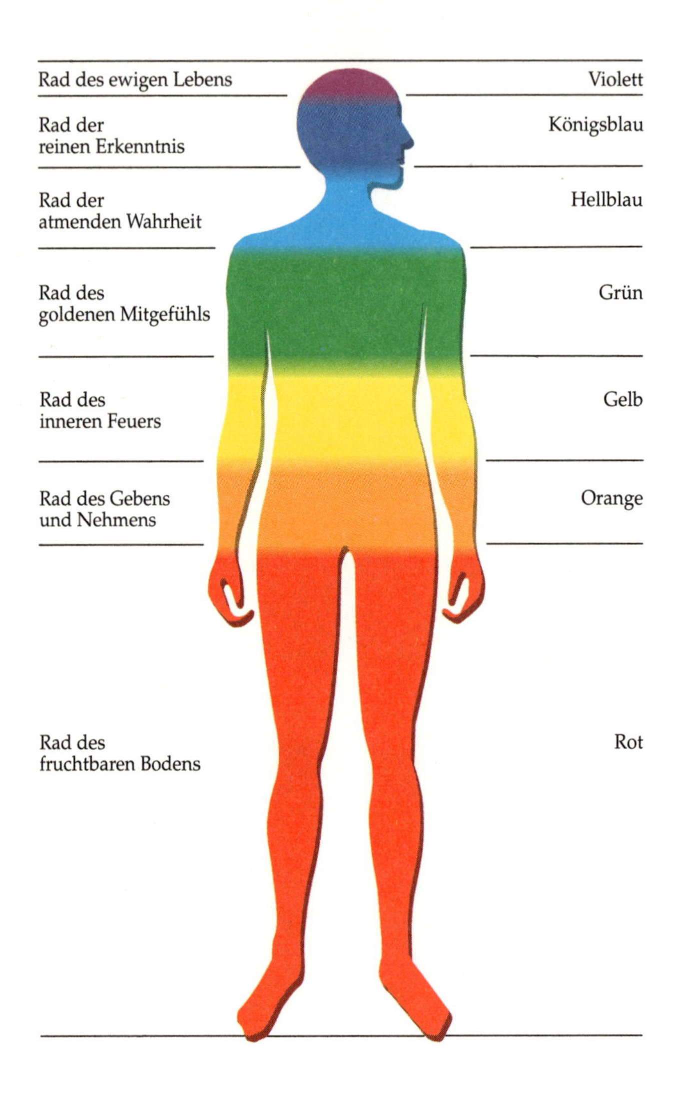
Rad des ewigen Lebens
Violett
Rad der
reinen Erkenntnis
Königsblau
Rad der
atmenden Wahrheit
Hellblau
Rad des
goldenen Mitgefühls
Grün
Rad des
inneren Feuers
Gelb
Rad des Gebens
und Nehmens
Orange
Rad des
fruchtbaren Bodens
Rot

Alan Forman / Stephan Niederwieser

Das Chakra-Erlebnisbuch

Glück, Lebensfreude und Gesundheit durch die
Vitalisierung unserer inneren Energiezentren

Scherz

Erklärung
Die in diesem Buch enthaltenen Tips und Übungen geben dem Leser Informationen, wie er sein Gesamtbefinden verbessern und seine Widerstandskräfte stärken kann. Bei Krankheiten und Beschwerden wenden Sie sich in jedem Fall an Ihren Arzt, Heilpraktiker oder anerkannten Therapeuten.

Erste Auflage 1998
Copyright © by Scherz Verlag Bern, München, Wien.
Alle Rechte vorbehalten, auch die der Verbreitung durch Funk, Fernsehen, fotomechanische Wiedergabe, Tonträger jeder Art und auszugsweisen Nachdruck sowie der Übersetzung.
Einbandgestaltung: Adolf Bachmann

Inhalt

Teil II: Übungen und Tips zu den sieben Chakren

Vorwort

Das Chakren-System basiert auf einer jahrhundertealten Lehre. Der Zustand der sieben Energiezentren entlang der Körpermitte bestimmt unsere zentralen Lebensfunktionen und unseren Gefühlshaushalt. Sie sind wesentlich für Qualität unseres Lebens verantwortlich.

Dieses Buch lehrt Sie, auf die Chakren Einfluß zu nehmen und so Ihr Leben aktiv zu gestalten. Wenn Ihnen dies gelingt, werden Sie in Zukunft stärker agieren statt zu reagieren, und es wird Ihnen leichter fallen, Entscheidungen zu treffen. Automatisiertes Verhalten weicht kreativem, intuitivem Handeln. Sie werden zunehmend ausgeglichener, Phasen der körperlichen, emotionalen und psychischen Stabilität halten länger an. Ängste verringern sich, Sie fühlen sich sicherer und freier, die Verbindung zu anderen Menschen wird intensiver.

Sehr oft werden Körper- oder Atemübungen empfohlen, die den jeweiligen Körperbereich um das Chakra herum entspannen oder aber Visualisierungen und andere Techniken, die mittels Kristallen, Düften oder Musik direkt auf die Chakren einwirken.

Unsere Erfahrung hat jedoch gezeigt, daß sich die Energiezentren bald wieder verschließen oder blockiert bleiben, behebt man nicht die eigentlichen Ursachen dieser Störungen. Daher finden Sie in unserem Buch neben Körper- und Atemübungen, Visualisationen und Energieübertragungstechniken noch eine ganze Reihe von Übungen zur Selbsterfahrung und Selbsterforschung. Denn sobald die Ursachen der Störungen behoben sind, werden sich die Chakren ganz von selbst öffnen.

In diesem Buch stellen wir Ihnen ganz unterschiedliche Übungen und Tips vor: Trance, Mantra-Meditation, Malen, Kommunikation, Massage, Traumarbeit, Mudras, Affirmationen und vieles andere mehr. Da wir das Prinzip jeder einzelnen Übung genau erklären, werden Sie innerhalb kürzester Zeit fähig sein, eigene zu entwickeln. So sind Sie bald nicht mehr allein von unseren Vorschlägen abhängig, sondern können selbst kreativ werden.

Am Ende eines jeden Übungskapitels finden Sie sogenannte Quickie-Übungen. Es sind «Notfall-Übungen», die Sie anwenden können, wenn das betreffende Chakra durch schlechte Nachrichten, ein bedrückendes Ereignis oder einen Unfall akut aus dem Gleichgewicht gebracht wurde. Natürlich können Sie auch einfach zwischendurch praktizieren, z. B. in Arbeitspausen oder unterwegs.

Um die Aufgaben und Funktionen der Chakren zu beschreiben, haben wir in diesem Buch neue Namen für sie eingeführt. Bilder aus dem Pflanzen- und Tierreich veranschaulichen menschliche Aspekte. Metaphern vermitteln komplexe Ideen besser, weil sie auch ohne logisch analytisches Denken Assoziationen hervorrufen.

Im Kapitel Tanz der Balance haben wir weitere Ideen ausgeführt, die Ihnen helfen, Ihr neu gewonnenes Gleichgewicht aufrechtzuerhalten. Sie finden dort Anregungen, wie Sie Ihre Intuition gebrauchen, den verlorenen Bezug zur Natur wieder herstellen und eine positive Lebenseinstellung gewinnen können.

Unser Energie-TÜV zeigt Ihnen, inwieweit Ihre Chakren aus dem Gleichgewicht geraten sind und an welchem Sie zuerst arbeiten sollten.

Und nun viel Spaß mit dem Chakra-Erlebnisbuch.

Teil I

Energie als Grundlage des Lebens

Leben im Fluß

Wer nach Gesundheit, Glück und Lebensfreude strebt, setzt sich am besten damit auseinander, was all dem zugrunde liegt: Lebensenergie. Was sie ist, wozu wir sie brauchen und was sie bewirkt, erfahren Sie durch die folgende Übung:

Übung

- Reiben Sie Ihre beiden Hände eine Minute lang kräftig aneinander.
- Halten Sie die Handflächen in einem Abstand von drei bis fünf Zentimetern einander zugewendet.
- Entspannen Sie sich, besonders Ihre Arme.
- Spüren Sie nun in diesen Abstand hinein. Was nehmen Sie in den Handflächen wahr? Fühlen Sie ein Prickeln? Verändert sich die Temperatur der Haut? Vibrieren die Hände, oder werden sie rot?
- Spielen Sie nun mit dem Abstand zwischen den Händen. Was verändert sich?

Energie durchströmt unseren Körper

Was Sie hierbei wahrgenommen haben, ist Lebensenergie. Unser Energiekörper, der sich aus Äther-, Mental- und Astralkörper zusammensetzt, wie auch unser sichtbarer Leib werden von Lebensenergie durchströmt und belebt. Ohne sie würde man ein Wesen als tot bezeichnen.

Unterschiedliche Energieströme durchlaufen unseren Körper. Das Herz wird durch elektrische Impulse gesteuert, Nervenreize werden auf diese Weise weitergeleitet, und auch das gesamte Gehirn ist auf einen ungestörten Energiefluß angewiesen.

Selbst alle Reize, die von außen auf uns einwirken, sind letztlich Energie. Licht, Farbe, Schall und Düfte werden als elektrische Impulse an das Gehirn weitergeleitet, ebenso Druck und Wärme auf der Haut oder Schmerzreize.

Manchmal reagieren wir aber auch auf Dinge, die eigentlich gar nicht über die Sinne wahrgenommen werden können, wie z. B. Wetterwechsel, drohendes Unglück oder die Ankunft eines Freundes. Ebenfalls an Orten, die energetisch besonders aufgeladen sind, wie z. B. Kirchen, heilige Grotten oder Steinkreise, nehmen wir etwas wahr, was nicht in Worte zu fassen ist. Solche Informationen werden durch Energien übertragen.

Namen der Energie

Menschen aus den unterschiedlichsten Kulturen haben sich zu verschiedensten Zeiten mit dieser Energie beschäftigt. Die Inder nennen sie Prana, Christus sprach von Licht. Die Indianer glauben an Manitou, Urvölker wie die Kahunas oder Te Maori gaben ihr den Namen Mana. Hippokrates bezeichnete diese Energie als vis medicatrix naturae (natürliche Lebenskraft), Paracelsus als Munia und die Alchemisten als Lebensfluidum.

Auch in der Neuzeit beschäftigen sich Forscher und Heiler aller Sparten mit dem Phänomen der Energie. Dr. Hahnemann, Begründer der Homöopathie, bezeichnete sie als Dynamis oder Lebenskraft. Freiherr von Reichenbach schrieb über das Odlicht, Franz Anton Messmer sprach über den Animalmagnetismus, Wilhelm Reich nannte sie Orgon, und russische Forscher entdeckten das Bioplasma.

Die im Naturheilbereich bekannteste Bezeichnung für die Lebensenergie ist das Qi (Chi) der chinesischen Heilkunde. Der östlichen Überzeugung nach besteht diese

Energie aus den dualen Teilaspekten Yin und Yang. Diese folgen genau festgelegten Bahnen, sogenannten Meridianen. Energiefluß bzw. Blockaden beeinflussen die Funktionen der Organe. Ebenso werden die Gedanken und das Gemüt von ihr bestimmt.

Gesundheit

Der Mensch, der nach Gesundheit, Glück und Lebensfreude strebt, sollte daher dafür sorgen, daß seine Energien frei fließen und er sich mit denen seiner Umwelt in Harmonie befindet. Disharmonien, Störungen und Staus führen zu Krankheiten.

Behandlungsmethoden wie Akupunktur, Akupressur und Shiatsu basieren auf diesem Wissen. Die Lenkung der Energie ist die Grundlage von Healing Touch, Polarity und Reiki.

Der Mensch ist fleischgewordene Biographie

Ist ein Mensch über längere Zeit einer bestimmten Energieströmung ausgesetzt, beeinflußt sie seinen Energiefluß dauerhaft und formt seinen Körper, seine Seele und seinen Geist. Daran sind innere (Gedanken und Gefühle) und äußerliche (Erziehung und Ernährung) Faktoren gleichermaßen beteiligt.

Auf der anderen Seite bedeutet dies: Wenn wir lernen, Energie zu lenken, können wir sie kontrollieren. Dazu müssen wir verstehen, nach welchen Gesetzen sie funktioniert und auf welche Art und Weise wir dieses Wissen für uns anwendbar machen können.

Energieströme messen

Viele dieser Energieströme sind mittlerweile meßbar. Die chinesische Medizin verfügt über ein ausgeklügeltes System der Pulsdiagnose. Chinesische Heilkundige benutzen dazu nicht nur den uns bekannten Puls, sondern noch elf weitere. Im Shiatsu stellt man den Energiezustand der Meridiane am Hara (Unterbauch) fest.

Inzwischen gibt es auch elektronische Geräte, mit denen diese Energieströme gemessen werden können. Dazu gehören das Elektrokardiogramm (EKG), das Elektroenzephalogramm (EEG) und Elektroakupunkturgeräte.

Formen von Energie

Nicht nur der Mensch besteht aus Energie, sondern auch alles andere. Einige Energieformen sind uns wohlbekannt, wie Strom, Funk, Mikrowelle, Laser, Ultraschall, Radar, Sonnenstrahlung, Licht und Röntgenstrahlen. Wieder andere Energieformen sind nicht so offensichtlich erkennbar.

Hierzu ein Beispiel: Auf der Straße nehmen wir den Radfahrer und den Baum, an dem er vorbeiradelt, als getrennte Entitäten wahr. Der eine bewegt sich, der andere steht still, abgesehen von den Blättern, die im Wind vielleicht ein wenig rascheln. Es scheint so, als bestünde keinerlei Beziehung zwischen Mensch und Pflanze. Würde man aber den Baum unter einem sehr starken Mikroskop betrachten, sähe man, daß selbst die abgestorbenen Rindenteile aus einer unendlichen Anzahl von Atomen bestehen, die darin äußerst lebendig herumschwirren. Genaugenommen ist der Baum also doch in Bewegung.

Nobelpreisträger Fritjof Capra hat sich in seinem Buch *Das Tao der Physik* eingehend mit diesem Thema beschäftigt. Er wies nach, daß es keine selbständigen, isolierten Materieklumpen gibt, sondern alles miteinander in Beziehung steht.

Alles ist Energie

Bereits Albert Einstein zeigte in seiner Relativitätstheorie die Gleichwertigkeit von Materie und Energie. Seine Theorie von der Energie-Masse-Äquivalenz, die er mit der berühmten Formel $E = mc^2$ beschrieb, besagt, daß Materie und Energie letztlich nur unterschiedliche Betrachtungsweisen ein und derselben Sache sind. Wenn Sie z. B. einen Zylinder zweidimensional abbilden, wird er von der Seite wie ein Rechteck erscheinen, von oben jedoch wie ein Kreis. Genauso ist die Unterscheidung von Materie oder Energie letztlich nur eine Frage der Perspektive.

Chakren als Filtersystem

Da wir als Menschen solchen unterschiedlichen Energien ausgesetzt sind, brauchen wir ein System, um die für uns wichtigen aus den unbrauchbaren herauszufiltern. Diese Funktion erfüllen die Chakren.

Zusammenfassung

- Die Grundlage allen Lebens ist Energie.
- Unser physischer Körper und unsere Energiekörper werden von vielen unterschiedlichen Energien durchströmt.
- Wir sind über Energie mit der Außenwelt verbunden.
- Solange wir im großen Strom harmonisch mitfließen, sind wir gesund.
- Blockaden erzeugen Krankheiten.
- Energie formt unser Erleben.
- Chakren sind Filter, mit denen wir aus dem großen Energiekreislauf auswählen.

Die Chakren

Bevor Sie nun das Wesentliche über die Lage der Chakren, ihre Entwicklung und deren Sinn erfahren, schlagen wir Ihnen vor, dieses Kapitel mit folgender Übung zu beginnen.

Übung

- Legen Sie sich auf den Rücken, die Füße sind etwa hüftbreit voneinander entfernt, die Arme liegen entspannt neben dem Körper.
- Schließen Sie die Augen und atmen Sie langsam und tief, bis Sie entspannt sind.
- Wiederholen Sie nun die Übung aus dem vorhergehenden Kapitel: Reiben Sie die Hände eine Minute lang kräftig aneinander. Halten Sie die Handflächen in einem Abstand von drei bis fünf Zentimetern einander zugewandt, bis Sie wieder dieses prickelnd warme Gefühl wahrnehmen.
- Halten Sie dann beide Hände etwa drei Zentimeter über dem Genitalbereich nebeneinander, wobei sich jeweils die Daumen und die Zeigefinger berühren.
- Versuchen Sie, die Arme dabei entspannt auf dem Unterleib abzulegen.
- Achten Sie auf die Empfindung in Ihren Händen bzw. unterhalb der Genitalien. Spüren Sie, wie sich langsam eine energetische Verbindung aufbaut.
- Spielen Sie mit dem Abstand zum Körper. Was verändert sich dadurch?

- Ziehen Sie die Hände nach oben, in Höhe des Beckens (etwa eine Handbreit über den Genitalien) und halten Sie die Hände wieder mit einem Abstand von drei Zentimetern über diesen Bereich. Dort spüren Sie die Kraft des Sakralchakras.
- Das Nabelchakra befindet sich im Oberbauch, zwischen Rippenbogen und Nabel. An dieser Stelle legen Sie die rechte Hand so an die linke Hand, daß der kleine Finger der einen am Daumen der anderen anliegt.
- Bewegen Sie die Hände ein wenig nach oben und unten und finden Sie die Stelle, an der die Energie am stärksten spürbar ist. Das ist das exakte Zentrum Ihres Nabelchakras.
- Spüren Sie als nächstes die Kraft des Herzchakras. Es befindet sich etwa in der Höhe des Herzens, in der Mitte des Brustkorbs. Spüren Sie, daß sich die Qualität der Energie verändert?
- Nehmen Sie sich Zeit. Je mehr Sie sich entspannen, desto leichter nehmen Sie diese feinstofflichen Energien wahr.
- Das nächste Chakra befindet sich direkt über dem Kehlkopf. Drehen Sie die Hände nun so, daß die kleinen Finger aneinander liegen.
- Die Energie des 6. Chakras, das in der Mitte der Stirn liegt, ist noch zarter und kühler. Legen Sie die Hände darüber und lassen Sie sich noch mehr Zeit, diese zu spüren.
- Suchen Sie nun noch das Kronenchakra über dem Scheitel. Es befindet sich an der Stelle, wo die Verlängerung der Wirbelsäule aus dem Kopf austreten würde. Halten Sie die Hände darüber und spüren Sie die Kraft.

Sie haben bestimmt bemerkt, daß sich mit der Energiequalität auch Ihr Gefühlshaushalt verändert hat. Wenn Sie die Übung wirklich langsam und aufmerksam ausgeführt haben, dürften Sie sich zu Beginn kraftvoll und geerdet gefühlt haben, danach leichter, unbeschwerter und von Frieden erfüllt.

Verschiedene Chakrenmodelle

Der Chakra-Philosophie begegnet man in verschiedensten Kulturen und Zeitaltern: Plato spricht von den sieben Ebenen des Geistes. Im Hinduismus beschäftigt man sich damit ebenso wie im tibetischen Buddhismus. Die Indianer der amerikanischen Westküste schnitzten Chakrensymbole in ihre Totempfähle. In China erforschte man ihre Nutzung zur Erlangung der Unsterblichkeit. Selbst die Kabbala erinnert inhaltlich an das System der Chakren.

Je nach Betrachtungsweise entstanden in den verschiedenen Kulturen und Religionen unterschiedliche Systeme. Wie Terry Clifford in seinem Buch *Tibetische Heilkunst* schreibt, sind im tibetischen Buddhismus nur fünf Chakren bekannt, während in neuzeitlichen Vorstellungen das System aus zwölf Energiezentren besteht. Der Aspekt der Bewußtseinsentwicklung läßt sich isoliert in anderen Methoden zur Selbstfindung und -entwicklung wiederfinden, wie z. B. in der Runenkunde, im Enneagramm und in der Astrologie.

Heutige Chakrenarbeit

Das Wissen über die Chakren bildet in vielen alternativen und ganzheitlichen Heilungsansätzen und -methoden die Basis. Dazu gehören beispielsweise Aura Soma, Polarity, Reiki und die Lehre der Arkanschule.

Aufgabe der Chakren

Das Chakrensystem besteht aus sieben Energiezentren, die jeweils für mehrere Aspekte der menschlichen Existenz zuständig sind. Durch sie sind wir mit der gesamten Umwelt, d. h. mit der kosmischen Energie, anderen Wesenheiten und unseren Mitmenschen verbunden.

Man kann sich diese als Energieknoten oder Verdichtungen energetischer Informationen vorstellen, die nach dem Prinzip von Anziehung und Abstoßung arbeiten. Sie filtern das für uns Notwendige heraus und stellen es dem Körper, dem Geist und der Seele zur Verfügung. Ein ausgeglichenes Chakren-System hält negative Energien von uns fern.

Lage und Form der Chakren

Chakra bedeutet Rad oder aufsteigender Wirbel. In ihrer Form erinnern Chakren an einen Trichter, im Buddhismus werden sie mit Lotusblüten verglichen.

Die sieben Chakren sind mit der Wirbelsäule verbunden. Ihre jeweilige Lage konnten Sie während der obigen Übung bereits wahrnehmen. Untereinander stehen sie über Kanäle, traditionell Nadi genannt, in Verbindung. Der Hauptkanal heißt Sushumna und läuft in der Mitte der Wirbelsäule nach oben, zwei weitere, Ida und Pingala, kreisen spiralförmig aufsteigend um sie herum. Von diesen Hauptleitbahnen strömt die transformierte Energie durch unzählige Kanäle – die Literatur spricht von 360 000 und mehr – zu den Organen und Energiekörpern des Menschen.

Am unteren Ende der Wirbelsäule liegt eingerollt die Kundalini, auch Schlangenkraft genannt. Durch Öffnung der nach oben führenden Chakren wird der Weg ins Kronenchakra frei. Dies zu erlernen, ist unsere Aufgabe.

Inhalt der Chakren

Die aufsteigende Kundalini kann man mit den Entwicklungsstadien des Menschen vom Neugeborenen bis zum selbständigen Erwachsenen vergleichen. Das Basischakra entspricht somit dem Stadium der Geburt. Die ersten Themen, mit denen wir konfrontiert werden, sind die Zugehörigkeit, der Umgang mit der Materie, das Karma und die Ausprägung des Individuums.

Im 2. Chakra erfolgt der erste Schritt zur Überwindung der Dualität. Das Baby beginnt seine Eltern zu er–fassen, wir lernen, über unsere Persönlichkeit hinauszuwachsen.

Auf der Stufe des 3. Chakras erweitert sich das Bewußtsein, das Baby nimmt die Familie als erste Gruppe im Leben wahr. Themen wie der Platz im Leben, die Artikulation von Bedürfnissen und persönliche Macht stehen jetzt im Vordergrund.

Im Herzchakra geht es nicht mehr um die Verbindung zu einem konkreten Wesen, sondern darum, die Liebe zur Wesenheit zu entwickeln, bedingungslose Liebe, die frei von Bedürfnissen und Ansprüchen ist.

Das Kehlkopfchakra betrifft die Kommunikation, die Verbindung zwischen Körper und Geist wird geschaffen. Wille, Kreativität und das zuvor Erarbeitete können formuliert und umgesetzt werden.

Auf der Stufe des 6. Chakra werden Logik und Intuition erfahrbar. Das dritte Auge öffnet sich, die Wahrnehmung über die Sinnesorgane intensiviert sich.

Im 7. Chakra, dem Kronenchakra, erfährt der Mensch die Überwindung des irdischen Daseins. Spiritualität, Verbindung zu Höherem, Tod und Wiedergeburt sind die Themen dieser Entwicklungsstufe.

Bezeichnungen der Chakren auf einen Blick

	Sanskrit-Namen	Übersetzungen aus dem Sanskrit	Metaphorische Namen
7. Chakra	Sahasrara	Kronenchakra	Rad des ewigen Lebens
6. Chakra	Ajna	Stirnchakra	Rad der reinen Erkenntnis
5. Chakra	Vishuddha	Halschakra	Rad der atmenden Wahrheit
4. Chakra	Anahata	Herzchakra	Rad des goldenen Mitgefühls
3. Chakra	Manipura	Nabelchakra	Rad des inneren Feuers
2. Chakra	Svadhisthana	Sakralchakra	Rad des Gebens und Nehmens
1. Chakra	Muladhara	Wurzelchakra	Rad des fruchtbaren Bodens

Es scheint so, als ließen sich die Inhalte der Chakren klar voneinander trennen, aber dem ist nicht so. Grundsätzlich sind in jedem Chakra, ähnlich dem Ur-Prinzip Yin und Yang, alle Themen enthalten, wie z. B. die Verantwortung. Im 1. Chakra sind wir gefordert, Verantwortung für uns selbst zu tragen, für unser Überleben und unsere persönliche Sicherheit zu sorgen. Im 2. Chakra dagegen übernehmen wir Verantwortung für unser Handeln gegenüber anderen Menschen. Im 3. Chakra entwickeln wir Selbstwert und Macht, und müssen lernen, diese verantwortungsvoll einzusetzen.

Und noch aus einem anderen Grund lassen sich die Chakren nicht so einfach auseinanderdividieren. Sie sind über Organfunktionen eng miteinander verknüpft. So wird z. B. die Notwendigkeit zu atmen vom Wurzelchakra regiert, die Lunge selbst jedoch vom Herzchakra.

Zustand der Chakren

Viele Faktoren beeinflussen den momentanen Zustand des Chakren-Systems. Grundsätzlich wird er durch die Entwicklungsstufe des einzelnen sowie die bereits bestehende Öffnung der Chakren bestimmt. Hinzu kommen die Ausrichtung an gesellschaftlichen Normen, z. B. Sicherheit, materieller Gewinn und Sexualität, aber auch persönliche Erfahrungen, etwa ein Trauma oder eine negative Geisteshaltung. Hierdurch können Blockaden und Störungen im System auftreten, in deren Folge Krankheiten entstehen. Auch kurzfristige Einflüsse, wie Kontakte zu negativen Menschen, Medikamenteneinnahme oder ähnliches, spielen eine Rolle.

Wodurch Chakren beeinflußt werden

Jedes Chakra schwingt in einer bestimmten Frequenz. Man kann sie daher mit Klangschalen vergleichen. Wird in ihrer Nähe ein Ton mit ähnlicher Frequenz angeschlagen, schwingen sie mit. Aufgrund dieses Prinzips werden

Chakren, abhängig von der Stabilität des Energiezentrums, von vielem beeinflußt. Diese Schwingungstheorie kann man umgekehrt dazu einsetzen, um bewußt auf die Chakren einzuwirken, z. B. mit Düften, Musik und Farben oder mit Gedanken und Visualisation.

Im negativen Sinne verändert z. B. Streß die Funktion der Chakren und bringt sie aus dem Gleichgewicht. Andere einwirkende Faktoren sind Umweltverschmutzung, Strahlung, Sonnenlicht, Lärm und Chemikalien.

Gewalt blockiert die Chakren

Auf emotionaler Ebene hat vor allem Gewalt eine stark blockierende Wirkung auf die Chakren. Sie verschließen sich, um den Menschen davor zu schützen. Die Folge von andauernder Gewalteinwirkung, z. B. durch Fernsehen, physische und psychische Gewalt in Beziehung oder im Elternhaus, aber auch Gewalt an der Natur, kann schlimmste Folgen nach sich ziehen.

Ebenso schädigend sind Schuldgefühle, ganz gleich, ob der Mensch sie selbst verspürt oder ob er ihnen ständig ausgesetzt ist. Gleiches gilt für Lügen, Halb- oder Unwahrheiten. Die eigene Unehrlichkeit ist genauso schädigend, wie immer wieder belogen zu werden. Auch ungelöste Konflikte oder anhaltende Auseinandersetzungen behindern den freien Energiefluß in den Chakren.

Ängste und Ablehnung verschließen die Chakren

Menschen, die Geheimnisse mit sich herumtragen, werden unter geschlossenen Chakren leiden, genauso wie jene, die sich ständig abgelehnt fühlen. Vorurteile, Ängste – auch die vor der eigenen Intuition –, Mangel an Selbstverantwortung oder Selbstvertrauen, Abhängigkeit und Co-Abhängigkeit blockieren die Chakren ebenfalls.

Falsche oder verhärtete Einstellungen und Glaubenssätze schließen bestimmte Energien aus und behindern den freien Fluß. Dazu gehört auch der Nocebo-Effekt, bei dem ein Mensch sich einbildet, krank zu werden, wenn er gewisse Handlungen oder Maßnahmen, die eigentlich ungefährlich sind, wie z. B. Joggen, regelmäßig ausführt. In diese Kategorie gehören auch all jene falschen Glaubenssätze, die uns zu unangemessenem Machtanspruch, Sicherheitsdenken, Konkurrenzkampf und Festhalten verleiten. Die gegenteilige Verhaltensweise, die Verdrängung, führt genauso zu Störungen im Energiehaushalt.

Lebensträume sind von zentraler Bedeutung

Geben Sie niemals Ihre Lebensträume auf, weil sie sich durch Sicherheitsdenken oder traditionelle Vorgaben, die Ihnen aufgedrängt werden, dazu gezwungen fühlen.

Ein weiterer Faktor, der sich auf die Chakren auswirkt, ist dauerhaft falsche Ernährung. Übermäßiger Konsum von Kaffee, Alkohol, Zucker und Fleisch, genauso wie der von Medikamenten und anderer Drogen, können sich negativ niederschlagen.

Chakren brauchen Naturkontakt

Der Mangel an Naturkontakt kann durch Aromatherapie, Fußreflexzonenmassage, Farbtherapie oder andere Maßnahmen nicht kompensiert werden. Die Chakren brauchen natürliche Farben, Klänge, Düfte, Luft und Bewegung, um sich zu harmonisieren.

Schließlich sei noch der Schock erwähnt, der durch einen Unfall, eine Vergewaltigung, den Verlust eines Menschen, ein psychisches Trauma, Verrat, schlechte Träume oder drohende Gefahr ausgelöst werden kann. Im Bereich der Körperarbeit ist bekannt, daß unverarbeitete Schocks in Muskeln gespeichert werden. Ebenso bleiben sie in den Chakren haften.

Störungen treten also in verschiedenen Formen auf: Die Chakren können zu weit geöffnet oder zu sehr geschlossen sein, d. h. über- oder unterenergetisiert. Sie äußern sich in Unflexibilität, Stauungen oder negativen Aufladungen, auch ein Ungleichgewicht im System stört. Da die Übungen in diesem Buch vornehmlich darauf ausgerichtet sind, Blockaden zu lösen und den Energien mehr Raum zu geben, stellen wir dies jedoch in den Hintergrund.

Warum neue Metaphern?

Wir führen in diesem Buch neue Namen für die Chakren ein, weil diese die Funktionen der Energiezentren besser veranschaulichen. Symbole aus dem Tier- und Pflanzenreich setzen die jeweiligen Aufgaben in Bilder um; diese werden den Kapiteln als Illustrationen vorausgestellt und unter dem entsprechenden Chakra erklärt. Dabei haben wir von traditionellen Bildinhalten Abstand genommen, weil diese z. T. durch andere Therapieformen bereits belegt sind.

Metaphern vermitteln komplexe Ideen besser

Metaphern veranschaulichen komplexe Ideen besser als eine analytische Auflistung von Aufgaben, Funktionen oder Themen. Diese Bilder werden Ihnen helfen, nicht mit dem logischen Denken an die Energiearbeit heranzugehen, sondern mit intuitiver Grundhaltung und Forschergeist. Verstehen Sie die Chakren von innen, brauchen Sie später nur noch einen Blick auf die Illustrationen zu werfen, um sich zu erinnern.

Zusammenfassung

- Es gibt sieben Energiezentren entlang unserer Körpermitte, die Chakren genannt werden.
- Sie verbinden uns mit unserer Umwelt.
- Ihr Zustand formt unser Lebensgefühl und unser tägliches Wohlbefinden.
- Inhaltlich entsprechen sie dem menschlichen Entwicklungsweg.
- Die Entwicklung der Chakren ist unsere Lebensaufgabe.
- Sie öffnen sich unter den richtigen Bedingungen.
- Sie werden durch eine Reihe von Faktoren gestört.
- Der beste Schutz ist Bewußtheit und stabile Ausgeglichenheit.

Mit den Chakren arbeiten

Bevor Sie weiterlesen und erfahren, an welchem Energiezentrum Sie Ihre Arbeit am besten beginnen, wie oft Sie die Übungen wiederholen und was dabei passiert, schlagen wir Ihnen vor, folgende kurze Übung zu machen:

Übung

- Nehmen Sie ein großes Blatt Papier zur Hand – Größe DIN A 3 oder DIN A 2 – und alle Stifte in unterschiedlichen Grüntonen, die Sie besitzen, z. B. Kreide, Wachsmalstife, Filzschreiber.
- Setzen Sie sich damit an einen Tisch und schließen Sie die Augen.
- Entspannen Sie sich, indem Sie sich kurz auf das langsame Ein und Aus Ihres Atems konzentrieren.
- Lenken Sie dann die Aufmerksamkeit auf Ihr Herz. Was spüren Sie? Wie fühlt sich die Brustgegend an? Können Sie irgendwelche neuen Gefühle oder Regungen an sich wahrnehmen?
- Verbinden Sie nun diese Gefühle mit der Farbe Grün.
- Denken Sie nicht darüber nach. Lassen Sie dieses abstrakte Konzept auf sich wirken.
- Öffnen Sie nun die Augen und lassen Sie sich von diesen Gefühlen leiten. Greifen Sie zu den Stiften und beginnen Sie zu malen. Was will entstehen? Vielleicht ein dunkelgrünes Zentrum, das feine Schwingungen ausstrahlt? Oder unterschiedlich kräftige, geometrische Formen? Ergeben sich ineinander verflochtene Linien?

- Malen Sie langsam und kommen Sie immer wieder auf Ihre Wahrnehmung im Herzen zurück.
- Malen Sie so lange, bis Sie das Gefühl haben, daß das Bild fertig ist. Denken Sie auch jetzt nicht darüber nach. Es kommt nicht darauf an, das Papier mit Farbe zu bedecken. Vertrauen Sie einzig Ihrem Gefühl.
- Setzen Sie sich zurück und spüren Sie Ihren Gefühlen nach!

STOP! Lesen Sie nicht weiter, bevor Sie diese Übung ausgeführt haben.

Was bedeutet Arbeit an den Chakren?

Diese Übung vermittelt, was wir unter «Arbeit» an den Chakren verstehen: Sie bedeutet, sich mit ihnen zu beschäftigen, ihren Zustand zu erspüren, Energie sanft zu lenken und Blockaden aufzulösen bzw. ihre Entstehung zu verhindern, den Raum zu schaffen, so daß sie sich weiter öffnen können.

Wenn wir Arbeit schreiben, meinen wir damit also keineswegs all das, was man sonst damit verbindet – Anstrengung, Schweiß, Ärger, Unlust, notwendiges Übel oder ähnlich Unerfreuliches gehören nicht dazu. Sich bei der Chakren-Arbeit anzustrengen wäre ähnlich paradox wie sich anzustrengen, um zu entspannen.

Prinzipien der Chakren-Arbeit

1. Der Mensch, sein Körper, seine Gefühle und Gedanken, besteht aus nichts anderem als Energie.
2. Der Körper ist das Werkzeug unserer Seele. Sie braucht ihn, um ihre Aufgaben und Ziele in dieser Welt und in dieser Inkarnation zu erfüllen.
3. Alle Erfahrungen und Erlebnisse spiegeln sich in unserer Körperhaltung, in Verspannungen, wiederkehrenden Träumen, Sehnsüchten, Krankheiten und Dysfunktionen.

4. Die Chakren sind Bewußtseins- bzw. Energiezentren, über die wir diese Grundmuster beeinflussen können, um eine stabilere Gesundheit und neues Lebensglück zu erlangen.
5. Nur Sie können sich heilen.
6. Dazu ist persönliche Macht notwendig.

Methoden der Chakren-Arbeit

Wir können die Chakren über unsere Sinne beeinflussen. Landschafts- oder Naturbetrachtung gleicht die Chakren aus, Farben wirken gezielt auf die einzelnen Energiezentren. Klangschalen, Wasserrauschen, Wind, Worte, Musik oder Gesang können den Energiefluß in unserem Körper verändern. Wie aus der Aromatherapie bekannt ist, wirken Düfte direkt auf unseren Energiehaushalt ein. Die geschmackliche Zusammensetzung der Nahrung spielt in östlichen spirituellen Praktiken eine große Rolle. Die Haut vermittelt uns einerseits Berührungsreize, anderseits aber auch Botschaften, die die Vorstellung dieser beinhalten: Liebe, Haß, Mißbrauch, Verachtung. Wir können auch Schwingungen empfangen, z. B. durch den Aufenthalt an heiligen oder energetisch besonders aufgeladenen Orten, wie Kirchen oder Druidentreffpunkten. Die Präsenz eines Meisters oder Gurus bewirkt dies ebenso.

Die Chakren durch Gefühle, Gedanken und den Körper beeinflussen

Wir können die Chakren aber auch von innen beeinflussen. Körperübungen helfen dabei, etwaige Blockaden im Energiefluß aufzulösen, da mit ihrer Hilfe das Gewebe um das jeweilige Chakra gedehnt und damit der Energiefluß erhöht wird. Wie sich unsere Eßgewohnheiten auf den Energiekörper auswirken, beschäftigt z. B. die Makrobiotik. Dr. Gabriel Cousens entwickelte eine spezielle Art der Ernährung, die die Chakren stimuliert und ausgleicht, die er in seinem Buch «Ganzheitliche Ernährung» vorstellt.

Auch durch Kontakte mit Menschen, die bestimmte emotionale Qualitäten und Aspekte in uns unterstützen, oder durch Handlungen und Aktivitäten, die positive Gefühle in uns hervorrufen, wie z. B. Trance, Malen, Helfen, schaffen wir Raum, in dem sich die Chakren ausdehnen können. Gedanken formen jeden Moment unseres gesamten Erlebens. Unsere Anschauungen, Überzeugungen, Lebenseinstellungen wie auch unsere Auffassung von Leben und Tod bedingen unsere ganz persönliche Perspektive auf das Leben. Diese ständig zu erweitern, neue Erfahrungen zuzulassen und die negativen durch positive zu ersetzen, wirkt sich direkt auf den Zustand unserer Chakren aus. Das erreichen wir durch Meditationen, Affirmationen, Visualisationen sowie durch Fantasiereisen.

Welche Haltung ist die richtige

Der größte Fehler ist, mit konkreten Erwartungen an die Übungen heranzugehen, sie wirken wie Filter. Dann fehlen der freie Blick und die Unbefangenheit, wirkliche Veränderungen können nicht wahrgenommen werden. Gehen Sie neugierig, offen und aufmerksam an die Übungen heran. Beobachten Sie, ohne einzugreifen, und lassen Sie geschehen, was geschehen will. Unserer Erfahrung nach erzielen Sie größere Erfolge, wenn Sie keine Ziele anstreben, sondern den Übungen folgen, ohne nachzudenken. Lassen Sie sich von Ihrer Seele leiten.

Chakren können nicht mit Gewalt geöffnet werden

Es sollte Ihnen bewußt bleiben, daß Chakren nicht mit Gewalt geöffnet werden können, Chakren-Arbeit ist Bewußtseinsarbeit. Veränderungen auf dieser Ebene erfordern viel Zeit und hohe Lernbereitschaft. Üben Sie mit Spaß und Lust, denn Zwang oder Druck sind kontraproduktiv.

Wir vergleichen die Chakren-Arbeit gerne mit dem Bild des Hirten, der seine Herde auf die Weide schickt. Die Tiere werden dort fressen oder schlafen, herumstehen oder spielen. Sie tun das, was für sie richtig ist und ihren Bedürfnissen entspricht. Die Aufgabe des Hirten ist einzig, sie immer wieder auf neue Weidegründe zu führen und sie zu beschützen.

Zur richtigen Einstellung gehört auch eine große Portion Mut. Der Wunsch, keine Beschwerden oder Probleme haben zu wollen, die Chakren zu öffnen und Erleuchtung zu erlangen, reicht allein nicht aus. Daher sollten Sie eins nicht vergessen: Im Laufe der Praxis werden Sie an die eine oder andere Hürde gelangen, Momente, an denen es anstrengend oder unangenehm wird. Überprüfen Sie dann ganz genau, ob Sie der Ursache einer Blockade oder Störung ausweichen. Ist dies der Fall, machen Sie einfach weiter. Begegnen Sie dem Schmerz oder der Angst und machen Sie sich diese zum Freund.

Bei der Lösung von Blockaden begegnen wir dem Verdrängten

Unsere Chakren sind verschlossen oder gestört, weil Erfahrungen, Überzeugungen und unverarbeitete Gefühle sie blockieren. Um dies zu ändern, ist nicht nur ein Heilungswillen erforderlich, sondern auch der Mut dazu, all dem Verdrängten zu begegnen.

Der Anfang liegt darin, die Suche nach den eigenen Verletzungen, Enttäuschungen, Entbehrungen, unerledigten Angelegenheiten, nach Kummer und Schuld und anderen unverarbeiteten Erfahrungen aufzunehmen. Zusätzlich müssen wir die Ursachen von Krankheit erkennen, die in unserem Fehlverhalten liegen, und zu Veränderungen bereit sein.

An welchem Chakra arbeite ich?

Wir empfehlen Ihnen, zuerst einmal das ganze Buch durchzulesen und sich mit den grundlegenden Prinzipien der Chakren-Arbeit vertraut zu machen. Lassen Sie sich dann von Ihrer Lust leiten und praktizieren Sie jene Übungen, von denen Sie sich am meisten angesprochen fühlen. Sind Sie unsicher oder von keinem Thema direkt angesprochen, machen Sie unseren Energie-TÜV am Ende des Buches.

Sie können aber auch einen der traditionellen Wege beschreiten: Die Hinduisten arbeiten vom 1. bis zum 7. Chakra aufwärts. Das entspricht dem Aufsteigen der Kundalini-Energie.

Tibetische Buddhisten nehmen die Chakren-Arbeit in die entgegengesetzte Richtung vor. Sie beginnen mit dem 7. Chakra und arbeiten sich von dort nach unten. Auf diesem Weg wird der Geist geklärt und ein höheres Niveau von Bewußtsein in die unteren Chakren gebracht.

Eine weitere Methode ist die, mit dem Herzchakra zu beginnen und von dort aus zuerst nach oben und dann nach unten zu arbeiten. Das hat den Vorteil, daß man den Chakren mit einem tieferen Verständnis von Liebe begegnet. Diese Vorgehensweise entspricht der Vorstellung der Sufis.

Machen Sie sich jedoch nicht zu viele Gedanken. Da die Chakren in enger Verbindung zueinander stehen, wirkt sich die Arbeit an einem Energieknoten automatisch auf alle anderen aus. Aufgrund dieses ganzheitlichen Prinzips beziehen sich die Übungen selten ausschließlich auf ein Chakra.

Wie Sie erkennen, ob Sie den richtigen Weg beschreiten

Entwicklung stellt sich für jeden Menschen anders dar. Es ist also schwierig zu definieren, welche Übungen für Sie die richtigen sind. Wir können Ihnen dazu folgende Anhaltspunkte geben:

- Es wird Ihnen immer klarer, daß Sie allein für Ihr Lebensglück verantwortlich sind.
- Durch tiefer greifendes Verständnis Ihrer selbst können Sie andere immer mehr so sein lassen, wie sie sind.
- Aufgrund der immer stärker fühlbar werdenden Verbindung mit allen Menschen, steigt Ihr Bedürfnis zu helfen.

- Sie verstehen, daß Hilfe einzig darin besteht, dem anderen etwas anzubieten, ohne sich dabei aufzudrängen.
- Ihr Verantwortungsgefühl wächst. Das Wohlbefinden von Mitmenschen und Tieren betrifft Sie persönlich, der Zustand der Natur berührt Sie.
- Sie haben weniger Angst vor der Zukunft.
- Sie agieren mehr, statt zu reagieren. Sie werden zum Meister Ihres Handelns und Denkens.
- Es fällt Ihnen leichter, Entscheidungen zu fällen.
- Instinktives, triebhaftes Verhalten weicht der bewußten, intuitiven Entscheidung.
- Sie sind zunehmend ausgeglichener, die Phasen der körperlichen, emotionalen und psychischen Stabilität halten länger an.

Was passiert, wenn man an den Chakren arbeitet?

Bevor Sie sich nun daran machen, den Zustand Ihrer Zentren zu beeinflussen, sollten Sie auf das, was Sie erwartet, vorbereitet sein.

Erstverschlimmerung

Zum einen können sich die Symptome erst einmal verschlimmern. Das bedeutet, daß das Problem, das Sie auf körperlicher, emotionaler oder geistiger Ebene lösen wollen, sich verstärkt. Hierzu ein Beispiel: Sie fühlen sich schon seit einiger Zeit in Ihrer Arbeit nicht mehr wohl. Kollegen, die früher freundlich waren, erscheinen jetzt distanziert. Schon wenn Sie morgens aufwachen, haben Sie Magenbeschwerden, wenn Sie an den Tag denken. Dabei ist Ihnen nicht klar, woran dies liegt, denn im Grunde macht Ihnen die Arbeit Spaß.

Während Sie dieses Buch lesen, verstehen Sie, daß die Ursache des Problems vielleicht mit dem Zustand Ihres 3. Chakras (Das Rad des inneren Feuers) zusammenhängt. Sie suchen sich einige Übungen heraus und stellen sich Ihr persönliches Programm zusammen. Nach einigen Tagen Praxis stellen Sie fest, daß Ihnen an dieser Arbeit noch viel mehr nicht paßt. Sie haben handfesten Ärger mit einem Mitarbeiter oder sogar mit einem Vorgesetzten, die Arbeit wird zuviel, Sie fühlen sich unterbezahlt und der Spaß ist dahin.

Um dies besser zu verstehen, stellen Sie sich einmal vor, Sie betreten Ihre Rumpelkammer. Zunächst nehmen Sie nur Schatten von Gegenständen wahr. Erst wenn Sie das Licht angeschaltet haben, sehen Sie, daß sich Staub angesammelt hat und ein Durcheinander entstanden ist. Sie können sich nun in dem Raum aufhalten, sich umsehen und dann die Tür wieder verschließen, ohne etwas zu verändern. Durch die Betrachtung wird Ihnen aber vielleicht die eigentliche Unordnung bewußt, und Sie finden eine Möglichkeit, aufzuräumen und so mehr Raum zu gewinnen.

Genauso ist es in ihrem Inneren. Manchmal ist es nötig, daß sich gewisse Beziehungen oder Einstellungen erst noch einmal verhärten müssen, bevor sie verändert und so «geheilt» werden können. Haben Sie bei einer Erstverschlimmerung also etwas Geduld. Sie ist ein gutes Zeichen, denn sie schafft die Möglichkeit für eine nachhaltige Besserung.

Wunderheilung

Statt der Erstverschlimmerung kann aber auch eine Spontan- oder sogenannte Wunderheilung eintreten. Das Licht der Chakren-Arbeit deckt auf, daß die Unordnung, in der man sich befindet, nicht so groß ist, wie zunächst angenommen. Anhand eines Beispiels wollen wir dies verdeutlichen:

Eine Seminarteilnehmerin hatte schon vor Jahren den Kontakt zu ihrer Mutter abgebrochen, weil sie sich von ihr unverstanden und abgelehnt fühlte. Sie wollte sich mit diesem Thema nie wieder auseinandersetzen. In einer Lichtmeditation (Visualisationsübung) in Verbindung mit dem Herzchakra erschien ihr ihre Mutter als traurige, verlassene Gestalt. Plötzlich konnte die Teilnehmerin spüren, daß sich die Mutter selbst ebenfalls abgelehnt gefühlt hatte. Diese Erkenntnis öffnete ihr Herz, und der Haß wandelte sich in Mitgefühl. Dadurch verschwanden auch die Beklemmungen in ihrer Brust, unter denen sie seit damals gelitten hatte. Besonders in Beziehungen geschieht es häufig, daß Konflikte sich über Jahre hinaus verhärten, es erscheint unmöglich, sie zu bewältigen.

Jahrelange Konflikte auflösen

Eine andere Möglichkeit, durch die Veränderung der Perspektive ein Problem zu lösen, wollen wir ebenfalls an einem Beispiel darstellen:

Ein Seminarteilnehmer klagte über ständige Müdigkeit in den Beinen. Oft fühlte er sich nicht einmal stark genug, Treppen zu steigen. Die Ärzte konnten jedoch keine Ursache entdecken. Durch die Chakren-Arbeit erkannte er plötzlich einen Bezug zu einem Lebensthema: Er litt unter der Scheidung seiner Eltern. Als Kleinkind befürchtete er, von den streitenden Eltern verlassen zu werden und auf sich allein gestellt zu sein, eine unbezwingbare Aufgabe für einen Zweijährigen. Diese Angstgefühle hatten den mittlerweile fast Vierzigjährigen sein ganzes Leben lang begleitet. Als Folge trat die Schwäche in den Beinen auf. Mit Hilfe der Chakren-Arbeit ergab sich eine neue Perspektive, der Mann erkannte, daß er trotz dieser Gefahr überlebt hatte, und das sogar sehr gut. Seine Einstellung veränderte sich. Gleichzeitig verflog die Müdigkeit in seinen Beinen.

Stellt sich eine derartige spontane Besserung ein, verfallen Sie nicht in Euphorie. Sie könnten dadurch versäumen, weitere Aspekte des Problems zu bearbeiten. Seien Sie dankbar für den Erfolg, genießen Sie ihn, aber gehen Sie an das nächste Problem oder Chakra ohne die Erwartung einer schnellen Lösung heran. Balance ist ein aktiver Zustand und niemals von Dauer. Denken Sie z. B. an einen

Seiltänzer: Er muß sich immer wieder konzentrieren, um das Gleichgewicht zu halten. So ist es auch bei der Chakren-Arbeit, es geht um das Bemühen um unsere Balance. Stillstand ist Rückschritt, Auseinandersetzung läßt uns wachsen und erweitert unser Bewußtsein.

Erst besser, dann schlechter

Ebenso kann es vorkommen, daß Sie sich zuerst besser fühlen und dann plötzlich schlechter. Wahrscheinlich ist die Verschiebung eines Problems eingetreten. Es könnte sich auf körperlicher Ebene eine Energieblockade aufgelöst haben. Diese Energie fließt nun weiter in ein bisher unterversorgtes Gebiet, in dem eine weitere Störung, die bisher nicht bemerkt wurde, sichtbar wird. Diese Entwicklung tritt auch ein, wenn z. B. eine Hand einfriert. Wird sie gewärmt, empfindet man Erleichterung, doch schon bald stellt sich ein prickelnder Schmerz ein.

Auch in solchen Fällen ist Geduld gefordert. Arbeiten Sie trotzdem weiter, verzagen Sie nicht. Nach der vorübergehenden Verschlechterung werden Sie sich bald wieder besser fühlen.

Es tut sich nichts

Sehr enttäuschend ist es, wenn der Eindruck entsteht, daß gar nichts geschieht. Man fühlt sich entmutigt, das Engagement läßt nach. Bevor Sie aufgeben, versuchen Sie zunächst, die genaue Ursache hierfür herauszufinden. Es gibt folgende Möglichkeiten, warum sich der Erfolg nicht einstellt:

Konkrete Erwartungen können Chakren-Arbeit behindern

Sie haben eine konkrete Erwartung, welches Ergebnis Sie durch Ihre Mühen erreichen wollen. Sie könnten z. B. während einer Beziehungskrise von dem Wunsch geleitet sein, daß Sie sich mit Ihrem Partner in irgendeiner Form einigen und wieder das traute, verliebte Paar werden, das sie einmal waren. Tatsächlich aber ist es möglich, daß Sie im Laufe der Chakren-Arbeit erkennen, daß Sie Ihrem Partner zwar sehr nahestehen, aber das tägliche Zusammenleben nicht die Form der Beziehung darstellt, die für sie beide fruchtbar ist. In diesem Fall hat Sie die Chakren-Arbeit sehr wohl weitergebracht, auch wenn das Ergebnis nicht Ihren Vorstellungen entspricht.

Lassen Sie sich Zeit

Ein anderer Grund könnte darin liegen, daß Sie eine schnellere Lösung Ihres Problems wünschen und Ungeduld Ihr Antrieb ist. Lassen Sie sich Zeit. Konzentrieren Sie sich auf die Übungen, und bevor Sie es merken, stellt sich Heilung ein. In den östlichen Heilungslehren gibt es ein Sprichwort: Für jedes Jahr der Krankheit bedarf es einen Monat der Heilung.

Vielleicht haben Sie aber auch die falschen Übungen ausgewählt. In diesem Fall müssen Sie noch einmal das Problem, an dem Sie arbeiten wollen, untersuchen und überlegen, welches Chakra betroffen ist. Suchen Sie sich dann eine Übung, mit der genau dieses Thema bearbeitet werden kann.

Unter Umständen ist es aber auch so, daß Sie sich bereits verändert haben, Sie selbst es jedoch noch nicht bemerkt haben. Fragen Sie doch einmal Ihre Freunde und sprechen Sie mit ihnen darüber. Sie könnten überrascht sein, wenn Sie hören, wie Sie von ihnen wahrgenommen werden.

Vorbereitung auf die Übungen

Es gibt ein paar grundsätzliche Dinge, die Sie beachten sollten, bevor Sie mit einer der Übungen beginnen:

- Suchen Sie sich einen Raum oder eine Ecke, die Sie zu Ihrem Übungsplatz erklären.
- Machen Sie einen magischen Ort daraus, indem Sie bedeutungsvolle Bilder oder für Sie wichtige Gegenstände, z.B. indianische Dreamcatcher, Edelsteine, Federn, aufhängen oder auslegen.
- Besorgen Sie sich eine bequeme Sitz- oder Liegemöglichkeit.

- Sorgen Sie dafür, daß Sie für die Dauer der Übung ungestört bleiben. Hängen Sie ein Schild an die Zimmertür, bitten Sie Mitbewohner um Ruhe und vermeiden Sie Störungen, indem Sie das Telefon leise einstellen, vielleicht können Sie sogar die Klingel ausschalten.
- Reduzieren Sie den Lärmpegel. Schalten Sie summende Elektrogeräte oder tickende Wecker aus.
- Schaffen Sie eine besondere Atmosphäre, z. B. durch Kerzenlicht, eine Duftlampe oder Räucherstäbchen.
- Begehen Sie die Übungen mit einem Ritual, z. B. einem Gebet oder dem Anschlagen eines Gongs. Damit geben Sie Ihrem Unterbewußtsein ein Signal, daß es sich jetzt zeigen kann. Das erleichtert die Arbeit.
- Öffnen Sie Gürtel, Hose oder beengende Kleidungsstücke und legen Sie die Brille ab.
- Bevor Sie sich an die ersten Übungen machen, empfehlen wir Ihnen, eine Chakren-Reinigung (s. Tanz der Balance S. 242 f.) durchzuführen. Diese sollten Sie regelmäßig in mehrwöchigem Abstand wiederholen.

Zusammenfassung

- Chakren-Arbeit macht Spaß und erhöht die Lebensfreude. Chakren können nicht mit Gewalt geöffnet werden.
- Sie lassen sich jedoch durch Sinneswahrnehmungen, Körperübungen, Ernährung und Bewußtseinsarbeit beeinflussen.
- Nur Sie können sich heilen.
- Die richtige Haltung ist Neugier, Offenheit und Aufmerksamkeit.
- Die Geschwindigkeit der Veränderung kann man nicht steuern. Man kann nur den Boden dafür bereiten.
- Chakren-Arbeit erfordert die Bereitschaft, uns selbst zu begegnen.
- Die Geschwindigkeit Ihrer Heilung kann niemand vorhersagen. Lassen Sie sich nichts einreden, lassen Sie sich von niemandem beirren. Geduld und Vertrauen sind die größten Heiler. Ihre Seele wird Sie leiten.
- Regelmäßiges Üben führt zu Ausgeglichenheit, die Phasen der körperlichen, emotionalen und psychischen Stabilität halten länger an.
- Schaffen Sie sich einen heiligen Übungsort.

Teil II

Übungen und Tips zu den sieben Chakren

Das Rad des fruchtbaren Bodens

Das Rad des fruchtbaren Bodens liegt zwischen Anus und den äußeren Geschlechtsteilen, dem sogenannten Damm. Hormonell wird es von den Nebennieren regiert. Diese befinden sich am oberen Ende der Nieren. Sie schütten in Streßphasen und Gefahrensituationen Adrenalin und Noradrenalin aus, um die Blutzufuhr in das Herz und die Lunge anzuregen, auch das Gehirn und die Muskeln werden besser durchblutet. Diese Körperteile werden benötigt, sobald ein Fluchtimpuls ausgelöst wird. Gleichzeitig verringert sich die Versorgung aller anderen Bereiche, wie z. B. bei den Sexual- und Verdauungsorganen. Ist mehr Energie erforderlich, wird zusätzlich Cortisol ausgeschüttet, das den Fettabbau im Gewebe beschleunigt.

Individuum

Die wichtigste Aufgabe für einen Menschen besteht darin, eine Beziehung zu sich selbst herzustellen. Bereits das Neugeborene muß sich mit den elementarsten Bedürfnissen wie Hunger, Durst und Ausscheidung sowie mit Signalen des Körpers, z. B. Blähungen oder Schmerzen, auseinandersetzen.

Erst später lernt das Kind zu greifen, zu sehen und zu sprechen. In diesem rein körperlichen Entwicklungsstadium bildet sich die Basis für das spätere Überleben aus. Kennt der Mensch seine Bedürfnisse, kann er für sich sorgen, er ist dann unabhängig und frei. Eine gute Beziehung

Zeichen und Symbole des 1. Chakras

zum Körper ist zudem eine Grundvoraussetzung für die Gesundheit, denn wer sich nicht spürt und seine Bedürfnisse nicht kennt, ernährt und bewegt sich falsch. Eine liebevolle Beziehung zum Körper kann so nicht entstehen.

Dualität

Nach der Durchtrennung der Nabelschnur, der Auflösung der Einheit, erlebt der Mensch erstmals eine Dualität.

Diese ist generell ein Bestandteil des Lebens und drückt sich auf körperlicher Ebene aus. Die meisten unserer Organe und Körperteile sind als Zweierpaare vorhanden, z. B. die Nieren und Lungen, Augen und Ohren sowie Arme und Beine.

Mit der Entwicklung des Individuums scheinen wir uns zunächst von dem Ziel, die Einheit wiederzuerlangen, zu entfernen. Aber ohne die Ausbildung einer starken Persönlichkeit kann es nur symbiotische Verschmelzung geben. Eine solche Verbindung ist allerdings vom Einssein mit der Menschheit, mit unserer Seele und mit Gott weit entfernt. Den Wunsch nach Einheit drücken wir aus, indem wir z. B. die Hände zum Gebet falten oder durch das Bilden eines Kreises, wobei man sich die Hände reicht.

Urvertrauen

Neugeborene haben feinste Sensoren, mit denen sie die Antworten auf die elementaren Fragen aus dem Verhalten der Mitmenschen erspüren können. Daraus entstehen das Urvertrauen, die Sicherheit und die Selbstverständlichkeit, in der Welt zu sein. Die Entwicklung eines Menschen und dieses Gefühls ist eng mit der Frage verknüpft, wie sicher der Ort ist, an dem man aufwächst. Es stellen sich Fragen wie: «Wer oder was bedroht mein Leben?», «Werde ich beschützt?», «Bin ich gewollt?» oder «Wogegen muß ich mich abgrenzen?».

Ein gesundes Urvertrauen gibt uns die Stärke, der Welt mutig und neugierig entgegenzutreten, aber auch, uns in ihr zu behaupten. Ist es gestört, führt dies zu einer mangelnden Verwurzelung.

Materie

Das 1. Chakra verbindet uns mit der materiellen Welt. Sein Zustand bestimmt, wie wir mit den Dingen des täglichen Lebens zurechtkommen. Hierzu zählen z. B. Wasserhähne oder Computer, aber auch Erscheinungen wie Strom oder

Verluste. Auch hier besteht ein Paradox, einerseits müssen wir lernen, mit der Materie umzugehen, andererseits sollten wir nicht dem Irrglauben verfallen, alles festhalten zu wollen. Das klassische Tantra bezeichnet die materielle Verhaftung, Brahma Granthi, als eine der drei großen Gefahren, die uns an der menschlichen Entwicklung hindern. Die Herausforderung heißt also: loslassen.

Außerdem birgt der Umgang mit der Materie eine Quelle von Ängsten, häufig entsteht eine Verlustangst. Im weiteren Verlauf entwickelt sich Habgier. Wir raffen, und produzieren damit immer die Ursache solcher Gefühle: Wer mehr besitzt, kann mehr verlieren.

Lebenskraft

Nach der chinesischen Medizin sind die Nieren Speicher für das Ur-Qi (yuan-qi), die Lebensenergie, die uns von den Eltern übertragen wird und die Basis für unsere Grundkonstitution darstellt. Damit ist nicht der Schwung und Elan gemeint, mit dem wir Aufgaben im Alltag meistern. Es ist vielmehr jene Energie, die sich zeigt, wenn wir schwer erkranken oder mit einer lebensbedrohlichen Situation konfrontiert werden. Wieviel Lebenskraft bringen wir auf? Wie stark ist unser Lebenswille?

Durch Ernährung und Atmung können wir dem Körper in geringen Mengen Energie zuführen und so die Lebenskraft konstant halten oder geringfügig stärken. Falsche Ernährung sowie falsche Lebens-, Denk- und Handlungsweisen zehren an ihr.

Kundalini

Eine Metapher für die Lebensenergie ist Kundalini, die wie eine Schlange im 1. Chakra eingerollt liegt. Nach traditioneller Vorstellung ist es eine unserer Lebensaufgaben, die Kundalini-Energie zu entfalten, d. h. ihr durch gleichmäßige Entwicklung der Chakren die Möglichkeit zu geben, aufzusteigen.

Das Aufsteigen der Energie entspricht unserem Streben nach dem Göttlichen, der Wiedervereinigung mit dem Ganzen. Während sich die Kundalini wie eine Schlingpflanze um die Chakren windet, öffnen sich diese wie Lotusblüten, die von der Morgensonne berührt werden. Dabei wird die zuerst träge und dumpfe, dunkle und massive Energie immer leichter, heller und feiner. Im Kronenchakra angekommen, dringt sie durch die Schädeldecke, um die Einheit wiederherzustellen. Der Kreis schließt sich.

Erdung

Der Sanskritname, Muladhara, der sich aus den Bedeutungen Mulha (Wurzel) und Adhara (Stütze) zusammensetzt, wird meist mit Wurzel- oder Basischakra übersetzt und beschreibt bereits seine Funktion: Es ist die Basis des Lebens – hier liegen Lebensenergie und Urvertrauen, es verbindet uns mit unseren Wurzeln wie auch mit der Materie.

In der Bibel heißt es, Adam wurde aus Lehm geformt. Aus Erde sind wir geschaffen, in die Erde kehren wir zurück. Sie gibt uns Festigkeit und Kraft, heilt und spendet Leben. Um mit beiden Beinen im Leben zu stehen, müssen wir uns ihr völlig überlassen.

Karma

Im 1. Chakra verborgen liegt das Karma, das Reservoir an Erfahrung, das wir aus den letzten Inkarnationen mitbringen. Das karmische Prinzip besagt: Alles Handeln hat Folgen, durch gutes Handeln wird Karma abgebaut, durch schlechtes wird es aufgebaut. Solange wir es in uns tragen, können wir dem endlosen Kreislauf von Tod und Wiedergeburt nicht entkommen. Unser Körper setzt sich letztlich aus verdichtetem Karma zusammen. Dieses abzubauen bedeutet damit das Ende unserer Existenz – allerdings ist dies nicht zu verwechseln mit dem Tod unseres physischen Körpers.

Organe und Körperteile

Dem 1. Chakra wird der gesamte fleischliche Körper zugeordnet, also Knochen und Muskeln. Außerdem die Beine, die untere Wirbelsäule, Hüftgelenke, Steißbein und Becken.

Balance

Ein ausgeglichenes 1. Chakra verleiht dem Menschen Ur-Vertrauen, das Gefühl, daß er sich weder um Geld noch um ein Dach über dem Kopf oder die Liebe sorgen muß. Er geht mit einem Gefühl von Sicherheit durchs Leben, zentriert und entspannt, was die Grundbedürfnisse seines Lebens anbelangt.

Er weiß, daß er aus Erde ist, und pflegt daher einen sorgsamen Umgang mit der Natur. Ebenso beachtet er seinen Körper und sorgt für seine Belange. Er findet sich in der materiellen Welt zurecht und versteht, daß sie einzig Hilfsmittel zu seiner Entwicklung sein kann. Sein Handeln zeichnet sich durch Verantwortungsbewußtsein und Eigenständigkeit aus.

Blockaden

Grundsätzliche Störungen lassen sich meist auf frühkindliche Traumata zurückführen, wie z. B. auf einen Kaiserschnitt, eine kalte, sterile Atmosphäre während der Geburt oder das Gefühl, nicht willkommen zu sein. Später verursachen unvorhersehbare Ereignisse eine Bedrohung der grundsätzlichen Sicherheit bzw. des Urvertrauens, es gerät dann aus dem Gleichgewicht. Dies kann z. B. durch den Verlust von Kapital bei Wirtschaftskrisen, ein Erdbeben, eine plötzliche Trennung vom Lebenspartner oder einen Verlust durch Tod bedingt sein. Sitzende Berufe fördern Störungen, auch der Mangel an Naturerfahrung kann diese unterstützen. Das Karma selbst verursacht ebenfalls Blockaden im 1. Chakra .

Dysbalance

Auf körperlicher Ebene treten als Folge chronische Kreuzschmerzen, Ischiasbeschwerden, Krampfadern, Blähungen und Verstopfung, aber auch Tumore am After, im Mastdarm oder im Unterleib auf. Eine vorzeitige Abnutzung oder Deformation der Hüftgelenke kann ein Zeichen dafür sein, daß der Betroffene unfähig ist, vorwärts zu gehen. Kalte Extremitäten sind meist der Ausdruck eines dauerhaften, unterschwelligen Angstzustands, durch den die Energie auf die lebenswichtigen Organe konzentriert und aus der Peripherie abgezogen wird.

Durch die Ansprüche des Lebens kann Überforderung entstehen

Ein Mensch, dessen 1. Chakra sich nicht in Harmonie befindet, fühlt sich vom Leben mit all seinen Ansprüchen überwältigt. Er soll Geld verdienen, Versicherungen abschließen, für Rechte einstehen, sich darum kümmern, was in der Welt vorgeht, und sich daneben noch Gedanken um Ökologie, Politik und Umwelt machen. Da ihn die Angst plagt, sein Heim zu verlieren, reist er ungern.

Dieser Mensch wird versuchen, die materielle Welt zu meiden und sich in die abstrakten Bereiche von Esoterik und Spiritualität zu flüchten. Er überhört die Bedürfnisse seines Körpers, kümmert sich um dessen Warnsignale – wenn überhaupt – erst viel zu spät. Erkrankt er, sucht er die Ursache in der Seele und übersieht dabei, daß diese einen gesunden Körper braucht, um sich entfalten zu können.

Viele Ängste quälen ihn, z. B. Höhenangst, Unwohlsein in den Bergen oder am Meer, Furcht vor Menschenmengen, vor Geschwindigkeit, vor Reisen auf dem Wasser oder in der Luft, aber auch die vor Veränderung bis hin zur generellen Lebensangst. Da solche Menschen zuwenig Eigenständigkeit entwickeln, suchen sie Partner, deren Energie sie nutzen können. Letztlich ist der Überlebensinstinkt nicht ausreichend ausgeprägt. Ein Mangel an Lebensdrang und Lebenswillen wird offenbar.

Eine andere Folge solcher Störungen könnte sich darin äußern, daß man sich übermäßig mit Materie identifiziert. Aber je mehr Gegenstände und Dinge angehäuft werden, desto öfter muß man sich damit beschäftigen: das Auto muß gepflegt, repariert und aufgetankt werden oder Möbel werden geputzt und abgestaubt. So entsteht ein wahrer Teufelskreis, der es nahezu unmöglich macht, das Streben auf etwas anderes als Sicht- und Greifbares zu lenken.

Denken und Handeln sind auf die Erfüllung der Grundbedürfnisse reduziert: Essen, Trinken und Sex. Ein Mensch, der davon betroffen ist, hält an Jobs oder Beziehungen fest, obwohl er längst weiß, daß es an der Zeit wäre, sich zu verändern. Eine seiner Eigenschaften ist Unflexibilität, er sucht die Routine. Folgen hiervon sind Nervosität, Unruhe und ständiges Getriebensein. Die Angst vor der Zukunft steht im Vordergrund.

Symbolik

Im Rad des fruchtbaren Bodens liegen alle Voraussetzungen, mit denen wir in diese Inkarnation getreten sind. Es stellt uns den Ackerboden voller Nährstoffe, aber auch ein Sammelsurium an Zerfallsprodukten zur Verfügung. An uns liegt es, den Boden zu bestellen, den richtigen Samen zu säen und zu ernten.

Erde

Aus der Erde wurden wir hervorgebracht, und in sie werden wir zurückgehen. Sie bildet die Grundlage für das Leben und das Fundament, auf dem wir stehen. Durch sie ist uns fester Boden unter den Füßen gegeben und damit Halt und Sicherheit.

Wurzel

Die Wurzel symbolisiert die Fähigkeit, sich fest zu verankern, sei es im Beruf, zu Hause oder in einer Beziehung. Ein ausgewogenes 1. Chakra gibt dem Menschen das Gefühl von Heimat. Ein geerdeter Mensch ist in der Lage, sich auch an einem anderen Ort neu zu verwurzeln.

Eichhörnchen

Auf der Tierebene entspricht das Basischakra dem Eichhörnchen. Es steht mit der Natur im Einklang und weiß daher genau, zu welcher Zeit und in welchen Mengen Vorräte für den Winter gesammelt werden müssen. Nie käme es ihm in den Sinn, mehr Nahrung als nötig anzuhäufen.

Verbindung

Die Pose des Menschen versinnbildlicht seine Aufgabe im 1. Chakra, die darin besteht, auf der Bewußtseinsebene den Himmel mit der Erde zu verbinden.

Übungen zum Wurzelchakra

Die Kundalini erwecken

Die Beuge ist eine Körperübung. Sie erfordert etwas Kraft, ist aber durchaus lohnenswert. Sie werden sich hinterher wunderbar energetisiert fühlen.

Übung

- Stellen Sie sich bequem hin, die Beine etwa schulterbreit auseinander. Halten Sie den Rücken aufrecht und verteilen Sie das Gewicht auf beide Füße.
- Atmen Sie sanft durch Mund und Nase.
- Drehen Sie die Hände so, daß die Handrücken nach vorne zeigen. Heben Sie dann die ausgestreckten Arme sehr langsam nach vorne, bis sie gerade nach oben ausgestreckt sind. Halten Sie sie etwa eine halbe Minute lang.
- Beugen Sie sich nun langsam aus der Hüfte heraus nach vorne. Halten Sie dabei die Arme ausgestreckt und bleiben Sie in den Knien locker.
- Beugen Sie sich so weit nach unten bis Beine, Oberkörper, Kopf und Arme eine kleine Brücke bilden.
- Suchen Sie nun den Körper nach etwaigen Verspannungen ab: Nacken, Brust, Bauch und vor allem im 1. Chakra.
- Versuchen Sie, die Anspannung zu lösen. Lassen Sie komplett los. Verharren Sie kurze Zeit in dieser völlig entspannten Position.
- Richten Sie sich nun langsam aus der Wirbelsäule heraus wieder auf. Ziehen Sie Wirbel für Wirbel nach oben, so

als würden Sie Bauklötze aufeinandersetzen. Arme und Kopf folgen der Wirbelsäule.

- Beugen Sie sich nun leicht nach hinten und spüren Sie den Energiefluß entlang von Brust und Bauch.
- Beginnen Sie wieder von vorne. Wiederholen Sie die Übung jedoch nicht öfter als neunmal, wobei jeder Bewegungszyklus etwa drei Minuten dauern sollte.
- Am Ende der Übung lassen Sie die nach wie vor ausgestreckten Arme wieder ganz langsam nach vorne absinken. Verweilen Sie dann zwei bis drei Minuten und spüren den starken Energiefluß den Rücken hinauf.

Vorsicht

Wenn sie schwanger sind, Verletzungen an Hals oder Rücken haben, sollten Sie diese Übung nicht ausführen.

Kommentar

Die Beuge entspannt zum einen den gesamten Bereich um das 1. Chakra herum, zum anderen öffnet sie die Energiekanäle entlang der Wirbelsäule. So kann die Kundalini-Energie aufsteigen.

Vergessen Sie aber nicht, daß es bei dieser Übung nicht um eine Dehnungsgymnastik geht. Sie sollten sich also nicht darauf konzentrieren, möglichst tief zu beugen oder möglichst weit nach hinten. Konzentrieren Sie sich auf den Energiefluß.

Mit der Erde verschmelzen

Wollen wir mit beiden Beinen im Leben stehen, ist es von Zeit zu Zeit notwendig, daß wir uns mit der Erde verbinden. Die Erdenergie nährt uns, sie gibt Kraft und heilt, verleiht Heimatgefühl und Zugehörigkeit. Zudem gibt uns Erdung einen Standpunkt im Leben.

Übung

- Stellen Sie sich mit beiden Beinen auf die ebene Erde.
- Schließen Sie die Augen und spüren Sie in Ihre Fußsohlen hinein.
- Spüren Sie das Gewicht Ihres Körpers darin.
- Nehmen Sie wahr, an welcher Stelle Ihre Füße nicht völlig flach auf dem Boden aufliegen.
- Gehen Sie in diese Stellen hinein und entspannen Sie sie, ohne sich dabei anzustrengen.
- Versuchen Sie herauszufinden, was diese Muskeln davon abhält, sich völlig zu entspannen.
- Sprechen Sie sie direkt an. Fragen Sie: Was braucht du, um dich völlig zu entspannen? Was hält dich davon ab, loszulassen?
- Wenn Sie den höchstmöglichen Entspannungszustand erreicht haben, spüren Sie in den Rest Ihres Körpers hinein. Wie fühlt er sich jetzt an? Was hat sich dadurch verändert?
- Genießen Sie diesen Zustand einige Momente, bevor Sie wieder in Ihren Alltag zurückkehren.

Tip

Sie müssen diese Übung keineswegs im Stehen machen. Sie können sich dazu auch auf einen Stuhl setzen (deshalb ist sie auch fürs Büro geeignet) oder sich hinlegen. Fühlen Sie dann nicht in die Fußsohlen hinein, sondern in Ihr Gesäß oder den Rücken.

Kommentar

Ängste, Betrug und vermiedene Konflikte führen dazu, daß wir uns aus dem Leben zurückziehen. Die Verspannung, die Sie in den Fußsohlen wahrnehmen, symbolisieren diesen Rückzug. In ihnen spiegeln sich all unsere Lebensängste wider und unsere Unfähigkeit, den Aufgaben des 1. Chakras zu begegnen.

Achtsames Gehen

Da die Beine vom 1. Chakra regiert werden, kann man selbst durch einfaches Gehen positiv darauf einwirken. Allerdings erfordert es Achtsamkeit.

Übung

- Gehen Sie einfach los, ohne darüber nachzudenken.
- Beobachten Sie, welcher Rhythmus sich ganz natürlich einstellen will, und geben Sie sich ihm hin. Achten Sie nicht auf «richtige Atmung» oder «richtige Bewegung». Gehen Sie einfach.
- Spüren Sie in den Bereich des 1. Chakras hinein. Ist er verspannt? Wenn ja, spannen Sie die Muskeln in diesem Bereich (Gesäß, Becken, Schenkel) während dem Gehen kurz an und lassen wieder los. Wiederholen Sie das mehrmals hintereinander, bis sich eine deutliche Entspannung einstellt.
- Lenken Sie nun Ihre Aufmerksamkeit wieder dem Gehen zu. Sollte Ihnen das schwerfallen, können Sie sich eine Weile auf eine Fußsohle konzentrieren. Spüren Sie, wie Ihr ganzes Gewicht mit jedem Schritt von ihr getragen wird. Allein diese Aufmerksamkeit wird sie über kurz oder lang entspannen.
- Sollten sich trotzdem Gedanken in den Vordergrund drängen, benutzen Sie eine der unzähligen Meditationstechniken: verfolgen Sie z. B. Ihren Atem, wie er sanft und ausdauernd immerfort da ist. Oder sprechen Sie ein Mantra vor sich her, z. B. «Die Erde und ich sind eins» oder «Ich bin sicher. Mir kann nichts passieren.».
- Gehen Sie mindestens eine halbe Stunde. Erst dann wird Ihr Nervensystem wirklich zur Ruhe kommen.
- Nehmen Sie sich am Ende unbedingt etwas Zeit, sich die Frage zu beantworten, wie Sie sich jetzt fühlen. Die angenehmen Gefühle werden Sie geradezu locken, bald wieder achtsam loszumarschieren.

Tip

Obwohl achtsames Gehen bewiesenermaßen den Blutdruck reguliert, Fettpölsterchen abbaut und Ihr 1. Chakra öffnet, sollten Sie während des Gehens nicht darüber nachdenken. Das hätte den gegenteiligen Effekt. Gehen Sie einfach, machen Sie sich von allen Gedanken frei.

Gehen Sie zu einer Zeit, in der Ihr Energieniveau hoch ist. Dem Volksmund entsprechend, bringt das Gehen nach dem Essen zwar der Verdauung etwas, aber nicht dem Geist. Praktizieren Sie das achtsame Gehen nicht, wenn Ihr Kopf so voll mit anderen Dingen ist, daß Sie Entspannung nicht erwarten können.

Kommentar

Das entspannte, achtsame Gehen bringt uns mit unserem eigenen, natürlichen Rhythmus wieder in Kontakt. Diese Gehmeditation bringt uns zu uns selbst zurück und öffnet so ganz sanft das 1. Chakra.

Das Chakra über die Sinne aufladen

Das 1. Chakra wird vor allem durch den Mangel an Naturerfahrung blockiert. Deshalb ist eine der einfachsten Übungen, um dieses Chakra wieder in Balance zu bringen, der bewußte Spaziergang in der freien Natur.

Übung

- Suchen Sie sich ein schönes, großes Waldstück aus und gehen Sie forsch in das Gebiet hinein.
- Gehen Sie mindestens eine halbe Stunde lang, achten Sie auf Ihren Atem und lassen Sie alle aufsteigenden Gedanken, Sorgen und Gefühle durch sich hindurchziehen. Bleiben Sie nicht bei einem Punkt stehen, halten Sie nichts davon fest.
- Sobald sich ein Gefühl von Entspannung einstellt, öffnen Sie Ihre Sinne. Stellen Sie sich vor, daß Ihr Körper mit jedem Schritt dünner und feiner und leichter wird, bis Sie

nur noch aus Augen, Ohren, Nase und Gespür bestehen.

- Saugen Sie mit Ihren Sinnen alles auf, was um Sie herum geschieht.
- Lassen Sie sich davon erfüllen, bis Sie das Gefühl haben, mit der Natur eins zu sein.
- Setzen Sie sich dann an einen stillen Platz und vertiefen Sie dieses Gefühl.
- Verbinden Sie es mit dem 1. Chakra, indem Sie das Gefühl dorthin lenken. Sie werden sehen, daß es sich sofort öffnet.

Tip

Auch wenn es sehr schön sein kann, zu zweit durch den Wald zu spazieren, gönnen Sie sich dieses Alleinsein mit der Natur.

Kommentar

Die Naturmeditation ist eine sehr kraftvolle Erfahrung. Richtet man seine Aufmerksamkeit nicht nur auf das erste Bewußtseinszentrum, kann man hierdurch alle Chakren reinigen.

Den eigenen Rhythmus finden

Die Trommel war eines der ersten Kommunikationsmittel, das uns Menschen zur Verfügung stand. Klang verbindet, gleichmäßiger Rhythmus entspannt und öffnet das 1. Chakra.

Übung

- Steht Ihnen keine Trommel zur Verfügung, benutzen Sie einen Kochtopf, einen Holzstuhl, eine Gießkanne oder notfalls ein schweres Buch. Hohle Gegenstände sind besser geeignet, da solche Klangkörper stärker schwingen.
- Setzen Sie sich entspannt und bequem hin.
- Nehmen Sie Ihr «Instrument» zur Hand und lassen Sie sich von ihm leiten.

Entspannung durch Rhythmus

- Welcher Rhythmus will entstehen? Folgen Sie ihm und halten Sie ihn eine Weile. Achten Sie dabei auf Veränderungen in Ihrem Empfinden.
- Probieren Sie nun einen anderen Rhythmus aus. Fällt es Ihnen leicht zu trommeln? Oder ist es für Sie eher schwierig?
- Wenden Sie verschiedene Techniken an, z. B. klopfen, mit der flachen Hand schlagen oder nur mit den Fingerspitzen trommeln. Hämmern Sie mit beiden Händen gleichzeitig oder unterschiedliche Rhythmen mit beiden Händen. Versuchen Sie, was Ihnen einfällt.
- Wenn Sie eine Weile herumprobiert haben, finden Sie ei-

nen Rhythmus, der Ihnen angenehm ist, halten Sie ihn für mindestens zehn Minuten.

- Sie können zur Unterstützung auch eine Kassette einlegen und mit einer imaginären Gruppe mittrommeln.
- Lenken Sie Ihre Aufmerksamkeit auf das 1. Chakra. Spüren Sie, wie sich der Bereich dabei entspannt und immer weiter wird.

Tip

Wenn es Ihnen schwerfällt, den Rhythmus zu halten, üben Sie im Stehen. Stellen Sie sich breitbeinig auf ebenen Boden – am besten barfuß – und erden Sie sich. Wenn Sie nun noch Ihre Atmung mit dem Rhythmus des Trommelns verbinden, wird Ihnen diese Übung leichter fallen.

Schließen Sie sich einer Gruppe an, wenn Ihnen das Trommeln gefällt. Einen besonders guten Effekt erzielt man in Sambagruppen, da dort Bewegung mit dem Trommeln verbunden wird. Der fließende Übergang von verschiedenen Rhythmen unterstützt den Energiefluß im Chakrensystem.

Kommentar

Rhythmus ist das Grundelement unseres Lebens. Wir finden ihn bei der Atmung, im Zwerchfell, im Herzschlag und sogar in den Muskeln und Knochen. Die Jahreszeiten, die Astrologie, der Schlaf, Lebensabschnitte, Entwicklungen, dies alles unterliegt einem bestimmten Rhythmus.

Mittels Rhythmen können wir sogar so weit beeinflußt werden, daß andere Bewußtseinszustände erreicht werden können. Schamanen benutzen diese Tatsache, z. B. um auf Trance-Reisen zu gehen.

Das Wachstumsritual

Das 1. Chakra steht für den Nährboden, auf dem wir gedeihen. Das folgende Ritual bietet Ihnen die Möglichkeit, bestimmte Charaktereigenschaften in sich aufzubauen, aber auch unerwünschte abzulegen.

Menschen, die sich aufgrund einer Blockade im 1. Chakra nie wirklich zu Hause fühlen, profitieren von dieser Übung am meisten. Sie hilft aber auch bei Existenzängsten, dem Gefühl von persönlicher Unsicherheit oder der Unfähigkeit, sein Selbst zu finden.

Übung

- Bereiten Sie sich auf das Ritual vor, indem Sie ein Räucherstäbchen oder eine Duftlampe anzünden.
- Rufen Sie Ihren Inneren Führer oder die Große Wesenheit, das können Hilfsgeister, Gott oder einfach das Eine sein, durch ein Gebet, eine Glocke oder das Entzünden einer Kerze herbei.
- Fragen Sie sich, welche Qualitäten das 1. Chakra betreffend Sie in sich erwecken und festigen wollen.
- Schreiben Sie diese Qualitäten mit einem wasserfesten Filzstift auf Blumenzwiebeln, Avocadokerne oder keimbare Bohnen.
- Umschließen Sie sie daraufhin mit Ihrer Hand und stellen Sie sich vor, wie sich Ihr Leben durch diese neuen Charaktereigenschaften verändern wird.
- Nehmen Sie einen Topf mit viel nährstoffreicher, feuchter Erde und stecken die Samen, die Zwiebeln oder die Bohnen tief hinein. Nun sind sie genauso versteckt, wie die Charakterzüge, die Sie in sich zu erwecken wünschen.
- Fühlen Sie die gebärende Kraft der Erde, während Sie pflanzen.
- Danken Sie Ihrem Inneren Führer.
- Beenden Sie das Ritual, indem Sie die Kerze, die Duftlampe oder das Räucherstäbchen auslöschen oder wieder die Glocke läuten.

- Gießen Sie Ihren «Charaktertopf» regelmäßig, pflegen Sie die aufkeimenden Pflänzchen mit aller Liebe, die Sie zu geben haben. Verbinden Sie immer wieder die von Ihnen gewünschten Charaktereigenschaften damit. In kürzester Zeit wird die Frucht aufgehen und Ihr Chakra um eine Erfahrung reicher sein.

Tip

Erzählen Sie niemandem von diesem Ritual oder von Ihrem Wunsch, bestimmte Charaktereigenschaften abzulegen oder anzunehmen. Sie werden überrascht sein, wie bald Sie schon von anderen Menschen darauf angesprochen werden.

Selbstverständlich können Sie statt der Samen auch einen Baum pflanzen. Anstatt seine Wurzel zu beschriften, können Sie einen liebevoll geschriebenen Brief mit eingraben.

Kommentar

Das Pflanzen ist eine wunderbare Möglichkeit, uns mit der Natur und dadurch mit unseren Wurzeln neu zu verbinden. Jede Art von Kleingärtnerei wird ihr 1. Chakra öffnen und stabilisieren, solange Sie sich dabei auf das Pflanzen an sich konzentrieren und nicht auf das Ergebnis, das Sie erwarten, z. B. einen schönen Balkon oder saubere Blumentöpfe. Graben Sie in der Erde, spüren Sie den kühlen, feuchten Humus auf Ihrer Haut, genießen Sie das Gefühl, pures Leben in den Händen zu halten.

Natürliches Leben erfahren

Wir haben unsere Welt in den Städten so angelegt, daß wir stundenlang laufen können, ohne an Barrieren zu gelangen. Selten müssen wir uns anstrengen, um unser Ziel zu erreichen. Das läßt uns in der Illusion leben, daß das Leben genauso funktioniert. Daß dies ein Irrtum ist, zeigt Ihnen folgende Übung, die Sie mit den Realitäten des Lebens konfrontiert. Beachten Sie dabei bitte, daß Sie nicht in Naturschutzgebieten oder Waldstücken, die besonders gekennzeichnet sind, vom Weg abweichen und so eventuell Natur zerstören.

Übung

- Gehen Sie in einen Wald.
- Spazieren Sie eine Weile und entspannen Sie dabei. Vielleicht wollen Sie Elemente aus der Naturmeditation übernehmen.
- Weichen Sie dann von den Wanderwegen ab. Marschieren Sie «querwaldein» und bahnen Sie sich eigene Wege. Lassen Sie sich dabei von Ihrem Instinkt leiten.
- Nehmen Sie die Unebenheiten unter Ihren Füßen wahr, die Anstrengung, die es kostet einen Hügel zu erklimmen. Kriechen Sie zwischen Bäumen hindurch und beobachten Sie Ihre Reaktion an solchen Stellen, an denen Sie nicht mehr weiterkommen.
- Fühlen Sie dabei immer wieder in Ihren Körper hinein. Wie reagiert das 1. Chakra darauf. Nehmen Sie wahr, wie es sich je nach Frustrationsgrad öffnet und schließt?
- Lassen Sie sich wirklich darauf ein. Gehen Sie mindestens eine halbe Stunde.
- Beenden Sie die Übung mit einer kurzen Sitzmeditation, in der Sie den momentanen Zustand des 1. Chakras erspüren.
- Vielleicht wollen Sie noch eine kurze Erdungsmeditation anschließen.

Tip

So schön ein Spaziergang zu zweit ist, gönnen Sie sich auch einmal Zeit allein mit der Natur.

Kommentar

Egal, welches Ziel wir vor Augen haben, neue Freunde gewinnen, eine lebendige Partnerschaft erhalten oder Anerkennung im Beruf erlangen, immer gibt es ein Auf und Ab. Sehr oft stehen wir vor unüberwindbaren Barrieren und müssen umkehren oder uns neue Wege bahnen. Wir stolpern über Stock und Stein, und so manches Mal schlägt uns ein Ast ins Gesicht.

Wenn Sie die Übung achtsam durchführen, werden Sie feststellen, daß Sie über den neuen Bezug zur Natur, auch einen anderen Bezug zu Ihrem Leben und Ihren Problemen aufbauen können. Naturabenteuer dieser Art bringen uns wieder mit dem wahren Leben in Kontakt. Der Einsatz unseres Instinktes hilft dabei, das Wurzelchakra zu öffnen.

Kriechen

Eine weitere, noch intensivere Art, unsere Wurzeln zu erkunden, besteht darin, sie buchstäblich auf allen Vieren zu erforschen. Dies lockt unsere Urinstinkte hervor, entspannt unseren Geist und verbindet uns mit dem ursprünglichen Aspekt des 1. Chakras.

Übung

- Suchen Sie sich ein Gebiet aus, zu dem Sie einen besonderen Bezug haben. Dies kann genauso gut ein dichter Wald, aber auch eine einsame Almwiese sein.
- Ziehen Sie sich passend an, tragen sie dicke Handschuhe, Knieschoner, feste Hosen und eine Mütze.
- Gehen Sie in Ihr Stückchen Natur hinein und lernen Sie es kennen. Lassen Sie sich allein von Ihrer Intuition leiten. Schnuppern Sie die Gerüche, fühlen Sie die Baumrinden, nehmen Sie das federnde Gefühl des Waldbodens wahr.
- Achten Sie auf Ihre Empfindungen. Fühlen Sie sich wohl?

- Wenn Sie soweit sind, knien Sie sich hin und beobachten Sie die Welt aus dieser Perspektive.
- Bemerken Sie, wie sich die Farben verändern, riechen Sie den feuchten Humus, das Gras, die Wildkräuter.
- Bewegen Sie sich langsam vorwärts, beobachten Sie dabei genau jeden Zentimeter Erde, über den Sie hinwegkrabbeln. Welche Insekten begegnen Ihnen? An welchen Pflanzen kriechen Sie vorüber? Finden Sie Spuren von Tieren?

Tip

Suchen Sie sich ein Fleckchen, an dem Sie ungestört sind. Neugierige Fußgänger stören die Meditation.

Kommentar

In ganz frühen Zeiten bewegte sich der Mensch noch auf allen Vieren, auch ein Baby muß zuerst krabbeln lernen, bevor es aufrecht gehen kann. Bei dieser Übung geht es vor allem darum, zu unseren Wurzeln zurückzufinden. Der Trick dabei ist, sich nicht auf das Krabbeln zu konzentrieren, sondern die Selbstverständlichkeit des aufrechten Gehens in Frage zu stellen. Krabbeln Sie so lange, bis Sie sich dabei wohlfühlen. Die Erkenntnis, daß Krabbeln manchmal notwendig ist, um ein Ziel zu erreichen, wird Sie vielleicht überraschen.

Das tanzende Chakra

Bei dieser Übung wollen wir das 1. Chakra mit Bewegung verbinden. Dazu brauchen Sie nur etwas Ruhe und Platz.

Übung 1

- Stellen Sie sich mit geschlossenen Augen in die Mitte des Raums.
- Spüren Sie in das 1. Chakra hinein. Nehmen Sie seinen Zustand wahr. Ist es offen, dicht oder schwer? Fühlt es sich leicht, entspannt oder eher blockiert an?

- Lassen Sie aus diesem Gefühl heraus eine Bewegung entstehen. Verlieren Sie dabei nicht den Kontakt zum Chakra.
- Wollen Sie stampfen wie ein großer Bär, oder spüren Sie die Leichtigkeit eines Kolibris?
- Führen Sie diese Bewegungen aus. Halten Sie dabei immer den Kontakt mit dem Energiezentrum, indem Sie die Aufmerksamkeit darauf richten.
- Was folgt aus der ersten Bewegung? Was will da noch geschehen?
- Lassen Sie zu, daß sich das 1. Chakra so ausdrückt, wie es will. So können Sie Blockaden lösen und den Energiefluß anregen.

Tip

Es ist erfahrungsgemäß anfangs etwas schwierig, den Kontakt mit dem Chakra aufrechtzuerhalten, während man sich bewegt. Üben Sie dies einfach, so oft Sie Zeit finden, und Sie werden sehen, daß es mit jedem Mal einfacher und dann selbstverständlich wird.

Übung 2

- Nehmen Sie, wie oben beschrieben, zuerst einmal Kontakt mit dem 1. Chakra auf. Spüren Sie dort hinein und entwickeln Sie ein Gefühl für seinen Zustand.
- Wählen Sie dann ein Musikstück aus, das der Öffnung oder der Erweiterung des Chakras entspricht. Dazu eignet sich vor allem leichte New Age-Musik, die mit Naturgeräuschen eingespielt wurde, oder auch südamerikanische Sambamusik. Sie vermittelt Lebensfreude und spricht daher direkt die unteren beiden Chakren an.
- Verbinden Sie Ihr Chakra mit dieser Musik.
- Lassen Sie sich von ihr umfangen und davontragen, tauchen Sie in sie ein. Verschmelzen Sie mit dem Rhythmus oder mit dem Gefühl, das sie in Ihnen erweckt.

- Erst wenn Sie die Musik tief in sich spüren, beginnen Sie zu tanzen.
- Bleiben Sie dabei mit dem 1. Chakra in Kontakt. Entspannen Sie es, lassen Sie es von der Musik massieren.
- Bewegen Sie sich aus dem Becken heraus. Achten Sie darauf, welche Bewegung Ihnen schwerfällt, und gehen Sie ganz sanft immer wieder an diese Grenze heran.
- Tanzen Sie mindestens 15 Minuten lang.
- Setzen Sie sich dann einen Moment lang in Meditationshaltung und spüren Sie nach. Wie fühlt sich das Chakra jetzt an?

Tip

Am effektivsten ist diese Übung, wenn Sie Teil 1 und 2 verbinden. So kann sich der Jetzt-Zustand des Chakras ausdrücken, dadurch wird es darauf vorbereitet, sich zu öffnen. Es ist auch möglich, diese Übung einmal auf eine andere Weise durchzuführen. Legen Sie sich dazu auf den Rücken und lassen Sie nur Ihre Beine tanzen. Bewegen Sie sie frei in der Luft, um so das Chakra zu öffnen.

Kommentar

Sicherheit, Macht, Materie, Sex, Geld: Diese Themen der ersten beiden Chakren bilden den Mittelpunkt des gesellschaftlichen Interesses. So kommt es in diesem Bereich schnell zu Blockaden. Lustvolle, genußvolle Bewegung befreit und bringt angestaute Energien wieder in Fluß.

Mit Bäumen sprechen

«Bäume sind Gedichte, die die Erde in den Himmel schreibt», dichtete Khail Gibran und beschrieb so das uralte Wissen um die Heilkräfte der Pflanzenriesen. Für viele Naturvölker sind Bäume Heilige. Maoris, die Ureinwohner Neuseelands, glauben sogar, daß Bäume und Menschen von denselben Göttern gezeugt wurden, sie demnach unsere Geschwister sind. Eine unserer Ähnlichkeiten mit ihnen besteht darin: Wir stehen aufrecht im Leben und haben große Wurzeln. Da sich ein Mensch jedoch bewegen darf, trägt er diese in Form von Gedärmen in sich.

Von Buddha sagt man, daß er die Erleuchtung unter einem Birnbaum erlangte. In unseren Breiten legte man Dörfer in der unmittelbaren Nähe besonders prächtiger Exemplare an, unter ihrem Blätterdach wurde gefeiert, beraten und gerichtet. Druiden kannten noch die Heil- und Symbolkräfte der Bäume: die Eiche z. B. steht für Fruchtbarkeit und Kraft, die Birke symbolisiert Neubeginn und der Weißdorn Keuschheit. Heute werden sie größtenteils als Baumaterial und Brennholz verwendet. Mit ihren Heilkräften setzen sich nur noch wenige Menschen auseinander.

Viele Dinge könnten wir von ihnen lernen und übernehmen, z. B. den Wandel der Zeit, Blühen, Vergehen, Ruhen und Wiederkommen. Aber auch Geduld, Ausdauer, Wachstum, Wurzeln schlagen und nach dem Himmel streben zeigen uns Bäume.

Übung

- Suchen Sie sich einen großen Baum mit ausgeprägtem Wurzelwerk.
- Gehen Sie langsam auf ihn zu. Nehmen Sie wahr, wie er immer größer erscheint.
- Lenken Sie Ihren Blick auf die Baumkrone. Sie müssen aufschauen.
- Verneigen Sie sich vor der Weisheit und Lebenserfahrung, die er in vielleicht einigen hundert Jahren gesammelt hat.
- Bitten Sie ihn um Hilfe und bringen Sie gleichzeitig ein Opfer. Das kann ein besonderer Stein sein, etwas Wasser oder ein Gedicht.

- Setzen Sie sich nun in Meditationshaltung unter den Baum und entspannen Sie sich.
- Atmen Sie tief durch, bis ihr Atem das Basischakra erreicht.
- Öffnen Sie es mit Hilfe der Vorstellung von einem Trichter oder einem Blütenkelch.
- Saugen Sie nun die Energie des Baumes in sich auf. Spüren Sie seine Kraft, seine Ausdauer, seine Geduld.
- Nutzen Sie seine Energie, um das Basischakra damit aufzuladen und zu stabilisieren.
- Erlauben Sie der Baumkraft, Ihr Chakra zu «unterrichten», ihm von der Notwendigkeit des Wurzelnschlagens zu erzählen und von der Vergänglichkeit aller Dinge.
- Bedanken Sie sich bei ihm, nachdem Sie die Meditation beendet haben.

Tip

Sie können dem Baum am Schluß der Meditation eine Frage stellen oder ihn umarmen, wenn Sie das Bedürfnis dazu verspüren. Günter Eich sagte einmal: «Wer könnte leben ohne den Trost der Bäume.»

Kommentar

Indem wir mit der Natur Kontakt aufnehmen, als wäre sie ein intelligentes Wesen, sprechen wir ihre Seele an und damit auch unsere eigene.

Fetische basteln

Fetische sind Objekte, die man mit einer bestimmten Macht oder Kraft auflädt. Sie verleihen dem Träger oder einem Ort eine besondere Energie. Schamanen setzen Fetische zum Schutz, zur Sicherung von Glück und zur Erhaltung der Gesundheit ein. Vergleichbar ist dies mit Kristallen oder Batterien, die mit einer bestimmten Spannung geladen sind und dieses Potential wiederum ausstrahlen.

Herstellung

- Machen Sie sich zuerst bewußt, bei welchem Thema des 1. Chakras Sie Unterstützung brauchen oder ob Sie einen Teilbereich verstärken wollen.
- Brauchen Sie stärkeren Schutz, so fragen Sie sich, welcher Gegenstand symbolisch dazu am besten geeignet ist. Fetische aus Steinen haben sich bewährt, weil sie selbst heilende Energie ausstrahlen. Sie können aber auch, je nach der jeweiligen Problematik, ein Stück Holz, eine Figur oder eine Münze verwenden. Jedes Material und jeder Stoff eignet sich hierfür.
- Besorgen Sie sich alle Zutaten, die Sie für die Herstellung des Fetischs brauchen, wie z. B. Klebstoff oder Farbe.
- Nehmen Sie sich etwas Zeit und spüren Sie in das 1. Chakra hinein. In welchem Zustand ist es? Wie fühlt es sich an? Welche energetische Information fehlt, damit es sich weiter öffnen kann?
- Überprüfen Sie die Antworten, indem Sie das Chakra innerlich mit diesen konfrontieren.
- Sind Sie auf der richtigen Fährte, stellen Sie den Fetisch her, der Ihrem inneren Bild entspricht.
- Sobald er fertig ist, personifizieren Sie ihn. Hauchen Sie ihm Leben ein, indem Sie ihn als Wesen ernstnehmen.
- Bitten Sie ihn, Sie zu unterstützen und Ihnen zu helfen.
- Besprechen Sie ihn mit den geeigneten Worten. Stellen Sie sich dann vor, er würde Ihre Worte wie ein Papagei wiederholen. Was müßte er sagen, damit Sie sich dabei erleichtert oder bestärkt fühlen, was Sie erreichen wollen?
- Tragen Sie den Fetisch immer bei sich oder stellen Sie ihn an dem Ort auf, an dem Sie ihn brauchen.

  Beispiel: In der Supervision erzählte eine Therapeutin, daß sie während ihrer Arbeit manchmal von dem Gefühl überwältigt wird, das Problem eines Klienten für ihn

lösen zu müssen. Diese hohe Erwartungshaltung setzte sie sehr unter Druck und blockierte sie bei der Arbeit.
Im Gespräch kristallisierte sich heraus, daß sie sich vor diesem Anspruch schützen mußte, der sie zunehmend auslaugte. Daraufhin erstellte die Gruppe einen Fetisch aus Stein für sie, der so besprochen wurde: «Du brauchst dich um die Probleme des anderen nicht zu kümmern.» Sie plazierte ihn sichtbar auf dem Schreibtisch. Sobald das zuvor erwähnte Gefühl auftauchen wollte, nahm sie den Stein in die Hand und fühlte sich dadurch befreit.

Tip

Laden Sie den Fetisch von Zeit zu Zeit neu auf. Leiten Sie das Ritual ein, indem Sie Hilfsgeister oder Ihren Inneren Führer rufen. Besprechen Sie dann den Stein erneut. Vielleicht haben Sie nach einer Weile auch das Gefühl, neue Symbole zu benötigen. Vielleicht wollen Sie ihm aus Dank etwas Farbe verleihen, ihn mit einer Feder schmücken oder mit getrockneten Pflanzenteilen verzieren.

Kommentar

So manchem unserer Seminarteilnehmer huschte ein skeptisches Lächeln übers Gesicht, wenn wir ihn zu dieser Übung anleiteten. An dieser Stelle sei nur der Knoten im Taschentuch erwähnt, durch den man sich an etwas erinnern will. Dies zeigt, daß Fetische hilfreich sein können. Ihre bloße Präsenz lenkt unsere Aufmerksamkeit auf das Thema und erinnert uns ständig an unser Ziel, z. B. ein neues Gefühl oder einen veränderten Charakterzug.

Sich eine Höhle bauen

Häufig sehen wir, daß sich Kinder Höhlen oder Baumhäuser bauen oder unter einem Tisch ihre eigene kleine Wohnung einrichten. Sie folgen damit dem natürlichen Bedürfnis nach einem Rückzugsort. In unserem modernen

Leben finden wir solche Gelegenheiten eher selten. Ständig sind wir umgeben von Menschen und Geräuschen. Selbst in der Natur begegnen wir ständig anderen Menschen, Alleinsein ist fast unmöglich geworden. Die Innere Höhle ist jedoch nur Ihnen zugänglich.

Übung

- Schließen Sie die Augen und entspannen Sie sich mit einer Ihrer bevorzugten Methoden. Ein anderer Weg liegt darin, in Ihrem Körper von unten nach oben alle Verspannungen aufzuspüren und loszulassen.
- Versetzen Sie sich in der Vorstellung in einen leeren Raum, einen Ort, in dem es weder Geräusche noch Gegenstände, noch nicht einmal Farbe gibt.
- Lassen Sie sich viel Zeit, alle störenden Elemente wegzudenken und sich in dieses Nichts fallenzulassen.
- Überlegen Sie dann, wie Ihr idealer Rückzugsort aussehen könnte. Vielleicht ist es dort dunkel und weich, vielleicht sehen Sie aber auch ein Baumhaus auf einer einsamen Insel oder Sie erinnern sich an ein Versteck aus Ihrer Kindheit.
- Nehmen Sie sich ausreichend Zeit, diese Höhle genau so zu gestalten, bis sie Ihren Vorstellungen entspricht. Verändern Sie sie, setzen oder legen Sie sich hinein und spüren Sie, ob alles genau richtig ist.
- Wenn Sie damit fertig sind, geben Sie Ihrer Höhle einen Namen.
- Setzen Sie sich nun mitten hinein und lassen Sie die Atmosphäre auf sich wirken. Ist Ihnen diese Höhle ein Zuhause, gibt Sie Ihnen Sicherheit und Lebenskraft? Ihr 1. Chakra wird sich mit diesen Gefühlen öffnen.
- Wenn Sie die Übung beenden, verlassen Sie die Höhle durch den Ausgang und verschließen Sie ihn, so daß niemand Fremdes dort eindringen kann.

Tip

Die Höhle sollte in Ihrer Vorstellung so lebendig werden, wie ein richtiges Zuhause. Gehen Sie anfangs mindestens einmal täglich dort hinein und laden so Ihr Chakra auf. Erzählen Sie niemandem, wie Ihre Höhle aussieht. Es ist ein Teil ihrer Funktion, ein Geheimnis zu sein, erst dadurch wird sie wirklich sicher.

Kommentar

Ein innerer Rückzugsort verleiht das Gefühl von Sicherheit und Geborgenheit, eines der Hauptthemen des 1. Chakras. Sobald Sie sich in Ihrer Inneren Höhle ganz zu Hause fühlen, werden Sie dort innerhalb von Sekunden Kraft finden. Nach einer gewissen Zeit reicht es auch, ihren Namen im Geiste auszusprechen, und Sie fühlen sich herrlich erfrischt. Schaffen Sie sich eine solche Höhle vor allem in Zeiten von Unsicherheit, Sorge und Angst.

Innerlich und äußerlich reich

Alles wird teurer, das Einkommen schrumpft, die Abgaben werden höher. Dies bedeutet eine Bedrohung unserer finanziellen Sicherheit, besonders in einer Gesellschaft, die soviel Wert auf materielle Güter legt. Um das 1. Chakra etwas zu entlasten, gibt es unterschiedliche Tips.

Tips

- Sorgen Sie dafür, daß Sie immer 500 Mark in Ihrem Geldbeutel haben. Sobald Sie etwas von diesem Geld ausgeben, füllen Sie wieder bis zu dieser Summe auf. So senden Sie mit jedem Blick in die Geldbörse Ihrem Bewußtsein die Botschaft, daß immer ausreichend Geld zur Verfügung steht.
- Schreiben Sie Affirmationen.
- Schreiben Sie alle negativen, ängstlichen und Mangelgedanken bezüglich Geld auf und verbrennen Sie die Liste in einem Ritual.

- Legen Sie verschiedene Konten für die unterschiedlichen Lebensbereiche an, für Freizeit, Hobby, Kino, Essen gehen, Kleidung oder was Ihnen sonst wichtig ist. Das Geld für die alltäglichen Ausgaben bleibt auf dem Girokonto. Wenn Sie nun Geld von einem der anderen Konten ausgeben, haben Sie nicht mehr das Gefühl, daß es Ihnen im täglichen Leben fehlen wird.
- Spenden Sie großzügig und bewußt. Geiz fördert das Mangelbewußtsein und schürt Ihre Ängste.
- Kaufen Sie sich ab und zu Dinge, die Sie überhaupt nicht brauchen, die einen Luxus für Sie darstellen. Damit demonstrieren Sie sich selbst, daß Sie es wert sind, beschenkt zu werden.
- Erstellen Sie eine Liste von Tätigkeiten, Erlebnissen und Gütern, durch die Sie sich reich fühlen. Für den einen ist es ein Sack Getreide im Keller, für den anderen der regelmäßige Spaziergang über den Flohmarkt oder ein Gläschen Sekt im Feinschmeckerladen.

Weitere hilfreiche Tips enthält das Buch *Geld ist mein Freund* von Phil Laut.

Quickie: Verwurzeln

Häufig sind es kleinere Begebenheiten, die uns aus der Bahn werfen, z. B. eine unangenehme Besprechung mit einem Vorgesetzten, Krach in der Familie, Schulden, die unbezahlbar erscheinen, oder ein Unfall ohne schlimme Folgen. In solchen Situationen ist es nicht immer möglich, länger dauernde Übungen auszuführen. Fünf Minuten Wurzelmeditation bringen Sie jedoch schnell wieder ins Gleichgewicht.

Übung

- Sie können diese Meditation im Stehen, aber auch auf dem Stuhl oder auf dem Boden sitzend ausführen.
- Schließen Sie die Augen.

- Suchen Sie Ihren Körper von unten nach oben nach verspannten Muskelpartien ab. Atmen Sie in diese hinein.
- Lenken Sie dann die Aufmerksamkeit auf Ihren Atem. Lassen Sie ihn tiefer und tiefer sinken. Öffnen Sie den Brustkorb, lassen Sie die Spannung im Bauch los, erlauben Sie dem Becken, sich auszubreiten.
- Atmen Sie langsam und gleichmäßig, bis Ihr 1. Chakra berührt wird. Atmen Sie tief hinein.
- Vertiefen Sie das Ein- und Ausatmen bis in Ihre Fußsohlen. Dann gehen Sie noch weiter bis zum Mittelpunkt der Erde.
- Sobald Sie eine Verbindung spüren, atmen Sie in die Breite und dehnen so Ihr 1. Chakra wieder aus.
- Erst wenn Sie spüren, daß Ihr Chakra wieder entspannt und weit ist, öffnen Sie die Augen.

Tip

Stellen Sie sich den Atem als weiße Energie vor, dann ist es leichter, ihn zu visualisieren.

Kommentar

In Schreck- oder Schocksituationen halten wir als erstes unseren Atem zurück und spannen Brust und Bauch an. Durch die Verbindung von Atem und Körper erreichen Sie schnell einen entspannten, sicheren Geisteszustand.

Quickie: Bei Schock

In Momenten des Schrecks oder Schocks schüttet unser Körper ungeheure Mengen Adrenalin aus, die uns in die Lage versetzen, aus der Situation davonzulaufen bzw. aktiv zu handeln. Meistens zeigt sich aber genau das Gegenteil. Wir werden still und ziehen uns zurück. Die Folge davon ist Übererregung und Streß. Deshalb ist es sehr wichtig, dieses Adrenalin abzubauen. Dafür gibt es einige Möglichkeiten:

- Schreien Sie, und zwar mit Beteiligung Ihres ganzen Körpers. Laufen Sie auf ein Feld hinaus und brüllen Sie aus voller Kehle. Ist dies nicht möglich, können Sie sich auch ein Kissen über das Gesicht halten und hineinschreien.
- Laufen Sie irgendwohin, verausgaben Sie sich dabei völlig. Bewegen Sie sich mit ganzer Anstrengung und zwar so lange, bis Sie vollkommen erschöpft sind.

Das Rad des Gebens und Nehmens

Das Rad des Gebens und Nehmens wird einerseits als Sakralchakra bezeichnet, weil es sich in Höhe des Sakralknochens (Os sacrum) befindet, andererseits als Sexualchakra, da es von den Sexualdrüsen regiert wird. Die Hormone Testosteron und Östrogen bestimmen die Anatomie des Menschen mit, durch sie bilden sich die sekundären Geschlechtsmerkmale heraus. Ein Ungleichgewicht dieser beiden Stoffe führt zu Wachstumsproblemen, Stimmungsschwankungen und Depressionen, z. B. während der Menstruation und der Wechseljahre. Es entwickeln sich körperliche Fehlsteuerungen, wie Hodenschrumpfung, Bartwuchs bei Frauen oder vorzeitiger Haarausfall. Sperma und Ei tragen das Erbgut in sich, die Grundlage für neues Leben.

Entwicklung

Den Schritt vom 1. ins 2. Chakra kann man als den Aufbruch zum Du umschreiben. Während der Mensch im ersten Bewußtseinszentrum eine erfüllte Beziehung zu sich selbst aufbaut, geht es nun darum, die Grenzen des Ichs zu überschreiten. Dazu muß der Blick von innen nach außen gerichtet werden.

Bei Babys zeigt sich diese Entwicklung sehr deutlich. In den ersten Monaten kann der Blick noch nichts fokussieren. Erst später beginnen sie damit, ihre Umwelt zu be-greifen. Sie reagieren auf Zusprache und lächeln andere Menschen an und lernen, zwischen Eltern und Fremden

Zeichen und Symbole des 2. Chakras

zu unterscheiden. Die ersten Beziehungen werden aufgebaut.

Partnerschaft

Partnerschaft sollte die Verbindung zweier gleich- und vollwertiger Individuen sein. Aber allzuoft suchen wir im Liebhaber jemanden, der unsere Bedürfnisse befriedigt, der uns vor dem Alleinsein bewahrt und unsere Einsamkeit überdeckt. Wir projizieren unsere unerfüllten Bedürfnisse auf den anderen und übertragen ihm die Aufgabe, wiedergutzumachen, was unsere Eltern versäumt haben.

In einer Partnerschaft erhalten wir die Gelegenheit, Türen zu verborgenen Aspekten unseres Charakters zu öffnen. Indem wir den anderen als Spiegel unseres Selbst sehen, können wir wachsen. Wer dagegen das Glück nur im anderen sucht, müht sich vergeblich – ein Grund, warum so viele Beziehungen in die Brüche gehen.

Intimität

Partnerschaft kann nur dann funktionieren, wenn beide Menschen bereit sind, Momente tiefster Intimität zu erleben, andererseits aber auch Platz für das Individuelle bleibt. Es ist unmöglich, daß zwei Menschen gleich denken, gleich fühlen und die gleichen Bedürfnisse haben. Die Seele braucht den Rückzug, um das Gelernte zu integrieren.

Körperlichkeit

Das Neugeborene erfährt über die Haut mehr als durch das gesprochene Wort. Unterscheidet sich die durch Berührung übermittelte Botschaft vom ausgesprochenen Wort, wird es lernen, Berührung in Frage zu stellen. Daraus entstehen Mißtrauen und Skepsis bezüglich der Körperlichkeit. Die individuellen Definitionen von Nähe und Distanz sind Schlußfolgerungen hieraus.

Sexualität

Es gibt kaum ein Thema, um das sich mehr Mißverständnisse ranken, kaum einen Beziehungsaspekt, der häufiger zu Enttäuschungen und Konflikten führt. Bedürfnisse des Körpers kann man nicht im Kopf befriedigen. Das bedeutet, Verlangen muß zugelassen und – soweit möglich – ausgelebt werden. Sexualität als niederen Trieb zu unterdrücken, wie in esoterischen und gläubigen

Kreisen oftmals üblich, bewirkt, daß sich das 2. Chakra verschließt und Entwicklung verhindert wird.

Sexualität ist ein Zeichen von Vitalkraft, das zeigt die Tantra-Praxis. Den heilenden Aspekt der Sexualität beschreibt Helena Norberg-Hodge in ihrem Buch *Leben in Ladakh.* Sie erlebte, daß man einer Frau, bei der ein westlicher Arzt Hepatitis diagnostiziert hatte, verstärkten sexuellen Verkehr verschrieb. Nach Befolgung besserte sich bemerkenswerterweise das Befinden der Patientin bereits wenige Tage später bedeutend. Das heißt wiederum nicht, daß man sich seiner Lust ständig hingeben soll, denn dies wäre wie Essen, nur um den Hunger zu stillen. Der nährende Aspekt ginge dabei verloren.

Schöpfung

Durch die Partnerschaft wächst der Mensch über sich hinaus. Er entwickelt sich schneller und tiefgreifender, als er es alleine erreichen könnte. Bei einem Zusammensein entsteht etwas Drittes, eine Energie, die sich vielleicht sogar in einem neuen Geschöpf manifestiert.

Rollenverhalten

In Amerika wurde untersucht, wie Testteilnehmer mit Babys umgehen, deren Geschlecht sie nicht kennen. Den blau gekleideten Babys ordneten sie männliche Attribute, wie Aggressivität, Zerstörungstrieb und nur wenig Gefühl, zu. Babys mit rosafarbener Kleidung wurden für das Bravsein gelobt, ihre Tränen durften frei fließen. Da grüne Kleidung keine Geschlechterzuordnung zuläßt, konnten die Testteilnehmer mit diesen Kindern wenig anfangen. Als Ergebnis zeigte sich also, daß wir schon in diesem Alter auf unsere Geschlechterrolle programmiert werden. Dabei sollten wir zunächst die Möglichkeit bekommen, menschliche Qualitäten zu entwickeln und uns erst dann Gedanken um die Geschlechtlichkeit machen.

Die Rollenverteilung ist dabei eindeutig willkürlich.

Wie L. A. Gompertz in dem Buch *Leben in Ladakh* anführt, kann es aber auch anders sein: Die Ladakhifrau führt den Haushalt, besitzt eigenes Geld und führt ihre Geschäfte selbständig. Sie hat ihren Mann im Griff, ihr Wort gilt.

Im Kampf um die geschlechterspezifischen Machtpositionen zeigen sich jedoch hin und wieder Extreme. Männer und Frauen, die sich in einer jeweils dem anderen Geschlecht zugeordneten Domäne behaupten wollen, verlieren oftmals ihre Männlich- oder Weiblichkeit und damit einen vitalen Ausdruck ihrer Lebenskraft.

Macht

Sexualität wird häufig als Machtmittel mißbraucht. Durch enge Moralvorstellungen diskriminiert man Frauen und sexuelle Minderheiten wie Homosexuelle, Transvestiten und dergleichen. So werden Menschen über ihren sensibelsten und intimsten Bereich kontrolliert. Innerhalb einer Partnerschaft erfüllen der allabendliche Migräneanfall oder die Forderung nach sexueller Treue diesen Zweck.

Organe und Körperteile

Von der Funktion und dem Zustand des 2. Chakras sind vor allem die Keimdrüsen und Geschlechtsorgane sowie Dickdarm, Blinddarm und Harntrakt betroffen.

Balance

Ein Mensch, dessen 2. Chakra ausgeglichen ist, hat gelernt, zu nehmen und zu geben. In Partnerschaften kann er sich hingeben, behält jedoch die Verantwortung für sein Leben. Er sieht im anderen einen gleichwertigen Menschen und in der Verbindung eine Chance zur Entwicklung. Die Fähigkeit, sich in das eigene wie auch in das andere Geschlecht hineinzufühlen, besteht, der Partner wird nicht als Sexualobjekt mißbraucht.

Blockaden

Sexueller Mißbrauch steht leider an erster Stelle der Ursachen. Wie wir in Gruppen und Einzelgesprächen immer wieder feststellten, reichte oftmals ein Blick aus, daß ein Kind sich von seinen Geschlechtsorganen entfremdet. Was richten da erst abwertende Worte, Einstellungen oder Berührung an?

Ebenso prägen Reaktionen auf die ersten geschlechtlichen Zeichen, z. B. die erste Regelblutung, die Ausbildung der Brüste beim Mädchen oder eine Erektion beim Jungen, den Bezug zum eigenen Geschlecht. Unflexibles Rollenverhalten stören dieses Energiezentrum. Der Umgang mit Sexualität in der Familie nimmt ebenfalls Einfluß, wie etwa der elterliche Wunsch nach einem andersgeschlechtlichen Kind, zwanghafter Umgang mit Sexualität oder falsche Sexualmoral. Auch Klischees, die in Liebesfilmen oder Romanen immer wieder aufgegriffen werden, führen zu Minderwertigkeitsgefühlen und als Folge davon zu einem Verschließen des Chakras.

Dysbalance

Leichte Störungen bewirken übertriebene Scham, Schüchternheit, Verklemmtheit, Zwanghaftigkeit oder den Wunsch nach Kontrolle. Zudem gehen die körperlichen und sinnlichen Lebensfreuden verloren. Im späteren Stadium können folgende Krankheiten daraus resultieren: Impotenz, Frigidität, Unfähigkeit zum Orgasmus, Prämenstruelles Syndrom, Unfruchtbarkeit und Tumore in Hoden oder Unterleib können dann entstehen, wenn sich der Betroffene aus diesen Organen zurückgezogen hat.

Ein unterversorgtes 2. Chakra verursacht sexuelle Unlust. Diese besteht im Gegensatz zu einem weitverbreiteten Vorurteil aber noch nicht, wenn nicht jeder körperliche Kontakt mit dem Partner zu Sex führt. Angst vor dem anderen Geschlecht stellt sich ein, der Betroffene fühlt sich sexuell minderwertig oder leidet an mangelnder sexueller Identität. Er wird sich schämen, in der Öffentlichkeit zärtlich mit seinem Partner umzugehen.

Die gegenteilige Folge führt zu sexueller Überaktivität, die Gedanken kreisen um Fantasien. Sex bleibt für davon betroffene Menschen unbefriedigend, da die Erfüllung sich nicht einstellt. Um dies zu kompensieren, werden sie immer mehr Sex suchen, bis dieser Teufelskreis in Impotenz bzw. Frigidität endet. Man kommt mit gegengeschlechtlichen Aspekten schwer zurecht, da man sich mit seinem eigenen Geschlecht überidentifiziert. Dies kann sich in Vorurteilen und Diskriminierung bis hin zu Gewalttaten gegen Andersgeschlechtliche, Homosexuelle, Transvestiten, Transsexuelle und Zwitter niederschlagen.

Symbolik

Das Rad des Gebens und Nehmens ist für den freien, fließenden und unschuldigen Austausch von Energien zwischen zwei Menschen bzw. den gegengeschlechtlichen Aspekten innerhalb unseres Selbst zuständig.

Wasser

Das Element Wasser entspricht diesem Bild. Es fließt und bahnt sich seinen Weg. Sanft und kraftvoll gelangt es letztlich überall hin. Seine klare, weiche Qualität ist Vorbild für Körperlichkeit, Sexualität und Partnerschaft.

Baumstamm

Der wachsende Stamm versinnbildlicht seine in den Himmel strebende Energie. Die Kundalini entfaltet sich langsam, wird aber stetig immer kräftiger, bis sie solide in der Welt steht.

Kolibri

Das Lied des Kolibri ist das Lied des puren Glücks. Blumen lieben ihn, weil er ähnlich wie die Bienen zu ihrer Reproduktion beiträgt. Wegen der magischen Kräfte werden seine Federn seit Jahrhunderten in Liebesamulette eingeflochten. Sie fördern die Liebe, indem sie das Herz öffnen. Ohne dies ist es unmöglich, wahre Vereinigung zu erfahren.

Paar

Das Paar vermittelt den Aspekt der Partnerschaft, durch den wir die Dualität zu überwinden versuchen. Die Vereinigung erinnert uns daran, beide Seiten der Geschlechtlichkeit in uns zu entdecken und zu integrieren.

Übungen zum Sakralchakra

Die Gefiederte Schlange

Schamanen aus aller Welt kennen den Weg, über Trancezustände in andere Bewußtseinsbereiche zu gelangen. Dort treffen sie auf Krafttiere und andere Ratgeber, die ihnen Fragen zur Heilung beantworten oder den Hintergrund von Krankheiten aufdecken. Die Bezeichnung Trance ist oftmals verwirrend, weil man im allgemeinen komatöse Zustände damit verbindet, in denen man Gefühlen und Visionen ausgeliefert ist. Schamanische Trance dagegen ist ein Zustand zwischen Wachbewußtsein und Traum. Man erreicht diesen, indem man sich einem Rhythmus von 205 bis 215 Schlägen pro Minute aussetzt. Traditionell verwendet man dazu Rasseln oder Trommeln. In Trance können wir uns bewußt lenken, uns aber auch wie im Traum bewegen.

Auch Nicht-Schamanen können Trance anwenden, um zu neuen Einsichten zu gelangen. Durch den amerikanischen Anthropologen Michael Harner und Seminare von Tom Cowan sowie Carlos Castaneda ist das Reisen in die andere Welt bekanntgeworden. Felicitas Goodman, ebenfalls eine amerikanische Anthropologin, entdeckte darüber hinaus, daß Menschen, die im Trancezustand die Körperhaltung bestimmter heiliger Statuen oder Posen, die auf Kunstgegenständen dargestellt sind, imitieren, entsprechende Bewußtseinserfahrungen durchleben. Alles, was sie dazu benötigen, ist etwas Zeit und eine Kassette oder CD, die den Trancezustand induziert.

Übung

- Machen Sie sich bewußt, warum Sie diese Übung durchführen. Warum wollen Sie die Geister anrufen? Schreiben Sie dies am besten auf.
- Essen Sie mindestens zwei Stunden vorher nichts mehr. Ein überfüllter Magen erschwert die Reise.
- Stellen Sie sicher, daß Sie für die Dauer der Übung, ca. 40 Minuten lang, ungestört bleiben. Reinigen Sie den Raum, den Sie ausgewählt haben. Schmücken Sie ihn mit Steinen, Federn oder anderen persönlichen Heiligtümern, um ihn auf die Ankunft der guten Geister vorzubereiten.
- Proben Sie nun die Körperhaltung: Stellen Sie sich dazu ruhig und fest auf beide Beine. Der Abstand zwischen den parallel stehenden Füße beträgt etwa 15 Zentimeter. Achten Sie darauf, daß Ihre Knie leicht gebeugt sind. Formen Sie Ihre Hände zu Schalen und legen sie so an Ihre Hüften. Die Ellenbogen sind abgespreizt. Ihre Haltung ähnelt jetzt einer Suppentasse mit zwei Henkeln. Straffen Sie die Schultern. Schauen Sie geradeaus und schließen Sie dann die Augen.
- Konzentrieren Sie sich auf das Gefühl bei dieser Körperhaltung und behalten Sie dieses in der Erinnerung.
- Verlassen Sie nun diese Haltung und laden Sie die Geister ein, indem Sie ihnen ein Opfer bringen, z. B. ein Rauchopfer.
- Legen Sie dann die Kassette oder CD ein, schalten Sie das Gerät aber noch nicht ein.
- Sobald Sie soweit sind, bringen Sie Ihren Geist einen Moment lang zur Ruhe.
- Nun schalten Sie die ausgewählte Musik an und begeben sich in die vorher geübte Haltung. Lassen Sie sich dabei von Ihrem Körperbewußtsein leiten.
- Erinnern Sie sich an den Grund Ihrer Reise und lassen ihn dann wieder los.

- Geben Sie sich nun völlig dem Klang hin. Folgen Sie dem Rhythmus und nehmen Sie alle Veränderungen wahr. Achten Sie auf Klänge, Farbspiele, Visionen, Düfte, Tiere oder andere Wesen.
- Nutzen Sie diese Begegnungen, um Fragen zu stellen, oder bitten Sie die Wesen, Ihren konkreten Wunsch zu erfüllen.
- Nach etwa 15 Minuten sollte die Musik verstummen.
- Bedanken Sie sich bei den Geistern.
- Setzen oder legen Sie sich danach noch eine Weile mit geschlossenen Augen hin und spüren Sie der Erfahrung nach.
- Beenden Sie die Zeremonie, indem Sie das als Opfer gedachte Räucherstäbchen oder die Kerze löschen oder eine Glocke läuten.

Tip

Sie werden vor der Übung vielleicht daran zweifeln, daß Sie diese stille Haltung mit straffen Schultern und gebeugten Knien halten können. Machen Sie sich keine Gedanken darüber. Im Trancezustand werden Sie keine Schwierigkeiten damit haben.

Besuch eines Workshops

Auch wenn man diese Übung problemlos allein ausführen kann, ist es sinnvoll, zumindest am Anfang an einem Workshop teilzunehmen. In einer Gruppe verstärkt sich die Energie, der Lehrer kann die Haltung korrigieren und Erlebnisse aufgrund seiner Erfahrung besser interpretieren als Sie selbst.

Im Gegensatz zu anderen bewußtseinserweiternden Techniken ist es bei Trance nicht sinnvoll, sie in regelmäßiger Routine auszuführen, weil sonst ein Gewöhnungseffekt eintreten könnte. Praktizieren Sie also höchstens einmal die Woche und wechseln Sie die Haltungen.

Weitere Trancehaltungen hat Belinda Gore in ihrem Buch *Ekstatische Körperhaltungen* zusammengestellt.

Kommentar

Wenn es Ihnen abwegig erscheint, daß verschiedene Körperhaltungen bestimmte Bewußtseinszustände erzeugen, dann denken Sie nur einmal an Mudras. Die alte indische Tradition exakter Hand- und Körperhaltungen wurde eingesetzt, um heilende und reinigende Energieströme zu produzieren. Auch in religiösen Abbildungen finden wir immer wieder gleiche Posen und Gesten Heiliger, die mit bestimmten Charaktereigenschaften in Zusammenhang gebracht werden.

Indische Tradition

Der Lotussitz wird letztlich nur deshalb zur Meditation angewendet, weil er die Aufmerksamkeit erhöht und die Kundalini-Energie aufsteigen kann. Die folgende Übung stärkt Ihre weibliche Kraft – dies schadet übrigens auch Männern nicht. Die Gefiederte Schlange ist die weibliche Quelle des Lebens und fördert die Fruchtbarkeit. Sie führt uns an einen Ort, der an die Gebärmutter erinnert und der uns wie sie nach einer Ruhepause neues Leben schenkt.

Die eigene Rolle entdecken

Eine der Aufgaben des 2. Chakras ist es, uns mit unserer geschlechtlichen Identität auseinanderzusetzen und die Barrieren zwischen den Geschlechtern zu überwinden.

Gesellschaftliche Konventionen, Erziehung und veraltete Moralvorstellungen führen oftmals zu Blockaden im 2. Chakra. Um diese aufzulösen, müssen wir uns unserer eigenen Sicht der Geschlechterrolle bewußt werden. Als Frau müssen Sie dazu erst einmal erforschen, welche Aspekte Ihrer Weiblichkeit Sie ausleben und welche Sie unterdrücken. Was sind überhaupt Ihre Vorstellungen von Weiblichkeit? Wie muß sich eine Frau geben, was soll sie denken und fühlen, womit Ihre Zeit verbringen? Was ist

Ihrer Meinung nach richtig und falsch in bezug auf das Thema Weiblichkeit? Welche Einstellungen, z. B. Ängste, Ablehnung oder Urteile, verbinden Sie mit Ihrer (zukünftigen) Mutterrolle? Selbstverständlich haben diese Fragen nur Sinn, wenn Sie sich selbst gegenüber ehrlich sind und nicht versuchen, ihre Sicht zu beschönigen.

Obwohl wir uns hier der Einfachheit halber auf die Frau beziehen, gilt selbstverständlich das gleiche für den Mann und seine Sicht der Geschlechterrolle.

Übung

- Setzen Sie sich mit einem Schreibblock und Stift an den Tisch und erstellen Sie eine Liste.
- Vervollständigen Sie folgende Sätze nacheinander so oft, bis Ihnen nichts mehr dazu einfällt
  «Ich liebe es eine Frau zu sein, weil ...»
  «Ich bin froh kein Mann zu sein, weil ...»
  «Ich fühle mich als Frau, weil...»
  «Ich empfinde mich weiblich, weil...»
  «Eine meiner Stärken als Frau ist, daß ...»
  «Ich beneide das andere Geschlecht um folgende Eigenschaften...»
  «Folgende Aspekte meiner Weiblichkeit halte ich zurück...»
  «Ich halte sie zurück, weil...»
  «Ich bin gerne Mutter, weil...»
  «Ich lehne es ab, Mutter zu sein, weil...»
- Sie werden sehen, daß Ihnen während des Schreibens noch viele andere Fragen einfallen werden. Je mehr Sie aufschreiben, desto klarer wird das Bild, das Sie von Ihrer Geschlechtlichkeit haben.
- Überprüfen Sie nun, wie sich diese Aussagen in Ihrem täglichen Leben wiederfinden, in Ihrem Verhalten, Ihren Sorgen und Ängsten, in Unzufriedenheit, Energiemangel, sexueller Unlust, Frigidität oder Impotenz.

- Nehmen Sie sich vor allem solche Aspekte vor, die Sie an sich ablehnen oder vor denen Sie Angst haben. Überlegen Sie, ob es einen Weg geben könnte, diese in Ihre Persönlichkeit zu integrieren.

Beispiel

Eine Klientin neigte dazu, sich in Beziehungen abhängig zu fühlen, und vermied daher jede Intimität. Im Gespräch entdeckte sie, daß Abhängigkeit Bestandteil jeder Beziehung ist. Ihre Aufgabe bestand also nun darin, einen Weg zu finden, sich in dieses Gefühl hineinzugeben, ohne darunter zu leiden.

Tip

Wenn Sie die Liste aufstellen, schreiben Sie den einleitenden Satz immer wieder neu. So verhindern Sie, daß Sie sich in Assoziationen verlieren, und konzentrieren sich auf den Kern der Aussagen.

Schreiben Sie spontan auf, was Ihnen einfällt, denken Sie möglichst wenig darüber nach. Dafür ist später immer noch Zeit.

Kommentar

Durch diese Übung ent–decken Sie Ihre persönlichen Glaubenskonzepte. Anschauungen sind nicht angeboren, sie werden erlernt. Sie haben Ihre vielleicht von den Eltern oder von einem Partner, den Sie sehr lieben, übernommen. Sie können hilfreich sein und das Leben erleichtern. Ändern sollte man sie jedoch, sobald sie einschränken oder man unter ihnen leidet.

Wenn Sie diese Übung durchgeführt haben und täglich überprüfen, wie sich Ihre Ansichten im Leben manifestieren, werden Sie ein genaueres Bild Ihrer geschlechtlichen Identität erhalten und besser mit ihr umgehen können.

Das Becken entspannen

Diese Übung ist dem Kum Nye, einer Methode achtsamer Bewegungsübungen des tibetischen Meisters Tarthang Tulku, nachempfunden. Sie öffnet und entspannt das Becken und daher das 2. Chakra.

Übung

- Setzen Sie sich auf eine feste Unterlage.
- Legen Sie die Fußsohlen aneinander.
- Ziehen Sie die Füße soweit wie möglich zu sich heran.
- Legen Sie die Hände auf die angewinkelten Knie, diese bleiben dabei ganz locker.
- Drücken Sie nun mit den Händen die Knie nach unten, bis Sie eine deutliche Dehnung der Muskeln an der Innenseite Ihrer Beine spüren.
- Atmen Sie dabei sanft und entspannt aus.
- Lassen Sie nun die Knie langsam wieder los und atmen ein.
- Wiederholen Sie die Übung neunmal.
- Neigen Sie zum Abschluß den Kopf soweit wie möglich zu den Füßen. Sie sollten eine deutliche Dehnung der Rückenmuskeln verspüren.
- Führen Sie auch diese Übung langsam und entspannt aus und achten Sie auf einen gleichmäßigen Atem.
- Legen Sie sich dann flach auf den Rücken und lenken Sie Ihren Atem an die Innenseite Ihrer Schenkel.
- Spüren Sie in das anregende Kribbeln hinein. Lassen Sie zu, daß es sich bis in die Beine, das Becken und das 2. Chakra ausdehnt.

Tip

Diese Übung bezweckt zwar eine Dehnung der Muskeln, aber Ihre Konzentration richtet sich auf die bewußte, langsame Ausführung und eine sanfte Atmung. Die beste Zeit für diese Übung ist der Abend, da dann die Muskeln entspannter sind.

Achtsame Bewegung und Atmung fördern Entspannung

Kommentar

In den Muskeln an der Innenseite der Schenkel sind viele Informationen über Ihre Sexualität gespeichtert, wie z. B. Erfahrungen, Ängste und Sehnsüchte. Seien Sie daher bei dieser Übung besonders liebevoll, zwingen Sie sich zu nichts. Lassen Sie einfach zu, daß sich die Muskeln entspannen, sind Sie dankbar für jede Erweiterung, die spürbar wird.

Der freie Fluß

Entstehen Blockaden oder Schwierigkeiten im Bereich Geben und Nehmen mit einer Ihnen nahestehenden Person, ist folgende kleine Visualisation sehr hilfreich:

Übung

- Überlegen Sie, in welcher Ihrer Beziehungen Geben und Nehmen ein Thema ist. Meistens bleiben Probleme in diesem Bereich nicht nur auf eine Person beschränkt. Wählen Sie nun eine Ihrer Beziehungen aus, mit der Sie sich näher beschäftigen wollen.
- Bringen Sie sich in eine entspannte Position und richten Sie Ihre Aufmerksamkeit auf den Körper. Wenn Sie Verspannungen wahrnehmen, berühren Sie diese sanft mit Ihrem Atem, um sie zu lösen.
- Visualisieren Sie Ihren Beziehungspartner, z. B. Ihren Lebensgefährten oder einen Elternteil. Stellen Sie sich vor, daß er Ihnen gegenüber sitzt.
- Erwecken Sie ihn in Ihrer Vorstellung zum Leben. Vielleicht wollen Sie ihn begrüßen oder kurz ansprechen, vielleicht schütteln Sie die Hände.
- Visualisieren Sie die gedankliche Verbindung, die zwischen Ihnen beiden besteht, z. B. in Form eines weißen Lichts, das von Stirn zu Stirn leuchtet. Sie können aber auch jede andere Form wählen, die Ihnen angemessen erscheint.
- Visualisieren Sie die Verbindung auf emotionaler Ebene und dann auf der Ebene des 2. Chakras.
- Atmen Sie ins Becken hinein und erlauben Sie dem 2. Chakra, sich zu öffnen. Sollten Sie dabei Angst verspüren, machen Sie sich bewußt, daß das weite Öffnen keinen Verlust bedeutet, sondern auch eine ganz neue Qualität des Nehmens beinhaltet.
- Beobachten Sie, wie durch das Öffnen des Chakras mehr Licht zwischen Ihnen beiden entsteht.
- Visualisieren Sie nun einen Lichtstrahl, der aus der geöffneten rechten Hand des Partners in Ihre geöffnete linke hineinstrahlt.
- Diese Energie fließt langsam den Arm hinauf ins Herz, in die ganze linke Körperhälfte und den Kopf und dann auf

der rechten Seite den Arm hinunter aus Ihrer Hand in seine linke hinein.

- Durch seinen Körper fließt sie ebenso wie bei Ihnen, bis sich der Kreis ganz schließt.
- Spüren Sie in dieses Fließen hinein. Nehmen Sie wahr, wie Sie davon erfüllt werden.
- Wechseln Sie die Fließrichtung nach etwa drei Minuten.
- Ihr Partner und Sie sind nun jeder von der Energie des anderen erfüllt.
- Betrachten Sie dieses Bild, solange es Ihnen gut tut. Bedanken Sie sich dann bei Ihrem Partner und kehren Sie wieder in den Alltag zurück.

Tip

Führen Sie diese Visualisierung in einer kleinen Meditation vor dem nächsten Zusammentreffen durch. Sie – und vor allem Ihr Partner – werden erstaunt sein, wieviel einfacher Sie miteinander zurechtkommen.

Kommentar

Basis einer jeden ernstzunehmenden Partnerschaft ist der freie Fluß von Geben und Nehmen. Funktioniert dies nicht, stellen wir Regeln auf oder schließen Verträge ab. Dies weist jedoch darauf hin, daß ohne solche Maßnahmen Probleme entstehen würden. Besser ist es, den Fluß zu unterstützen.

Das Krisenspiel

Diese Übung ist in Krisensituationen hilfreich, die aufgrund unterschiedlicher Ansichten oder Lebens- bzw. Beziehungsvorstellungen der Partner entstanden sind. Durch sie können Sie sich Klarheit über Fragen der persönlichen Freiheit innerhalb der Beziehung verschaffen, wodurch Sie Ihr 2. Chakra öffnen und reinigen können. Tiefgreifende Probleme, wie sexueller oder seelischer

Mißbrauch, Gewalt oder Suchtverhalten sind mit dieser Aufgabe allerdings nicht zu lösen. Diese bedürfen in jedem Fall professioneller Beratung.

Übung

- Nehmen Sie Block und Bleistift und beantworten Sie sich folgende Fragen:
- Was ist der Kern des Problems mit Ihrem Partner? Fassen Sie Ihr Empfinden in einer Aussage zusammen, z. B. «Ich fühle mich von dir nicht respektiert.».
- Aus welchen Reaktionen oder Verhaltensweisen seinerseits schließen Sie das? Z. B. «Er ruft mich tagsüber nicht an, obwohl er weiß, daß es mir wichtig ist» oder «Wenn er abends nach Hause kommt, fragt er mich nicht, wie es mir geht, sondern erzählt nur von seinem Tag.»
- Fragen Sie sich dann, was sein Verhalten noch bedeuten könnte? Es wäre möglich, daß er überlastet ist, keine Zeit hat, unter großem Streß steht.
- Gibt es Verhaltensweisen, die auf das Gegenteil hinweisen, nämlich, daß er Sie z. B. doch respektiert?
- Wie war seine Sicht dieser Angelegenheit, als Sie das letzte Mal mit ihm darüber gesprochen haben? Notieren Sie auf einer gesonderten Liste, was Ihnen einfällt.
- Stellen Sie Ihre Gedanken und Einstellungen zu diesem Thema den seinen schriftlich gegenüber. Fragen Sie sich nun, was Sie daraus gewinnen könnten, seine Sicht probeweise anzunehmen. (Vorsicht: Wir sagen nicht, daß Sie seine Vorstellungen übernehmen oder gar erfüllen sollen. Es ist eine rein hypothetische Frage!) Gehen Sie dazu die Liste der Sichtweise Ihres Partners noch einmal durch und versuchen Sie, Herausforderungen und Wachstumschancen für sich darin zu entdecken, wenn Sie seine Haltung annehmen würden.
- Anschauungen und Einstellung zu ändern, ist sehr schwierig, deshalb müssen Sie im ersten Schritt Stra-

tegien hierzu entwickeln. Wie müßten Sie sich verhalten, um nicht weiter verletzt zu werden? Wie könnten Sie dabei trotzdem weiter offen für ihren Partner bleiben? Die Strategie «Rückzug» bedeutete auch einen Rückschritt. Gehen Sie also wieder alle seine Vorstellungen durch und entwickeln Sie zu jeder eine spezifische Strategie.
Ein Beispiel soll dies verdeutlichen: Ihr Ehemann sagt, daß er neben seiner Arbeit und der Familie auch Zeit für sich braucht. Vielleicht möchte er diese Zeit mit Angeln, Basteln oder Bergsteigen verbringen. Fühlen Sie sich dadurch zurückgesetzt, versuchen Sie doch einmal, die Ihnen dadurch zur Verfügung stehende Zeit mit einer Tätigkeit zu füllen, die Ihnen Spaß macht oder die sie schon lange aufgeschoben haben.

- Lassen Sie Ihre Strategieliste auf sich wirken. Stellen Sie sich vor, Sie würden sich wirklich so verhalten. Was würden Sie dadurch verlieren?
- Welchen Stellenwert hat dieser Verlust? Was haben diese Gefühle, Charaktereigenschaften oder Ansichten in Ihrem Leben für eine Bedeutung?
- Können Sie diesen Verlust sinnvoll kompensieren? Kämen Sie z. B. zu dem Ergebnis, daß Sie sich nicht mehr fallenlassen können oder sich nicht getragen fühlen, sollten Sie sich fragen, ob Sie dies mit einem anderen Partner je erfahren haben und ob ein anderer Partner diese Sehnsucht erfüllen könnte. Vielleicht ist es aber auch so, daß Sie in diesem Fall lernen müssen, dieses kindliche Bedürfnis selbst zu erfüllen und erwachsen zu werden.
Zur Unterstützung bei diesem Entwicklungsschritt können Sie einen stärkenden Edelstein, einen Fetisch, Meditationen, Visualisationen oder die Symbolarbeit verwenden.

Tip

Dieses Krisenspiel können Sie natürlich auch bei Problemen mit Verwandten, Eltern und Kindern oder bei Schwierigkeiten mit Kollegen durchführen.

Kommentar

Es ist wichtig, derart elementare Themen der unteren Chakren mit denen der oberen Chakren, dem Gefühl und dem Intellekt, zu verbinden. Nur so können Sie die Energien erheben und sich weiterentwickeln.

Danken

Ein weiterer Aspekt des freien Gebens und Nehmens ist Dankbarkeit. Dazu empfehlen wir folgende Meditation:

Übung

- Setzen Sie sich in eine entspannte Meditationshaltung.
- Überprüfen Sie Ihren Körper von unten nach oben auf Verspannungen und lösen Sie diese.
- Nehmen Sie Ihre Gefühle wahr und lassen Sie sie los.
- Beobachten Sie Ihre Gedanken einen Moment lang und stellen Sie sie dann für die Dauer der Meditation zur Seite.
- Vertiefen Sie sich in die entspannte Stille.
- Lassen Sie nun der Reihe nach Menschen vor Ihrem inneren Auge vorüberziehen, denen Sie in irgendeiner Form dankbar sind: Partner, Eltern, Kinder, Freunde, Bekannte, Nachbarn, Mitarbeiter, Vorgesetzte, Verkäufer, Reiseleiter, Ärzte, Installateure etc.
- Danken Sie jedem einzelnen dafür, was er für Sie getan hat. Vielleicht wollen Sie es mit einer Geste des Danks unterstützen. Verschenken Sie in Ihrer Vorstellung Blumen, Glück, einen Kuß, eine Umarmung oder ein Gedicht.
- Nehmen Sie wahr, wie sich langsam Ihr Empfinden wandelt, Dankbarkeit erfüllt Sie mit Freude und Glück. Er-

freuen Sie sich am Strahlen Ihrer Mitmenschen, sehen Sie sie durch Ihre Dankbarkeit aufblühen.
- Das 2. Chakra sollte sich durch diese Meditation bereits geöffnet haben. Ist dies nicht der Fall, lenken Sie nun bewußt Ihre Aufmerksamkeit dorthin, um es dann zu öffnen. Nehmen Sie wahr, wie sich dadurch der Kontakt zu den imaginierten Menschen verändert.
- Schließen Sie die Meditation damit ab, daß Sie sich selbst danken. Verneigen Sie sich oder legen Sie sich die Hand aufs Herz.
- Versuchen Sie, dieses Gefühl der Dankbarkeit in das Leben hinüberzubringen.

Tip

Es kann gut sein, daß Sie diese Meditation dazu inspiriert, auch im Alltag den Menschen zu danken und sie zu beschenken.

Kommentar

Die Tatsache, daß wir uns mehr leisten können als notwendig, birgt eine Gefahr: Wir verlieren das Gefühl der Dankbarkeit. Gerade im zwischenmenschlichen Bereich nehmen wir es gerne allzu selbstverständlich, daß ein anderer für uns da ist. Wir verstehen es nicht als Geschenk, daß sich jemand um uns kümmert, wenn wir krank sind, daß ein anderer seine Schulter zur Verfügung stellt, wenn wir uns anlehnen wollen, oder uns bestärkt, wenn wir zweifeln. Im Gegenteil: Statt mit Dankbarkeit begegnen wir der Nähe eines anderen oft sogar mit dem Gefühl, eingesperrt zu sein.

Achtsames Umarmen

Bei dieser und den folgenden Partnerübungen suchen Sie sich einen Menschen aus, vor dem Sie Ihre wahren Gefühle zeigen können und wollen. Sie sollten sich auf seine Unterstützung verlassen und sicher sein, daß er Ihnen zugleich den Rahmen gibt, Ihr Erleben wahrzunehmen.

Achtsames Umarmen ist ein wunderbares Instrument, um festzustellen, wie weit Ihr 2. Chakra geöffnet ist. Zudem hilft es Ihnen, Einsicht in Ihr Verhalten, in Ihre Bedürfnisse und Projektionen zu nehmen. Allerdings erfordert es eine ausgeprägte Fähigkeit, sich selbst aus der Distanz zu betrachten.

Partnerübung

- Stellen Sie sich Ihrem Partner gegenüber und schließen Sie die Augen.
- Nehmen Sie sich etwas Zeit, eine Momentaufnahme von sich zu machen. Wie fühlt sich Ihr Körper an? Wo sind Verspannungen? Welche Empfindungen spüren Sie auf der Haut oder in Ihrem Bauch? Welche Gefühle nehmen Sie wahr? Welche Gedanken kreisen in Ihrem Kopf?
- Stellen Sie sich nun Ihr Gegenüber als Lebenspartner oder möglichen Lebensgefährten vor, mit dem Sie Nähe, Zärtlichkeit, Körperlichkeit und Sexualität erleben sowie materielle Güter teilen.
- Sobald Sie sich dies bildlich vorstellen können, gehen Sie auf ihn zu und umarmen ihn. Ihre Augen können dabei offen oder geschlossen sein. Gehen Sie ganz langsam vor und spüren Sie in die Bewegung hinein. Zieht sich im Körper etwas zusammen? Halten Sie etwas aus der Umarmung zurück?
- Ihr Übungspartner dient sozusagen als Requisit. Er soll nur Ihre Umarmung erwidern, ohne in irgendeiner anderen Weise in Ihr Erleben einzugreifen.
- Spüren Sie nun wieder in sich hinein. Was hat sich verändert? Atmen Sie noch genauso wie vorher? Sind neue Verspannungen aufgetreten? Haben sich Ihre Gedanken oder Gefühle geändert? Nehmen Sie auch die subtilsten Veränderungen wahr, ohne etwas daran zu verändern.

- Wenn Sie mit dieser vergleichenden Momentaufnahme fertig sind, fragen Sie sich, was der Partner tun müßte, damit Sie sich ganz und gar wohl fühlen.
- Wenn es Ihnen möglich ist, bitten Sie ihn darum und beobachten Sie, ob Sie es annehmen können.
- Lenken Sie zuletzt Ihren Atem in das 2. Chakra hinunter und öffnen es bewußt. Was verändert sich in der Umarmung dadurch?

Tip

Es ist meistens einfacher, diese Übung mit gleichgeschlechtlichen Partnern auszuführen.

Kommentar

Da der Mensch ein ganzheitliches Wesen ist, drücken sich in jedem Gedanken, jeder Bewegung, jeder Handlung sein ganzer Charakter und damit all seine Sehnsüchte und unerfüllten Bedürfnisse aus. Durch ein achtsames, langsames Ausführen dieser Übung wird Ihnen vieles bewußt werden.

Dyaden

Diese kleine Kommunikationsübung ist eine kraftvolle Methode, Beziehungsprobleme zu lösen und das 2. Chakra von unbewußtem Unrat zu reinigen. Gleichzeitig kann durch sie Zuhören erlernt werden, was für jede Beziehung grundlegend ist. Wir empfehlen, die Dyaden zu Anfang nicht mit Ihrem Lebensgefährten durchzuführen. Erst wenn beide Beteiligten Erfahrung mit dieser Übung gesammelt haben, ist es sinnvoll, sie auch in einer Lebensgemeinschaft zu praktizieren.

Partnerübung

- Suchen Sie sich einen Partner. Besprechen Sie, welches Problem Sie zum Thema dieser Übung machen wollen. Formulieren Sie es in einer einfachen Frage z. B.: «Was möchtest du mir über deine Beziehung zu deinem Partner sagen?», «Was möchtest du mir über deine Angst vor Nähe erzählen?» oder «Was kannst du mir über deine Ablehnung von Sex erzählen?».

- Haben Sie eine treffende Frage gefunden, einigen Sie sich darauf, wer von Ihnen beiden beginnt.
- Setzen Sie sich einander entspannt gegenüber. Der Abstand zwischen Ihnen sollte möglichst gering sein, etwa so, daß das Gesicht des Partners in Reichweite Ihrer Hand ist.
- Partner A stellt die Frage, Partner B antwortet, ohne darüber nachzudenken. Er sagt einfach, was ihm gerade zu dieser Frage in den Sinn kommt.
- A hört nur zu. Weder nickt er zustimmend, noch kommentiert er die Antworten von B.
- Sobald B seine Ausführungen beendet hat, stellt A die Frage nochmals, und B antwortet wieder.
- Stoppen Sie die Zeit, eine Dyade dauert 20 Minuten. A bedankt sich bei B für seine Antworten. Wechseln Sie dann die Rollen.

Tip

Es ist sehr wahrscheinlich, daß B innerhalb kürzester Zeit an Barrieren gelangt. Typische Folgen, die sich zeigen, sind Verwirrung und Sprachlosigkeit, er weiß keine Antworten mehr. Lassen Sie sich davon nicht irritieren. Stellen Sie in der Rolle von A ganz ruhig und gelassen die Frage erneut und geben Sie B Raum und Zeit zu erleben, was in ihm vorgeht.

Sind Sie in der Rolle von B, hören Sie in sich hinein, beobachten Sie Ihre Gefühle und Gedanken, formulieren Sie diese, auch wenn sie Ihnen zunächst unsinnig erscheinen. Vielleicht bemerken Sie im Laufe der Dyade, daß die Frage den Kern Ihres Problems nicht genau trifft. Brechen Sie dann ab und bitten Sie den Partner, die Frage anders zu formulieren. Achten Sie jedoch darauf, daß Sie dabei nicht einem Ablenkungsmanöver Ihrer Blockaden in die Falle gehen.

Kommentar

Wir sind es nicht mehr gewöhnt, einfach nur zuzuhören. Normalerweise sind wir mit Kommentaren, Urteilen, Ratschlägen und Weisheiten schnell bei der Hand. Diese Übung ist also nicht nur für den Antwortenden eine Herausforderung, sondern auch für den Fragenden.

Über den Atem kommunizieren

Mit dieser Atemübung fühlen Sie sich Ihrem Partner schon nach kurzer Zeit näher als je zuvor. Sie werden ihn in Ihrem Herzen spüren, gleichzeitig werden Sie an jene Punkte Ihrer Beziehung herangeführt, die den freien Fluß der Energien blockieren.

Partnerübung

- Bitten Sie Ihren Partner, sich bequem auf den Rücken zu legen und völlig zu entspannen.
- Setzen Sie sich in Nabelhöhe ebenso entspannt und bequem neben ihn.
- Lassen Sie Ihre Augen auf seiner Bauchdecke ruhen und verfolgen Sie still die sanfte Bewegung seines Atems. Konzentrieren Sie sich ganz darauf.
- Nach einer Weile wird beim Beobachtenden das Bedürfnis entstehen, im selben Rhythmus zu atmen. Lassen Sie es einfach geschehen. Wenn der Partner einatmet, atmen auch Sie ein. Wenn er ausatmet, atmen auch Sie aus. Atmen Sie seinen Atem.
- Übernehmen Sie nicht einfach nur seine Atemfrequenz, verfolgen Sie weiter die Bewegung seiner Bauchdecke, ohne bewußt etwas zu tun.
- Sollten Gedanken auftauchen, lassen Sie diese einfach

vorbeiziehen. Selbst wenn Sie das Gefühl von Frieden überwältigen möchte, bleiben Sie in Kontakt mit Ihrem Partner und atmen Sie weiter seinen Atem.

- Haben Sie dies für eine längere Weile getan, lassen Sie beim Ausatmen ein Geräusch entstehen, z. B. ein weiches, langgezogenes, entspannendes AHHHH. Es muß laut genug sein, daß Ihr Partner es hören kann.
- Erlauben Sie, daß dieses Geräusch mit jedem Ausatmen tiefer in Ihren Körper hineinfällt.
- Während Ihr Partner still weiteratmet, soll er sich vorstellen, daß sein Atem durch Sie hindurchfließt, durch Ihren Bauch am Herzen vorbei, durch Ihre Kehle und mit einem entspannendem AHHH in den gemeinsamen Raum strömt.
- Atmen Sie so lange gemeinsam, wie es Ihnen angenehm ist.
- Tauschen Sie am Ende der Meditation Ihre Erfahrungen aus.
- Wechseln Sie dann die Rollen.

Tip

Durch das gemeinsame Atmen können alle möglichen Gefühls- und Empfindungszustände ausgelöst werden. Was auch immer auftaucht, Sie sollten dies mit offenem Herzen und wachsamen Augen beobachten. Versuchen Sie nicht, das Aufkommende wegzuschieben, zu überdecken oder darin zu versinken. Selbst wenn Sie in einen tiefen Frieden oder eine Euphorie versetzt werden, sollten Sie sich nicht darin verlieren, sondern auf den Kontakt mit dem Partner achten. Atmen Sie in Ihre Tränen und Gefühle wie Trauer, Angst, Mißtrauen hinein. Wenn das Bedürfnis nach sexueller Vereinigung entsteht, lassen Sie sich davon erfüllen und beobachten Sie, wie es sich anfühlt, diesem Wunsch nicht nachzugeben. Sie werden erstaunt sein, wenn Sie erkennen, was sich hinter diesen ersten Gefühlen verbirgt.

Mißverständnisse oder vorübergehender Ärger sollten kein Grund sein, diese Meditation nicht durchzuführen. Ganz im Gegenteil, sie kann gerade in solchen Momenten wahre Wunder bewirken.

Kommentar

Atmen ist eine unserer körperlichen Grundfunktionen. Wenn man sich auf dieser Ebene verbindet, lösen sich viele andere Barrieren einfach auf. Praktizieren Sie diese Atemübung mehrmals wöchentlich über einen Zeitraum von einigen Wochen und Sie werden sehen, wie schnell sich diese Erfahrung Ihrer gemeinsamen Beziehung vertieft.

Die körperliche Vereinigung

Die Art, wie Sie Ihre Sexualität ausleben, wirkt sich direkt auf das 2. Chakra aus. Deshalb sollten Sie sich eingehend hiermit beschäftigen, auch wenn es unter Umständen unangenehm ist.

Wir wollen Ihnen im folgenden Anregungen geben, wie Sie sich in diesem Bereich selbst erfahren können. Gerade indem Sie alle Fantasien und Sehnsüchte integrieren, die Sie bisher von sich geschoben haben, können Sie ein großes Potential Ihrer Energien freisetzen.

Tips

- Wenn Sie das nächste Mal mit Ihrem Partner im Bett liegen und das Bedürfnis nach sexueller Vereinigung verspüren, zögern Sie dies hinaus. Vereinbaren Sie mit Ihrem Partner, sich gegenseitig zu liebkosen und zu streicheln, ohne die Genitalien zu berühren. Beobachten Sie beide, wie es sich anfühlt.
- Wie Caroline Myss und Dr. Norman Shealy in ihrem Buch *Auch Du kannst Dich heilen* ausführen, ist es absolut

unhaltbar, daß Masturbation gesundheitliche Konsequenzen nach sich ziehen soll. Ganz im Gegenteil: Es sind bereits Untersuchungen durchgeführt worden, in denen man herausfand, daß der Mensch zuerst einmal fähig sein muß, sich selbst zu befriedigen, bevor er in der Partnerschaft sexuelle Erfüllung finden kann.
Befreien Sie sich also von Schuldgefühlen und irrigen Moralvorstellungen und erleben Sie die Hingabe an sich selbst. Verschaffen Sie sich aber nicht einfach Befriedigung, sondern gehen Sie bewußt mit sich um. Spielen Sie mit dem Orgasmus, zögern Sie ihn hinaus, bringen Sie sich immer wieder an die Grenze und halten Sie sich dann zurück. Beobachten Sie, was dabei mit Ihrer Energie passiert. Spüren Sie sich in Ihr Becken hinein und lenken Sie Ihre Aufmerksamkeit auf das 2. Chakra.

Variation

- Eine weitere Variante ist es, sich in einen hohen Erregungszustand zu versetzen, ohne zum Orgasmus zu kommen. Beobachten Sie, was nun mit Ihrer Energie geschieht.
- Nehmen Sie an einem Tantra-Workshop teil. Erweitern Sie Ihr Bewußtsein durch eine Erfahrung in der Gruppe.
- Die heutige Gesellschaft steht den vielfältigen Spielarten der Sexualität recht aufgeschlossen gegenüber, daher gibt es Möglichkeiten, nahezu jede Fantasie auszuleben.
- Begegnen Sie zunächst einmal Ihren Bedürfnissen. Das heißt noch lange nicht, daß Sie sie auch ausleben müssen. Machen Sie sich bewußt, daß Ihre sexuellen Vorlieben – so abartig und abstoßend sie nach Ihren moralischen Anschauungen auch erscheinen mögen – Ausdruck Ihrer Seele sind.

Umgang mit Fantasien

Ein Teil Ihrer Fantasien ist bereits real. Sie erscheinen immer wieder, vor allem beim Sex mit dem Lebenspartner.

Dies führt dazu, daß Sie nicht bei der Sache sind, sich ihm entfremden oder ihn letztlich sogar benutzen. Wenn Sie glauben, Sie hätten keine Fantasien, probieren Sie doch einmal die eine oder andere Variante in Ihrer Vorstellung.

Ist Ihre Neugier groß genug, eine Fantasie ausleben zu wollen, machen Sie erst einmal «Trockenübungen». Visualisieren Sie Ihren sexuellen Traumpartner – im Tantra heißt er Yidam – und lassen Sie Ihren Fantasien freien Lauf. Oder gehen Sie in den nächsten Videoladen und schauen sich Ihre Träume auf dem Bildschirm an.

Vergessen Sie dies nicht: Solange Angst und Scham Sie davon abhalten, Ihre Fantasien in der Realität zu erleben, haben diese eine unglaubliche Macht über Sie. Ziehen Sie erst einen Partner hinzu, wenn Sie sich Ihrer Fantasien bewußt geworden sind und sich mit ihnen auseinandergesetzt haben.

- Unabhängig davon, welche Form des Auslebens Sie wählen, ob Visualisation, Video oder realer Sex, gehen Sie immer achtsam damit um. Durch das Sexualverhalten kann man – ebenso wie mit Alkohol, Medikamenten oder schöner Kleidung – wahre Bedürfnisse überdecken. Damit reduzieren Sie den freien, mit Liebe erfüllten Energieaustausch zur Ersatzbefriedigung, schlimmstenfalls sogar zur Sucht. Achten Sie auf Ihr 2. Chakra, sein Zustand wird Sie führen.
- Es ist uns immer wieder aufgefallen, wie sehr vor allem Frauen dazu neigen, Sex über sich ergehen zu lassen. Ihr Bedürfnis nach Nähe, Wärme und körperlicher Geborgenheit – was bei Frauen keineswegs ausgeprägter ist als bei Männern, für sie nur eher spürbar wird – verführt sie zu Handlungen, zu denen sie im Grunde nicht bereit sind. Gerade in diesem Bereich sind wir bezüglich unserer Grenzen besonders empfindlich, deshalb empfiehlt

es sich, lieber einmal zu oft Nein zu sagen. Aber lassen Sie in so einem Fall Ihren Partner nicht allein, sprechen Sie mit ihm, erklären Sie ihm, was in Ihnen vorgeht. Verweigerung darf auf keinen Fall zu einem Machtspiel werden.

Quickie: Verbindung

Eine der größten Herausforderungen in der Partnerschaft besteht darin, sich auseinanderzusetzen, ohne dabei auseinanderzugehen. Bei vielen Menschen erzeugen Disharmonie und Streit ein derartiges Unbehagen, daß sie es vorziehen, die Beziehung zu beenden, anstatt den Unstimmigkeiten zu begegnen.

Partnerübung

- Beim nächsten Streit mit Ihrem Partner stellen Sie sich vor, daß Sie die bösen Worte einfach einatmen. Atmen Sie normal und regelmäßig und ziehen Sie dabei alle negativen Energien aus dem Gespräch.
- Stellen Sie sich vor, daß Sie diese trennenden Gefühle einfach durch die Beine in die Erde versenken.
- Nehmen Sie gleichzeitig positive, heilende Energien durch Ihr Scheitelchakra in den Körper auf und atmen Sie diese aus.
- Wiederholen Sie dies, bis ein Kreislauf entsteht, durch den der Streit in eine positive Auseinandersetzung verwandelt wird, die der Beziehung dient, anstatt ihr zu schaden.

Tip

Trainieren Sie diese Übung schon vorab, so daß Sie im «Ernstfall» vorbereitet sind. Benutzen Sie die Atemreinigung auch in Situationen, die Ihnen angst machen, wie z. B. bei einem Gerichtstermin, wenn Sie von der Polizei angehalten werden oder während anderer unangenehmer Erfahrungen.

Das Rad des inneren Feuers

Manipura bedeutet übersetzt aus dem Sanskrit «leuchtender Juwel» oder «Ort der Juwelen». Es wird das Rad des inneren Feuers genannt. Sein Sitz befindet sich in der Magengrube, zwischen Rippenbogen und Nabel. Im Westen bezeichnet man diesen Bereich als Sonnengeflecht.

Entwicklung

Nach der Ausbildung des Individuums im 1. Chakra und der Vereinigung im 2. Chakra folgt nun der dritte Schritt zur Überwindung der Dualität. Im 3. Chakra weiten wir das Bewußtsein auf die Gruppe aus. So kommen wir der Einheit wieder ein Stück näher.

Gruppe

Nachdem das Baby in den ersten Monaten nur mit seinen körperlichen Belangen beschäftigt war und dann eine Beziehung zu den Bezugspersonen aufgebaut hat, sucht es sich nun den Platz in der Familie. Hier beginnt die Auseinandersetzung mit unseren ungelebten Gefühlen und Sehnsüchten. Diese bestimmen wiederum, wie wir unseren Mitmenschen später begegnen, ob ängstlich, vertrauensvoll, offen oder eher vorsichtig.

In Gruppen stellt sich auch die Frage der Zugehörigkeit. Dieses Gefühl hängt von den Umständen bei der Geburt und den Erfahrungswerten, die das Kind von seinen Eltern übernimmt, ab und wird davon bestimmt, wie sehr es in das Familiengeschehen einbezogen wird.

Zeichen und Symbole des 3. Chakras

Brauchen

Während der Schwangerschaft werden wir über die Nabelschnur mit Nährstoffen versorgt. Nach der Trennung werden wir mit den Themen «brauchen» und «gebraucht werden» konfrontiert. Der Mensch ist eines der wenigen Säugetiere, die nach der Geburt nicht selbständig lebensfähig sind. Wir brauchen Jahre, wenn nicht Jahrzehnte, bevor wir uns selbst versorgen können. Vor allem in den ersten Lebensmonaten sind wir komplett von unserer Umwelt abhängig. Werden unsere Bedürfnisse nach Wärme, Nahrung, körperlicher Nähe und Zuwendung erfüllt, ergeben sich daraus diese Ansichten für das weitere Leben: «Für mich wird ausreichend gesorgt.», «Es ist genug vorhanden.» oder aber «Meine Bedürfnisse sind zu groß.».

Besonders bei älteren Menschen sieht man, wie sich Gebraucht werden auf die Gesundheit und das Lebensgefühl auswirkt. Erfüllen sie noch wichtige Funktionen in der Familie, bleiben sie oft bis ins hohe Alter glücklich. Menschen, die nicht mehr gebraucht werden, vereinsamen, werden eigenartig und verlieren ihre Lebensfreude.

Selbstwert

Ein gesundes Selbstwertgefühl muß weder demonstriert noch mühselig erkämpft werden. Es ist das sichere Gefühl, als Mensch zu genügen. Es verleiht uns persönliche Macht, mit der wir die Ziele erreichen können, die wir uns vorgenommen haben. Unsicherheit dagegen verleitet aufgrund von Minderwertigkeitsgefühlen zu Rückzug oder Angriff und dementsprechend zu einem übermäßigen Machtanspruch.

Energie

Aus chinesischer Sicht befindet sich im Bereich des 3. Chakras die Quelle für das Nahrungs-Qi (gu-qi). Diese Ansicht wird dadurch unterstützt, daß das Rad des inneren Feuers von der Pankreas, der Bauchspeicheldrüse, regiert wird. Ihr Hormon, das Insulin, bewirkt den Zuckerabbau und stellt damit die menschliche Energieversorgung sicher. Im Gegensatz zur Lebensenergie des 1. Chakras sorgt das 3. Chakra wie ein Transformatorhäuschen für die Energie, die wir im Alltag benötigen.

Lernen

Neben der Nahrung nehmen wir auch unzählige Erfahrungen auf, die verdaut werden müssen. Dazu zählen Gedanken, Ansichten und Gefühle unserer Mitmenschen sowie Schwingungen aller Art. Unsere Fähigkeit, diese zu filtern und gewinnbringend umzuwandeln, bestimmt unser tägliches Wohlbefinden.

Vom Zustand des 3. Chakras hängt es ab, inwieweit wir uns von ungewollten Einflüssen abgrenzen können, ohne uns dabei zu verschließen. Denn dann verlieren wir einen bedeutenden Sinneskanal, der uns hilft, Menschen und Situationen einzuschätzen. Zudem beeinträchtigt dies auch unsere individuelle Ausstrahlung.

Verarbeitung von Erfahrung heißt lernen

«Verdaute» Erfahrungen werden gespeichert, diesen Vorgang bezeichnen wir als Lernen. Es bestimmt unsere künftigen Reaktionen und formt unsere «niedere» Intuition. Wenn wir aus dem Bauch heraus reagieren, handeln oder entscheiden wir durch das 3. Chakra. Diese Form der Intuition unterscheidet sich von der des 6. Chakras, da es auf Erfahrungen, also Vergangenem, basiert.

Mitte

Östliche Heil- und Meditationspraktiken, wie z. B. Shiatsu, Zen-Buddhismus oder Kalligraphie, bezeichnen die Körpermitte als Hara. Aus ihr schöpft der Mensch Ruhe, Ausgeglichenheit und Kraft. Dieser Körperbereich spielt auch in verschiedenen Kampfsportarten wie Tai Chi, Qi-Gong und Taekwondo eine zentrale Rolle.

Organe und Körperteile

Das 3. Chakra beeinflußt die Funktion und die Gesundheit von Nieren, Milz, Bauchspeicheldrüse, Magen, Dünndarm, Gallenblase und Leber.

Balance

Im ausgeglichenen Zustand verleiht uns dieses Chakra ein Gefühl von Zugehörigkeit. Es gibt uns Kraft, den täglichen Anforderungen zu begegnen. Wir nutzen unsere Talente und nähren damit unser Selbstwertgefühl. Weiterhin werden Erfahrungen verarbeitet und gespeichert.

Blockaden

Blockaden werden durch falsche Ernährung ausgelöst, ganz gleich, ob es sich dabei um die Aufnahme von Nahrungsmitteln oder von Erfahrungen handelt. Mangelnde Zuwendung oder Anerkennung, wie auch fehlende Erfüllung unserer Bedürfnisse, beeinträchtigen die Funktion des Chakras.

Dysbalance

Auf körperlicher Ebene können durch Störungen dieses Chakras z. B. Arthritis, Magengeschwüre, Diabetes oder Leberentzündungen (Hepatitiden) ausgelöst werden. Da Nahrung nicht richtig verwertet wird, entstehen Verdauungsbeschwerden, vor allem Blähungen, Übelkeit, Brechreiz und Appetitlosigkeit. Als Folgeerscheinungen hiervon treten Schwäche, Mangelzustände und Müdigkeit auf. Zuwenig Feuer in diesem Bereich kann auch zu Bulimie und Magenkrebs führen.

Den Betroffenen quälen aufgrund des mangelnden Selbstwerts Zweifel an seiner Person. Er fühlt sich abgelehnt, verloren und meidet Gruppen. Als Folge davon reagiert er überempfindlich auf Einflüsse von außen. Energien, Ratschläge und Meinungen anderer überwältigen und überfordern ihn.

Ein überenergetisiertes 3. Chakra hingegen läßt den Betroffenen egozentrisch werden. Er verfällt dem Machthunger, beansprucht die Kontrolle über Umwelt und Mitmenschen und läßt niemanden neben sich bestehen. Das macht ihn zu einem eisernen Konkurrenzkämpfer. Sein Verhalten zeigt Züge von Überheblichkeit und Eigensinnigkeit. Die Fähigkeit, sich auf neue Situationen einzustellen oder sich seinen eigenen natürlichen Bedürfnissen zu beugen, nimmt ab. Er verhält sich auch sich selbst gegenüber unsensibel und unkritisch, eine Neigung zu Gewalttätigkeit und Jähzorn wird häufig sichtbar.

Symbolik Im Idealzustand erscheint das Rad des inneren Feuers wie ein funkelnder Juwel. Es versorgt uns mit Energie und läßt unser Wesen nach außen strahlen.

Holz Holz speichert während seines Wachstums einen großen Schatz an Erfahrungen. Es ist hart und weich zugleich, formbar und doch stabil. Naturvölker formen daraus ihre Umwelt, z. B. in Form von Häusern, Werkzeugen oder Kanus.

Baum Der Mensch ist ein Herdentier. Doch welche Position nimmt der einzelne ein? Der Baum versinnbildlicht eine solche Gemeinschaft: Der Stamm versorgt, die Äste vermitteln, Blätter spielen im Wind, Früchte zieren und locken, so erfüllt jedes Glied seine ganz besondere Funktion.

Gürteltier Das Gürteltier zeigt, wie das 3. Chakra funktioniert. Am Bauch ist es verwundbar und sensibel, doch es kann sich in seinen Panzer einigeln und schützen, wenn es angegriffen wird. Böse Worte und negative Energien prallen dann einfach ab.

Mitte Ein in sich ruhender, zentrierter Mensch verfügt über ein ausgeglichenes 3. Chakra. Egal ob allein, in einer Partnerschaft oder einer Gruppe, immer steht er in seiner Mitte. Sie verleiht ihm einen Standpunkt im Leben und festigt ihn gegenüber äußeren Einflüßen. Nichts kann ihn umwerfen.

Übungen zum Nabelchakra

Atem der Eroberer

Diese Atemübung ist dem Yoga entlehnt. Sie wird dort Ujjayi Pranayama, Atem der Eroberer, genannt, zum einen, weil der Praktizierende dabei seine Brust wie ein Eroberer herausstreckt, um die Lungenkapazität voll auszunutzen, zum anderen, weil man durch stete und ausdauernde Praxis dieser Übung eigene Grenzen überwinden und Selbstbefreiung erringen kann.

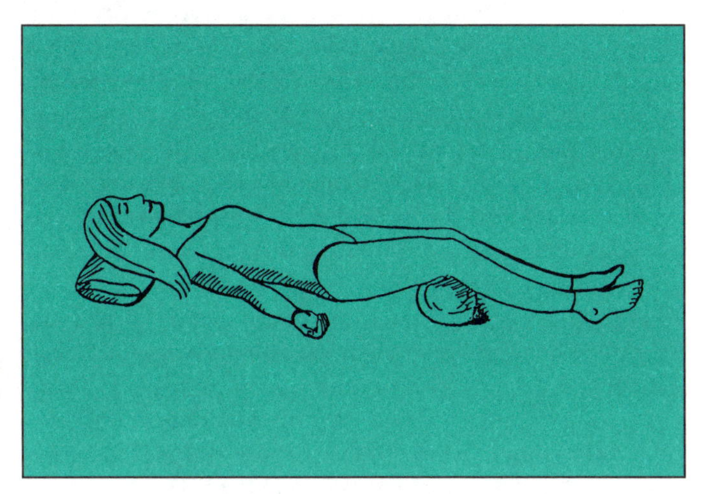

Die Nutzung der Lungenkapazität führt zu Selbstbefreiung

Übung

- Falten Sie ein dickes Badetuch zweimal zusammen und rollen Sie es ein kleines Stück auf. Auf dieser Rolle sollte der gesamte Nacken aufliegen können.

- (Im Klassisches Yoga wird diese Übung so ausgeführt: Falten Sie ein weiteres Badetuch zweimal zusammen, schlagen Sie es an einem Ende etwa 15 Zentimeter um und legen Sie sich darauf. Ihre Oberschenkel sollten auf dem offenen Ende des Tuches ruhen, der umgeschlagene Teil die Lende unterstützen. Der gesamte Unterleib liegt flach auf dem Boden.)
- Um die Wirbelsäule stärker zu entlasten, können Sie Ihre Knie auf ein drittes aufgerolltes Tuch legen.
- Binden Sie sich nun eine Kopfbandage um. Beim traditionellen Pranayama, der Atemtechnik der Yogis, legen Praktizierende diese «Siegel» an, um Atem und Aufmerksamkeit nach innen zu lenken und möglichst wenig Energie zu verlieren. Benutzen Sie dafür eine etwa 20 Zentimeter breite Binde. Beginnen Sie am Hinterkopf. Wickeln Sie sie enganliegend über das rechte Ohr nach vorne ab, über die Augen, dann wieder um den Hinterkopf. Stecken Sie sie über der Nase fest. Die hier verwendete Bandage wird «Siegel der 6 Münder» genannt, weil die Öffnungen des Kopfes, also die Nase, die Ohren und die Augen, verschlossen werden. Dies beruhigt den Geist, entspannt das gesamte Nervensystem und vertreibt Gereiztheit, Schwindel und Augenbrennen sowie die Müdigkeit des Gehirns.
- Legen Sie sich nun auf die vorbereiteten Tücher, die Arme und die geöffneten Hände ruhen entspannt neben Ihnen.
- Atmen Sie langsam und tief in den Bauch und das 3. Chakra hinein. Verfolgen Sie das langsame Heben und Senken Ihrer Bauchdecke. Spüren Sie in das Zwerchfell hinein. Nehmen Sie wahr, wie es mit jedem Einatmen nach unten gepreßt wird und sich beim Ausatmen wieder nach oben wölbt.
- Richten Sie Ihre Aufmerksamkeit nun auf den Atem

selbst. Wie schnell atmen Sie? Strengen Sie sich dabei an oder atmen Sie wie von selbst? Atmen Sie ausgeglichen und stetig oder gibt es Unterbrechungen und Zuckungen im Zwerchfell oder Bauch? Füllen und leeren sich beide Lungenflügel gleichmäßig oder ist einer schneller? Vergleichen Sie das Ein- und Ausatmen. Ist beides ähnlich kraftvoll oder ist eines stärker als das andere?

- Bleiben Sie während der ganzen Übung entspannt. Nehmen Sie Ihren Körper wahr, aber konzentrieren Sie sich nicht auf ihn.
- Wenn Sie sich entfernen, kommen Sie sanft und zwanglos wieder zu Ihrem Atem zurück, indem Sie ihn einfach wahrnehmen.
- Diese Übung sollte nicht länger als 15 Minuten dauern. Lassen Sie sich von einem Wecker oder elektronischen Kurzzeitmesser das Ende anzeigen.
- Bleiben Sie nun noch einige Minuten still liegen. Nehmen Sie die Veränderungen in Ihrem Gefühlskörper wahr, spüren Sie in die prickelnde, vitale Lebensenergie Ihres 3. Chakras hinein und erlauben Sie ihr, sich über den gesamten Körper auszubreiten.

Tip

Grundlegend wichtig für diese Praxis sind regelmäßiges Üben, die richtige Körperhaltung, ein wachsamer Geist und Hingabe. Hiermit ist die Bereitschaft gemeint, uns der Intelligenz des Atems anzuvertrauen und ihn als Führer zur Befreiung des Selbst zu akzeptieren.

Kommentar

Diese Übung stimuliert unsere Verdauung, steigert unsere Kraft und unterstützt uns dabei, das eigene Ich frei auszudrücken.

Selbstwert entdecken

Eine sehr einfache, aber wirkungsvolle Übung für das Selbstwertgefühl besteht darin, sich seiner Talente bewußt zu werden. Gerade Menschen, die hauptsächlich Tätigkeiten ausüben, die gesellschaftlich sehr gering geschätzt werden, profitieren von dieser Übung.

Übung

- Schreiben Sie Ihre Talente und besonderen Fähigkeiten auf.
- Befreien Sie sich dazu von allen gängigen Vorstellungen, was die Begriffe «besonders» oder «Talent» bedeuten. Notieren Sie alles, was Ihnen wichtig ist, auch wenn Sie glauben, daß es anderen unwichtig erscheinen könnte. Denken Sie dabei nicht nur an die Arbeit, sondern auch an Ihre Beziehung(en), an Ihre Kinder, die Wohnung bzw. das Haus, in dem Sie wohnen, Bekanntschaften, Freundschaften, Hobbys, Reisen, Hilfe, die Sie anderen anbieten konnten, und was Ihnen sonst noch einfällt.
- Folgende Fragen könnten Ihnen dabei helfen: Worauf bin ich stolz? Womit war und bin ich erfolgreich? Denken Sie bei dieser Frage auch an die Vergangenheit! Welche Bemühungen führten mich gewinnbringend zu einem Ziel? Welche Lebensträume konnte ich bereits verwirklichen? Auf welche meiner Eigenschaften bin ich stolz?
- Sobald Ihnen die Fragen ausgehen und Ihnen keine weiteren Talente mehr einfallen, gehen Sie einen Schritt weiter:

  Schreiben Sie Ihren ganz persönlichen, ausgefallenen Lebenslauf an Gott und ergänzen Sie dies durch eine Begründung, warum er Sie als Mensch einstellen sollte. In diesem Zusammenhang werden Ihnen sicher noch ein paar Qualitäten einfallen. Fügen Sie diese in die obige Liste ein.

- Schauen Sie dann die Liste noch einmal durch und greifen Sie sich die Talente heraus, die in Ihren Augen wirklich ganz besonders sind. Verleihen Sie ihnen Ausdruck. Wenn Sie z. B. meinen, daß Sie ein guter Zuhörer sind, wenden Sie sich an eine Hospizvereinigung oder die nächste AIDS-Hilfe und stellen Sie Ihr Talent zur Verfügung.
- Nur indem Sie Ihre Talente nutzen, stärken Sie Ihr Selbstwertgefühl.

Tip

Benutzen Sie zur Erstellung der Listen besonders schönes, vielleicht sogar wertvolles Papier und edles Schreibwerkzeug. Damit zeigen Sie sich selbst und Ihren Talenten mehr Respekt. Ergänzen Sie die Liste fortlaufend und hängen Sie sie an einem gut sichtbaren Ort auf. So werden Sie jeden Tag daran erinnert, was für ein besonderer Mensch Sie sind.

Kommentar

Wie bestimmen wir unseren Selbstwert? Wir bewerten unser Selbst meist nur anhand von gesellschaftlichen Maßstäben. Dabei hat wahrer Selbstwert mit menschlichen Qualitäten zu tun, er sollte nicht durch Erfolg, Geld, Ruhm oder Macht gemessen werden. Das sieht man schon daran, daß gerade Menschen, die gesellschaftlich hoch angesehene Positionen einnehmen, häufig an einem großen Mangel von Selbstwert leiden.

Helfen

Helfen ist sowohl ein Thema des 3. als auch des 4. Chakras. Auf beiden Ebenen stellt sich die Frage: Was ist die treibende Kraft, wenn ich anderen helfe? Dazu die folgende Übung:

Übung

- Machen Sie eine Liste von Situationen, in denen Sie gegeben oder geholfen haben. Dies kann z. B. Ihr Patenkind, einen Bettler, ein Familienmitglied oder einen Nachbarn betreffen.
- Durchleben Sie dann eine Situation nach der anderen nochmals in Ihrer Vorstellung, indem Sie sich wieder in sie zurückversetzen. Schreiben Sie jeweils auf, warum Sie geholfen haben.
- Lassen Sie die Antwort auf sich wirken und spüren Sie nach. Gibt es da noch weitere Gründe?
- Möglicherweise erwarten Sie, daß Ihnen der andere etwas zurückgibt, wenn Sie ihm geholfen haben. Vielleicht fühlen Sie sich schuldig und geben deswegen. Es kann auch sein, daß Sie durch Ihre Hilfe Aufmerksamkeit auf sich ziehen wollen und Liebe als Gegenleistung erwarten. Oder tut es Ihnen gut, gebraucht zu werden?

  Vergessen Sie dabei aber nicht, daß zuviel Hilfe bei Ihrem Gegenüber Schuldgefühle aufbauen könnte. Respektieren Sie Ihre eigenen Grenzen und die der anderen.

Tip

Werden Sie nicht ungeduldig. Es ist selbstverständlich, daß wir meinen, uneigennützig zu helfen. Lassen Sie sich für die Antworten Zeit und spüren Sie jeder einzelnen nach. Belassen Sie es nicht bei der Erstellung der Liste. Beobachten Sie sich im Alltag. Warum gehen Sie an einem Bettler vorbei? Warum engagieren Sie sich für Rechte, die Sie eigentlich nicht berühren?

Kommentar

Auf den ersten Blick erscheint diese Liste fast albern, aber wenn Sie länger mit ihr arbeiten, werden Sie bemerken, daß sie es in sich hat. Wir haben schon langjährig praktizierende Therapeuten erlebt, die erst nach längerer Selbstüberprüfung erkannt haben, daß sie nur deswegen helfen, weil sie selbst Hilfe brauchen.

Was auch immer Sie herausfinden, hören Sie nicht auf zu helfen. Haben Sie Ihre Gründe durchschaut, ergibt sich für Sie die Möglichkeit, die dahinter verborgenen Bedürfnisse zu entdecken und zu befriedigen. So können Sie in Zukunft emotionale Verwicklungen vermeiden und damit Ihr 3. Chakra im Gleichgewicht halten.

Sonnenmeditation

Haben Sie den Eindruck, daß Ihnen an dieser Stelle Energie fehlt oder eine Reinigung nötig ist, führen Sie folgende Sonnenmeditation durch. Mittels dieser Übung tanken Sie sozusagen Ihr 3. Chakra auf.

Übung

- Es ist sinnvoll, sich auf den Rücken zu legen, so daß der Bereich des 3. Chakras sich entspannen und ausweiten kann. Vielleicht wollen Sie sich etwas räkeln, um weiter zu entspannen.
- Schließen Sie die Augen und lenken Sie sanft die Aufmerksamkeit in den Körper hinein.
- Verbinden Sie den Atem mit Ihrer Aufmerksamkeit und entspannen Sie sich.
- Konzentrieren Sie sich nun auf Ihren Bauch.
- Visualisieren Sie eine große, strahlende Sonne, die direkt über Ihnen steht. Die Sonne scheint auf Sie herunter und erfüllt Sie mit Wärme, Kraft und Energie. Vielleicht fällt Ihnen dies leichter, wenn Sie sich an den letzten Strandurlaub erinnern.
- Beobachten Sie Ihr 3. Chakra. Sehen und spüren Sie, wie es sich unter der Sonneneinstrahlung langsam öffnet.
- Indem das Chakra weiter wird, gelangt mehr Energie in den Körper. Lassen Sie sich ganz davon erfüllen. Viel-

leicht ist es einfacher, wenn Sie sich das Sonnenlicht wirklich als gelbes Licht oder als gelbe Flüssigkeit vorstellen, die sich im ganzen Körper verteilt.

- Spüren Sie diese Energie in jeder Pore, in jeder Zelle und in jedem Organ. Nehmen Sie die Wärme wahr, die von Ihnen ausgeht, sobald Sie mit der Energie angefüllt sind.
- Danken Sie der Sonne dafür, daß sie Ihnen ihre Kraft zur Verfügung gestellt hat.
- Setzen Sie sich mit geöffneten Augen auf und spüren Sie den Empfindungen während dieser Übung nach. Was können Sie von diesem Gefühl der Wärme in den Alltag mitnehmen?

Tip

Grundsätzlich können Sie die Übung so oft wiederholen, wie es Ihnen guttut. Sie sollten nur darauf achten, daß Sie Ihr Chakra nicht überladen. Das hätte ebenso negative Folgen wie eine energetische Unterversorgung. Um eine Überladung zu vermeiden, können Sie die Sonnenmeditation jeweils mit einem Schließen des Chakras beenden (s. Tanz der Balance S. 243 f.).

Kommentar

Dort, wo das 3. Chakra liegt, befindet sich das energetische Zentrum Ihres Körpers, auch Sonnengeflecht genannt. Sicher haben Sie schon bei großer Aufregung, z. B. bei einem Streit oder in einer Prüfungssituation, Vibrationen oder ein Zittern gespürt.

Das Bauch-Barometer

Über das Nabelchakra treten wir mit anderen Menschen in Verbindung. Dabei entstehende Empfindungen, die wir im Solarplexus wahrnehmen, können wir benutzen, um Erfahrungen und Erlebnisse einzuschätzen. Dies erfordert jedoch ein bißchen Übung.

Übung

- Nehmen Sie sich morgens nach dem Aufstehen fünf Minuten Zeit, Zustand und Wohlbefinden Ihres Bauches wahrzunehmen.
- Schließen Sie dazu die Augen und entspannen Sie sich völlig. Befreien Sie Ihren Kopf von jeglichen Gedanken, die mit der Arbeit oder dem kommenden Tag zu tun haben.
- Lenken Sie dann Ihren Atem und Ihre Aufmerksamkeit in den Bereich des 3. Chakras. Wie fühlt er sich im entspannten Zustand an?
- Prägen Sie sich dieses Gefühl gut ein, indem Sie eine Momentaufnahme in Ihrer Vorstellung festhalten.
- Lenken Sie nun im Verlauf des Tages immer wieder kurz die Aufmerksamkeit auf Ihren Bauch, wobei Sie Ihre Empfindungen wahrnehmen.
- Spüren Sie eine Veränderung gegenüber dem Gefühl am Morgen? Was hat sich verändert und warum?
- Nun können Sie auf zweierlei Art reagieren: Entweder Sie versuchen den Bauch bewußt zu entspannen, indem Sie z. B. die Verspannung mit Ihrem Atem berühren. Oder aber Sie fragen den Bauch, warum er verspannt ist und was er bräuchte, um sich wieder zu entspannen.

Tip

Die Übung mag anfangs etwas schwierig erscheinen. Wie soll man sich während einer Besprechung, beim Einkaufen oder im Gespräch mit dem Kegelfreund auf seinen Bauch konzentrieren? Aber Sie werden sehen, mit ein wenig Übung werden Sie bald ganz automatisch mit ihm in Kontakt bleiben. Vergleichbar ist dies mit der Situation, wenn Sie in einem Auto sitzen und während des Steuerns, die Augen fest auf die Straße gerichtet, immer wieder auf den Tachometer schauen.

Kommentar

Wenn Sie Ihre Aufmerksamkeit schulen und immer wieder Kontakt zu Ihrem 3. Chakra aufnehmen, werden Sie bald in der Lage sein, die oft unangenehmen Reaktionen Ihres Bauches, wie Unwohlsein oder Angst, zu verstehen. Sie erkennen Streß oder unangenehme Situationen schneller und können sie so vermeiden.

Das Innere Kind

Diese Übung hilft Ihnen in Krisensituationen. Sie sollten sie immer dann ausführen, wenn sich Ihr 3. Chakra aufgrund von Frustrationen bezüglich Ihrer Grundbedürfnisse nach Zuneigung, Zärtlichkeit und Körperkontakt verschlossen hat.

Übung

- Bringen Sie sich in eine entspannte Position.
- In einer Krisensituation werden Sie völlig darauf konzentriert sein, was Sie gerade fühlen, z. B. Ablehnung, Mangel an Beachtung oder Sehnsucht nach Zärtlichkeit, und Ihre Aufmerksamkeit wird auf die betroffene Bauchregion gerichtet sein.
- Suchen Sie nun das Zentrum der Empfindungen, die z. B. durch Flattern, Vibrieren, Übelkeit oder ein mulmiges, undefinierbares Gefühl spürbar werden.
- Legen Sie sanft die Hand darüber und atmen Sie in die Hand hinein.
- Hinter dieser Hand versteckt sich das kleine, hilflose, bedürftige Kind, das noch nicht für sich alleine sorgen kann. Sprechen Sie es direkt mit seinem Namen an. Vielleicht fällt Ihnen ein Kosename ein, durch den Sie sich sofort diesem Kind nahe fühlen.
- Sprechen Sie mit ihm, wie mit einem lebendigen Kind, denn das ist es tatsächlich. Bringen Sie ihm Verständnis entgegen und erklären Sie ihm, daß Sie seinen Schmerz nachvollziehen können.

- Lassen Sie nun eine Erinnerung aus der Vergangenheit aufsteigen. Sie brauchen dazu nichts weiter zu tun, als das Kind zu beobachten. Wo befindet es sich? Was macht es gerade? Hat es etwas in den Händen? Wo sind die anderen, die Eltern, Geschwister, Freunde? Was ist passiert?
- Versuchen Sie, das ganze Ausmaß seines Dilemmas in seinen Details zu begreifen, und verbünden Sie sich mit diesem Kind.
- Wahrscheinlich werden Sie zu diesem Zeitpunkt bereits eine deutliche Erleichterung wahrnehmen. Bleiben Sie trotzdem weiter bei dem Kind. Was braucht es jetzt in dieser Situation? Will es in den Arm genommen werden? Will es eine Antwort auf eine Frage, die Aufklärung eines Mißverständnisses? Fragen Sie es ganz direkt: «Wie kann ich dir helfen?»
- Gehen Sie auf das Kind ein und nehmen Sie sich Zeit, es lohnt sich. Werden Sie nicht ungeduldig. Es verhält sich wie alle Kinder. Vielleicht kann es sich nicht ausdrücken, vielleicht hat es auch Angst, über die Situation zu sprechen. Ihr Feingefühl ist gefordert.
- Sobald Sie wissen, was das Kind braucht, geben Sie es ihm, ganz gleich, was es ist. Meistens ist es der Wunsch nach körperlicher Nähe und Wärme, das Gefühl von Geborgensein. Verfallen Sie nicht in Erziehungsmaßnahmen oder Moralvorstellungen.
- Geben Sie mit Liebe und Gutherzigkeit und beobachten Sie, was dabei passiert.
- Geht es ihm besser? Braucht es noch mehr oder etwas anderes? Was können Sie noch für das Kind tun?
- Fragen Sie das Kind, ob es sich besser fühlt. Gehen Sie erst, wenn Sie das Gefühl haben, alles getan zu haben.
- Bieten Sie ihm an, daß es Sie jederzeit rufen kann, und sprechen Sie einen Code mit ihm ab.

- Verabschieden Sie sich.
- In Ihrer Magengrube sollte es nun deutlich ruhiger sein als zuvor. Ihre Hand ist wahrscheinlich sehr warm.

Tip

Selbstverständlich können Sie diese Übung auch durchführen, wenn Sie sich nicht in einer Krisensituation befinden. Lokalisieren Sie dazu einfach das Kind in Ihrem Bauch und legen Ihre Hand an diese Stelle. Fahren Sie fort wie oben.

Kommentar

Das Innere Kind trägt jeder von uns in sich. Abhängig von der jeweiligen Situation, bemerken wir es mal mehr, mal weniger deutlich. Beobachten Sie die Menschen in Ihrer Umgebung. Oft können Sie das Kind ganz klar erkennen, z. B. in der Art wie Menschen sprechen, sich verhalten, welche Kleidung und wie sie ihr Haar tragen oder auch darin, welche Ansichten sie vertreten.

Lachen

Lachen ist eine der einfachsten Möglichkeiten zur Selbstheilung, über die wir verfügen. Es heitert auf, erhöht die Lebensfreude und läßt uns über Grenzen gehen. Wer über sich selbst lachen kann, verschafft sich die Möglichkeit, das Leben auch mal auf die leichte Schulter zu nehmen.

Diese Standarderkenntnisse haben mittlerweile sogar Wissenschaftler dazu veranlaßt, die Auswirkungen des Lachens auf den menschlichen Organismus zu erforschen. Die Gelotologie (aus dem Griechischen, gelos: Gelächter) befaßt sich mit wissenschaftlichen Untersuchungen, die das Lachen betreffen. Obwohl sich diese Forschungen noch in den Anfängen befinden, gibt es bereits viele Anhänger. In Wiesbaden wurde schon 1994 der Verein «Die

Clown-Doktoren» gegründet, der in umliegenden Kinderkliniken Humor und Spaß als Ergänzung zu herkömmlichen Therapien einsetzte. In Amerika schlossen sich Krankenschwestern zur Fachgesellschaft der «Nurses For Laughter» zusammen.

Auf einem Kongreß in Basel im Jahr 1997 berichtete William Fry, Professor für Psychiatrie an der Stanford University, daß Lachen die Produktion von Immunglobulinen im Blut anrege und damit das Immunsystem gestärkt werde. Zudem erhöhe sich die Hauttemperatur, wodurch die Durchblutung verbessert und das Herz trainiert wird. Weiterhin werde das Gehirn stimuliert, dadurch erhöhe sich die Konzentrations- und Merkfähigkeit.

Er ist jedoch keineswegs der einzige, der diese wagemutigen und bisher noch nicht wissenschaftlich bewiesenen Behauptungen aufstellt. Michael Titze, Psychotherapeut aus Tuttlingen, arbeitet schon seit Jahren mit dem Humor als Element in seiner Therapie. Er behauptet, daß durch Lachen die Elastizität der Lungen verbessert, der Gasaustausch erhöht und die Ausscheidung von Cholesterin gefördert wird. Zusätzlich werde die Produktion von Adrenalin und dem körpereigenen Entzündungshemmer Noradrenalin sowie die der natürlichen Killerzellen stimuliert.

Caroline Myss, die intuitive Diagnostikerin aus Amerika, zählt mangelnden Humor und die Unfähigkeit, Nebensächlichkeiten von Schwerwiegendem zu unterscheiden, als eine der acht Hauptursachen für Erkrankungen auf. Folgende Tips werden Sie zu Fröhlichkeit inspirieren:

Tips

- Erlauben Sie dem Inneren Kind zu leben, denn Kinder lachen über vieles. Schon eine Grimasse, eine tolpat-

schige Bewegung oder ein Versprecher können Auslöser für einen Lachanfall sein.
- Schauen Sie sich alberne Slapstick-Komödien an.
- Kaufen Sie sich ein Witzbuch und blättern Sie immer mal wieder darin.
- Treffen Sie Menschen, die in Gruppen häufig zu Alleinunterhaltern werden, und genießen Sie deren Anwesenheit.
- Vermeiden Sie den Umgang mit allzu ernsten Menschen, finsteren Filmen und schwerer Literatur.
- Betrachten Sie Fehler, die Ihnen passieren, mit Humor.
- Nützen Sie jede Gelegenheit, gehen Sie zu witzigen Bällen oder schrillen Partys.
- Denken Sie an lustige Gelegenheiten und erinnern Sie sich an Ihr lustvolles Lachen.

Achten Sie dabei vor allem auf zwei Dinge:

Erstens: Lassen Sie das Lachen wirklich zu. Wir Deutschen sind eher auf Zurückhaltung trainiert, und allzuoft unterdrücken wir ein aufsteigendes Lachen.

Zweitens: Lachen Sie aus dem Bauch heraus. Lassen Sie ihn beben, spüren Sie die Bewegung des Zwerchfells und genießen Sie es.

Affirmations-Meditation

Diese Meditation verknüpft das Prinzip des Mantrasprechens mit dem der Affirmation. Mit ihr können Sie Glaubenskonzepte, die Sie begrenzen, erweitern und ermöglichen so eine weitere Öffnung des 3. Chakras.

Übung

- Welche Überzeugungen bezüglich der Themen des 3. Chakras beschränken Ihr Leben? Denken Sie an hemmende Gedanken, die beim Zusammensein mit anderen Menschen auftreten. Beispiele hierfür sind: «Ich bin nicht gut genug!», «Keiner will mich dabei haben!», «Ich verdiene es nicht, Freunde zu haben!», «Ich bin ganz auf mich allein gestellt!» oder «Keiner kümmert sich um mich!».

- Greifen Sie einen dieser Sätze heraus und kehren Sie ihn in eine positive Aussage um. «Ich bin ganz auf mich allein gestellt!» hieße dann: «Es ist immer jemand für mich da!». «Keiner will mich dabei haben!» wird in den Satz «Ich gehöre dazu!» umgewandelt. Weitere Beispiele hierfür sind: «Es wird für mich gesorgt.», «Ich habe gute Freunde.», «Ich bin es wert, geliebt zu werden.», «Ich lerne aus meinen Erfahrungen.».
- Sobald Sie einen solchen Satz eindeutig formuliert haben, setzen Sie sich bequem hin und stellen Sie sich vor, Ihr Scheitel sei an einer silbernen Schnur aufgehängt. So wird der Rücken gestreckt, und der Nacken bildet die direkte Verlängerung der Wirbelsäule.
- Schließen Sie die Augen und entspannen Sie sich. Konzentrieren Sie sich auf Ihren Körper und dann auf alle Muskeln, die Sie zum Atmen brauchen.
- Lassen Sie den Satz wie ein Bild vor Ihrem geistigen Auge entstehen, das sich auf einer schwarzen Leinwand zeigt. Sehen Sie ihn in leuchtenden Farben oder schreiben Sie ihn mit Wolkenfarben in den Himmel.
- Murmeln Sie den Satz dabei leise vor sich hin und spüren Sie die Vibrationen, die in Ihrem Körper entstehen.
- Hören Sie ihn, versuchen Sie, ihn auch zu riechen und zu schmecken. Je mehr Sinne Sie ansprechen, desto wirkungsvoller ist die Meditation.
- Wiederholen Sie den Satz langsam und eindringlich, wie eine Beschwörung. Sprechen Sie ihn immer wieder.
- Denken Sie nicht darüber nach.
- Verbinden Sie ihn mit Ihrem 3. Chakra, lassen Sie ihn dort einfließen und sich darin ausbreiten, bis er sich eingenistet hat wie ein kleiner Vogel.

- Wiederholen Sie diesen Satz täglich mindestens 15 Minuten lang, besser noch für eine halbe Stunde. Probieren Sie verschiedene Lautstärken aus und beobachten Sie, wie sich Ihr Empfinden dadurch verändert.
- Um die Übung abzuschließen, verstummen Sie und lauschen Sie dem Nachhall der Affirmation in Ihrem Körper.
- Strecken Sie sich.

Tip

Diese Meditation ist so einfach, daß Sie sie überall praktizieren können, z. B. in der U-Bahn oder im Büro. Dazu sollten Sie aufrecht, aber entspannt sitzen oder stehen und sich die einzelnen Silben dieses Satzes mit geöffneten Augen vorstellen. Nutzen Sie jede Gelegenheit, denn je öfter Sie diese Übung durchführen, desto schneller werden Sie das neue Glaubenskonzept integrieren. Dann wenden Sie sich dem nächsten Thema zu.

Kommentar

Versuchen Sie nicht, Ihre alten Einstellungen schlechtzumachen oder «auszulöschen». Wahrscheinlich waren sie zu einem bestimmten Zeitpunkt in Ihrem Leben nützlich und hatten daher eine Berechtigung. Nehmen Sie sich vor, die alten Anschauungen durch die neuen zu erweitern, abzurunden und zu vervollständigen. Nichts in dieser Welt kann eindeutig als richtig oder falsch gewertet werden, immer sind beide Möglichkeiten vorhanden.

Angst als Freund

Angst hat große Macht über Menschen. Ganze Berufszweige leben von ihr, z. B. Medien, Pharma- und Alkoholindustrie und Psychotherapeuten. Dabei stellt sie nicht das eigentliche Problem dar, viel schwieriger ist der Umgang mit der Angst vor der Angst. Der einzige Weg, Ihr

3. Chakra vor der blockierenden Kraft zu schützen, besteht darin, sich die Angst zum Freund zu machen.

Übung

- Beschäftigen Sie sich mit einer Angst, die Ihnen täglich begegnet, z. B. auf Rolltreppen, in Kaufhäusern oder in Menschenmengen.
- Was passiert in Ihrem Körper, sobald sie aufkommt? Wie verändert sich Ihr Weltbild? Wirkt sie sich auf Hunger, Durst oder andere Grundbedürfnisse aus?
- Untersuchen Sie nun diese Angst genau. Personifizieren Sie sie. Wie sieht sie aus? Welche Farbe und Form hat sie? Wie könnte sie schmecken, wenn man an ihr leckt? Wie fühlt sie sich auf der Haut an? Wie schwer ist sie? Aus welchem Material besteht sie? Ist sie z. B. durch Wasser, Feuer oder Klebstoff beeinflußbar?
- Wenn Sie sie treffend beschrieben haben, schaffen Sie ihr ein Pendant in der realen Welt. Sie können sie malen oder aus Ton kneten, Sie können sie auch durch ein Symbol ausdrücken.
- Geben Sie ihr einen Namen.
- Plazieren Sie sie so, daß Sie täglich mit ihr konfrontiert werden, z.B. auf dem Kühlschrank oder neben der Kaffeemaschine.
- Anfänglich werden Sie sich gegen diese Angst wehren. Betrachten Sie sie trotzdem mehrmals täglich. Finden Sie Schönheit darin, lernen Sie, sie zu lieben. Betrachten Sie sie mit dem Blick einer Großmutter, die ihrem Enkel beim Spielen zuguckt.
- Vielleicht entsteht nach einer Weile das Bedürfnis, sie zu verschönern, indem Sie sie anmalen oder mit Federn verzieren.
- Sprechen Sie mit ihr wie mit einem guten Freund. Da Sie mit ihr leben müssen, ist ein freundschaftlicher Kontakt sicher besser.

- Bringen Sie ihr Opfer und machen Sie ihr Geschenke, geben Sie ihr das, was Sie als passend empfinden.
- Wenn Ihnen die Angst das nächste Mal begegnet, atmen Sie in sie hinein. Fallen Sie nicht in Ihr gewohntes Verhaltensmuster zurück. Öffnen Sie Ihre Sinne und integrieren Sie das, was Sie gelernt haben.
- Lassen Sie sich dabei viel Zeit.

Tip

Scheuen Sie sich nicht, ein reales Abbild der Angst zu schaffen. Viele Seminarteilnehmer glauben, daß sie dadurch die Angst verstärken. Tatsächlich hat sich ihre Angst bereits gefestigt und kontrolliert ihr Leben.

Kommentar

Die Angst hat nur dann Macht über Sie, wenn Sie sie wegschieben. Der berühmte schottische Psychiater und Psychoanalytiker Ronald D. Laing formulierte einen seiner Arbeitsgrundsätze folgendermaßen: Wenn Du weißt, daß ein Geist im Haus ist, dann leg ein Gedeck mehr auf!

Negative Gefühle

Im Bereich des Solarplexus liegt das Chakra unserer Emotionen. Neben Freude und Lebenslust ballt sich dort auch unsere gesamte Negativität zusammen.

Übung

- Achten Sie auf Ihre Gefühle.
- Schärfen Sie Ihre Wahrnehmung im täglichen Leben dafür, wann negative Gefühle entstehen und sich ausbreiten wollen.
- Betrachten Sie die entstehenden Empfindungen ganz genau: Was ist das für ein Gefühl? Woher stammt es? Warum taucht es in dieser Situation auf? Was hat es mit anderen Menschen zu tun? Wie möchte es sich ausdrücken?

- Reagieren Sie jedoch nicht, lassen Sie sich nicht dazu verleiten, diesen Gefühlen Ausdruck zu verleihen.
- Was geschieht, wenn Sie nicht reagieren? Wie verändert sich das Gefühl? Was passiert anschließend?

Tip

Anfangs wird Ihnen diese tägliche Übung ungeheuer anstrengend vorkommen. Es ist viel einfacher zu reagieren, als sich zu kontrollieren. Sie werden aber bemerken, daß Sie langsam immer mehr Kontrolle gewinnen und die bloße Analyse der Gefühle bereits Negativität auflösen kann. Als Folge fühlen Sie sich in solchen Situationen nicht mehr so ausgeliefert.

Kommentar

Die letzten Jahrzehnte der psychologischen Forschung haben uns gelehrt, daß es wichtig ist, seine Gefühle auszudrücken. Ihre Unterdrückung kann zu Krebs, Magengeschwüren, Migräne und anderen Erkrankungen führen. Verwechseln Sie dies nicht mit einer Beobachtung Ihrer Reaktionen. Wenn Sie Abstand zu Ihren automatischen Verhaltensweisen gewinnen und sie analysieren, lernen Sie, sinnvolle von unsinnigen Reaktionen zu unterscheiden.

Positive Gefühle anregen

Das Prinzip dieser Übung besteht darin, den Energiefluß durch starke Anspannung der Muskeln zu erhöhen und ihn durch den ganzen Körper zu leiten. Dieses prickelnde Gefühl befreiter Energie ist angenehm, vitalisierend und reinigend, und wirkt sich speziell auf das 3. Chakra aus.

Übung

- Gehen Sie in die Hocke, die Füße stehen dabei nahe nebeneinander, die Fersen berühren den Boden nicht.
- Beugen Sie sich vornüber und legen die Handflächen auf den Boden.

- Entspannen Sie in dieser Position. Atmen Sie einige Male tief durch.
- Richten Sie dann Ihren Blick so weit nach oben, wie es Ihnen möglich ist, und atmen Sie weiter entspannt durch Mund und Nase, neun tiefe Atemzüge lang.
- Senken Sie nun Kopf und Fersen ab und heben Sie Ihr Gesäß so weit an, wie es möglich ist.
- Spüren Sie die Anspannung in den Rückseiten der Beine?
- Halten Sie die Position eine Minute lang und atmen Sie in die Spannung hinein. Verbinden Sie den Atem mit dieser Anspannung. Lenken Sie ihn bis in den Bauch und den Nacken. Entspannen Sie Ihr Gesicht, vor allem die Stelle zwischen den Augenbrauen.
- Es könnte sein, daß Ihre Beine zu zittern beginnen. Brechen Sie aber nicht ab, fühlen Sie in das Zittern hinein und entspannen Sie dabei. Anfangs wird Ihnen dies schwierig erscheinen, doch es erfordert nur etwas Übung.
- Gehen Sie danach wieder in die Hocke zurück und heben Sie Kopf und Ferse an.
- Spüren Sie in dieser Grundhaltung den Empfindungen nach. Verfolgen Sie die prickelnde Wärme, die von den Beinen nach oben ins Becken steigt. Verfolgen Sie diese und verbinden Sie sie mit Ihrem Atem, bis Sie sich über den Rücken hinauf bis zum Herzen ausgebreitet hat. Erlauben Sie ihr, in jede Pore des Körpers zu gelangen.
- Wiederholen Sie die Übung noch zweimal, pausieren Sie dazwischen einige Minuten.
- Nehmen Sie sich am Ende der Übung Zeit, den Gefühlen nachzuspüren und sie im ganzen Körper zu verteilen.

Tip

Anfangs wird Ihnen diese Übung anstrengend erscheinen, vielleicht verspüren Sie sogar einen leichten Schmerz. Fangen Sie also langsam an und steigern Sie die Spannung mit jedem Mal ein bißchen.

Kommentar

Abgesehen von dem reinigenden und energetisierenden Effekt, erleichtert diese Übung die Entspannung, vor allem im Unterleib und in den Beinen. Die Verdauung wird angeregt, gleichzeitig verstärkt sie Ihre Flexibilität und die Fähigkeit, sich vor negativen Einflüssen zu schützen.

Quickie: Die Mitte

Das 3. Chakra befindet sich in unserer Körpermitte. Die innere Mitte können wir jedoch nur selten wahrnehmen, weil Meinungen und Urteile anderer uns beeinflussen oder Schreck- und Schocksituationen, unlösbare Probleme, aber auch die Flut von Sinnesreizen uns manchmal überwältigen.

Folgende Übung wird Ihnen helfen, diese Mitte wiederzufinden und zu stabilisieren.

Übung

- Stellen Sie sich bequem auf eine gerade Fläche, der Abstand zwischen den Füßen sollte Ihnen angenehm sein. Die Knie sind nicht durchgedrückt.
- Schließen Sie die Augen und entspannen Sie sich.
- Lassen Sie Ihren Atem bis tief ins Becken sinken.
- Sobald Ihr Solarplexus entspannt ist, lenken Sie Ihre Aufmerksamkeit auf die Fußsohlen. Stehen Sie mehr auf dem Ballen oder auf der Ferse?
- Schwingen Sie langsam auf den Sohlen vor und zurück. Probieren Sie verschiedene Standpositionen aus.
- Beachten Sie als nächstes die Gewichtsverteilung. Belasten Sie das rechte oder das linke Bein stärker?

- Verlagern Sie das Gewicht in verschiedene Richtungen.
- Finden Sie nun die Mitte. Stellen Sie sich so hin, daß Ihr Gewicht gleichmäßig auf beide Beine verteilt ist und sich jeweils in der Mitte der Fußsohlen konzentriert. Achten Sie darauf, daß Ihre Knie weich bleiben.
- Atmen Sie tief in Ihre Fußsohlen hinunter.
- Halten Sie dieses Gefühl einige Minuten lang fest. Nehmen Sie die inneren Veränderungen wahr und lassen sie sich im Körper ausbreiten.

Tip

Anfangs müssen Sie sich für diese Übung mindestens 20 bis 30 Minuten Zeit nehmen und sie an einem ruhigen, ungestörten Ort ausführen. Sobald Sie ein Gespür dafür entwickelt haben, können Sie diese Übung immer wieder ausführen, z. B. in der U-Bahn, im Aufzug oder im Wartezimmer eines Arztes. Je öfter Sie sich auf dieses Gefühl konzentrieren, desto stabiler wird Ihre innere Mitte.

Das Rad des goldenen Mitgefühls

Das Herzchakra befindet sich auf Höhe des Herzens hinter dem Brustbein. Hormonell wird es von der Thymusdrüse bestimmt. Das Zentrum des Chakrensystems wird traditionell als sechszackiger Stern abgebildet, der aus zwei übereinanderliegenden Dreiecken besteht, auch Solomonsiegel genannt. Es verbindet die drei unteren Chakren, die sich mit eher körperlichen Inhalten auseinandersetzen, mit den drei oberen, die die geistig-spirituellen Themen beinhalten. Somit erfüllt es eine Vermittlerfunktion zwischen Körper und Geist.

Nach tantrischem Denken begegnet der Mensch im Herzchakra der zweiten großen Hürde seiner Entwicklung, dem Vishnu Granthi, der gefühlsmäßigen Anhaftung.

Entwicklung

Der nächste Schritt in der menschlichen Entwicklung besteht darin, sich auf eine Art mit Menschen zu verbinden, die weit über die Möglichkeiten der ersten drei Chakren hinausgeht. Diese Liebe gilt nicht einem bestimmten Menschen, sondern umfaßt die Menschheit, das Lebendige an sich. Sie läßt uns mit allen Wesen mitfühlen. Meistern wir diese Aufgabe, kommen wir der Einheit noch näher.

Selbstliebe

Bevor wir wahre Liebe für andere Menschen entwickeln können, müssen wir lernen, uns selbst zu lieben. Das hat

Zeichen und Symbole des 4. Chakras

nichts mit Egoismus zu tun, sondern zeigt unseren Selbstrespekt. Dies ist die Fähigkeit, sich selbst Fehler zu vergeben, seinen eigenen Ängsten und Nöten liebevoll zu begegnen, seine Bedürfnisse ernstzunehmen und für sich zu sorgen. Dazu gehört auch der Mut, sich vor Menschen zu schützen, die uns verletzen, mißbrauchen oder aussaugen. Selbstliebe weckt das Bedürfnis, dieses Gefühl nach außen zu richten. Wenn wir uns selbst verstehen, können wir anderen ebenso liebevoll begegnen. Selbstliebe finden wir, wenn wir uns mit allen Aspekten – auch denen, die uns nicht gefallen – auseinandergesetzt haben und sie annehmen.

Liebe

Im Volksmund wird das Herz mit der Liebe verbunden. Leidenschaft, körperliche Anziehung, Treue und Moral sind unterschiedliche Aspekte dieses Gefühls, die aber eigentlich durch das 2. Chakra erfahren werden. Die Folge davon ist Verwirrung, die unser Herzchakra aus der Balance bringt.

Das Herzchakra bestimmt unsere Fähigkeit, bedingungslose und objektunabhängige Liebe zu geben und zu empfangen. Die Gefühlsqualität wahrer Liebe wird im folgenden Sprichwort sehr passend ausgedrückt: Fliegt dir ein Vogel zu, sperr ihn nicht in einen Käfig. Bleibt er, gehört er dir, fliegt er fort, hat er dir nie gehört. Es beinhaltet, wie man die tantrische Hürde überspringt: durch Loslassen. Es drückt auch noch einen anderen, sehr wichtigen Aspekt der Liebe aus. Sie ist so groß, daß sie auch Paradoxes umschließt, da sie weder mit Logik noch mit Verstand zu erklären ist.

Verantwortung

Je mehr wir das Herz für uns selbst und andere Menschen öffnen, desto eher begreifen wir, daß Menschen, Tiere, Pflanzen, Natur, also alles Beseelte, eins ist. Das Leid des einen wird somit das Leid aller, das Glück des einzelnen, das Glück von allen anderen. Das Wohlergehen meiner Mitmenschen liegt mir am Herzen.

Fürsorge

Zur Erforschung dieser Herzensqualität stellte man Bewohnern eines Altersheims Pflanzen in ihr Zimmer und bat sie, sich um diese zu kümmern. Andere bekamen die

Pflanzen ohne den Hinweis, sie zu pflegen. Die Untersuchung zeigte, daß die Menschen in der ersten Gruppe länger lebten, gesünder waren und mehr Verbindung zur Außenwelt aufnahmen als die zweite. Geben und Fürsorge nähren also uns selbst.

Mitgefühl

Wirkliches Mitgefühl entsteht dadurch, wenn sich das Gefühl der Liebe mit dem Schmerz eines anderen Menschen vermischt. Es ist eine Einstellung, die aus der Erkenntnis entsteht, daß der Schmerz des anderen auch mein eigener ist. Begegnet man dem Leid mit Angst ergibt sich Mitleid.

Grenzen

Die Thymusdrüse zeigt die Notwendigkeit, Grenzen zu ziehen. Bereits im Embryonalstadium lockt sie Stammzellen aus der Leber zu sich und programmiert sie zu T-Zellen. Diese wehren Erreger ab, zudem überwachen und kontrollieren sie den Abwehrkampf. Sind T-Zellen träge oder übersehen sie Erreger, wie z. B. bei einer Abwehrschwäche, schaden sie uns. Reagieren sie über, z. B. bei Allergien, zerstören sie körpereigenes Gewebe. Ein Angriff wurde von den T-Zellen optimal abgewehrt, wenn dabei alle Erreger getötet wurden, ohne daß wir zu Schaden gekommen sind.

Übertragen auf die Fähigkeit, uns abzugrenzen, heißt das, daß es nötig ist, unsere Grenzen zuerst einmal kennenzulernen. Werden sie dann von anderen überschritten, müssen wir ausreichend reagieren; ziehen wir sie zu eng, reagieren wir über und verletzen uns dabei selbst.

Organe und Körperteile

Die Funktionen von Herz, Lunge sowie der Zustand der Rippen, des Zwerchfells und der Speiseröhre werden durch den Zustand des 4. Chakras beeinflußt. Das Immunsystem ist damit verbunden ebenso der obere Rückenbereich und die Schultern.

Balance

Im ausgeglichenen Zustand fördert das 4. Chakra die Empfindsamkeit, gleichzeitig schützt es vor Verletzungen. Der Mensch übernimmt Verantwortung für sich und seine Umwelt und zieht Kraft daraus. Indem er für andere sorgt, nährt er die Seele und stärkt den Energiefluß im 4. Chakra.

Blockaden

Die größte Blockade entsteht, wenn Liebe mit Lust verwechselt wird. Aber auch krampfhaftes Festhalten eines Menschen durch Treueschwüre, Schuldgefühle, Vorwürfe oder unaufrichtige Liebesbezeugungen verursacht Störungen. Klammern entspringt Angst und nicht einem offenen Herzen. Weitere Gründe für Probleme in diesem Bereich sind das Festhalten an Moralvorstellungen, zu große Verantwortung, fehlende Selbstliebe oder die Unfähigkeit, Grenzen zu ziehen. Um Harmonie zu erreichen, sollte man lernen, auf die Stimme des Herzens zu hören.

Dysbalance

Krankheiten und Beschwerden, die sich aus diesen Störungen ergeben, sind z. B. Schmerzen, Klopfen, Vergrößerung und Entzündung des Herzens sowie Verkalkung oder Erweiterung der Herzarterien, aber auch Lungenleiden und Brustenge. Allergien und autoaggressive Erscheinungen sind ebenfalls häufig auf ein unausgeglichenes 4. Chakra zurückzuführen.

Ist dieses Gleichgewicht gestört, entstehen Abhängigkeiten. Der Betroffene fühlt sich ungeliebt, was auf mangelnde Selbstliebe zurückzuführen ist, und sucht ständig nach Liebesbeweisen. Diese erreichen ihn jedoch nie, und so wird er von Enttäuschungen geplagt. Diese entwickelt sich bald zu tiefer Trauer und Bitterkeit, Selbstverletzung oder Selbstzerstörung können die Folgen sein. Oftmals spürt er das Leid dieser Welt, fühlt sich aber hilf- und machtlos dagegen.

Oder aber der Mensch kehrt sich nach innen und wird narzißtisch. Er beschäftigt sich nur noch mit sich selbst, wobei er sich mit anderen Menschen vergleicht. Gefühle wie Einsamkeit, Mißtrauen, Gefühlskälte und Herzlosigkeit entwickeln sich hieraus.

Symbolik

Wer das 4. Chakra mit Bewußtsein erfüllt, erreicht die erste Stufe der Menschlichkeit: Mitgefühl und Liebe. Deshalb haben wir dieses Energiezentrum Rad des goldenen Mitgefühls genannt.

Feuer

Als Element haben wir diesem Chakra das Feuer zugeordnet. Es strahlt Wärme und Licht aus und überträgt sich auf angenehme Art auf andere Menschen. Aber es ist auch mit Gefahren verbunden: beobachtet man das Feuer nicht genau, kann es sich ausbreiten und seine Umwelt verbrennen oder ganz verlöschen.

Blatt

Der Baum streckt seine Blätter wie Fühler in die Welt hinaus. Sie schützen ihn vor Wind und übermäßiger Sonne, versorgen ihn mit Kohlendioxid und Energie, außerdem geben sie für die Mitwesen lebensnotwendigen Sauerstoff an die Umwelt ab. Liebe ist das Blätterkleid des Menschen.

Reh

Das Reh ist scheu und schreckhaft, seine Bewegungen anmutig. Nur selten wagt es sich aus dem tiefen Wald hinaus auf die Felder, um zu äsen. Aber wenn es sich zeigt, erfüllt der Anblick den Betrachter mit Stille und Frieden. Nur Menschen voller Mitgefühl und Liebe dürfen sich ihm nähern.

Lächeln

Lächeln ist der mimische Ausdruck von Mitgefühl. Buddha wird lächelnd dargestellt, weil er die vollkommene Ausprägung von Herzensqualität darstellt und den Zustand der Erleuchtung vermittelt.

Übungen zum Herzchakra

Das Schutztier

Sie können Ihr Herzchakra auch mit einem Schutztier weiter öffnen. Es gibt verschiedene Wege, ein solches Krafttier zu finden, z. B. indem man es im Traum oder durch rituelle Tänze ruft. Man kann aber auch einen Heiler oder Schamanen bitten, es zu suchen oder selbst eine Trancereise unternehmen. Wir schlagen dazu folgende Visualisationsübung vor:

Übung

- Nehmen Sie eine aufrechte, aber bequeme Position ein.
- Schließen Sie die Augen.
- Entspannen Sie Ihren Körper, indem Sie Blockaden aufspüren und diese lösen. Nehmen Sie Ihre Gefühle wahr und lassen Sie sie los, beobachten Sie Ihre Gedankengänge, die Sie dann wieder zurückstellen.
- Lenken Sie Ihren Atem auf das Herz. Atmen Sie ruhig und sanft in die Brust.
- Spüren Sie in diese Gegend hinein und erweitern Sie dabei das 4. Chakra.
- Wenn Sie ein Gefühl dafür entwickelt haben, rufen Sie das Schutztier Ihres Herzchakras und bitten Sie es, sich zu zeigen. Verhalten Sie sich dabei so, wie Sie auch sonst einem scheuen Tier begegnen, liebevoll, freundlich und mit Respekt.
- Sprechen Sie es an, sobald es sich zeigt. Heißen Sie es dankbar willkommen.
- Fragen Sie nach seinem Namen.

- Finden Sie heraus, ob Sie ihm etwas Gutes tun können.
- Äußert es einen Wunsch, erfüllen Sie ihn, ganz gleich, was es ist. Versuchen Sie nicht, diesen zu deuten. Betrachten Sie Ihr Schutztier als Lebewesen.
- Bauen Sie eine Beziehung zu ihm auf. Vielleicht setzen Sie sich zusammen auf eine Lichtung und erfreuen sich an der bezaubernden Landschaft. Streicheln Sie es oder nehmen Sie es auf den Schoß, wenn es klein genug ist. Vielleicht wollen Sie die Welt einmal aus seiner Sicht betrachten. Schlüpfen Sie dazu in seine Haut. Schnuppern Sie mit seiner Nase, hören Sie mit seinen Ohren, traben Sie mit seinen Beinen durch den Wald oder über eine Wiese.
- Wenn Sie sich mit dem Tier angefreundet haben, erklären Sie ihm Ihr Anliegen: «Ich möchte dich bitten, mein Herzchakra zu bewachen. Unterstütze mich dabei, daß ich es selbst bei Verletzung, Schmerz und Verlust geöffnet lasse. Gib mir die Kraft deiner Liebe. Lehre mich so bedingungslos und unschuldig auf andere Wesen zuzugehen wie du. Willst du das für mich tun?». Selbstverständlich können Sie andere Worte wählen und andere Wünsche äußern.
- Warten Sie auf seine Antwort. Bedrängen Sie es nicht, vielleicht braucht es etwas Bedenkzeit.
- Lehnt es ab – was sehr unwahrscheinlich ist-, bedanken Sie sich trotzdem oder fragen nach, warum es die Aufgabe nicht übernehmen will. Ansonsten wiederholen Sie die Übung ein anderes Mal und bitten ein anderes Tier um Hilfe.
- Sagt es zu, danken Sie ihm. Fragen Sie, ob Bedingungen erfüllt werden müssen, wie z. B. bestimmte Verhaltensweisen, Geschenke, Treffpunkte oder Treffzeiten. Fragen Sie auch, ob das Tier einen Botschafter hat oder wie Sie mit ihm in Kontakt treten können.

- Haben Sie eine konkrete Frage, stellen Sie sie jetzt.
- Bedanken Sie sich dann und verabschieden sich von ihm.

Tip

Treffen Sie sich regelmäßig mit ihm, auch wenn Sie eigentlich keine Zeit haben oder erschöpft sind, denn dadurch erhalten Sie zusätzliche Kraft. Erfahrungsgemäß ist der Effekt jedoch größer, wenn ein intensiverer Kontakt besteht. Bitten Sie immer wieder um Rat, vergessen Sie dabei aber nicht, das Schutztier nach seinem Leben zu fragen. Nehmen Sie seine Gaben nicht als selbstverständlich hin.

Kommentar

Tiergeister

In den unterschiedlichsten Kulturen schrieb man gewissen Tieren besondere Eigenschaften zu, die man auch zu Heilzwecken benutzte. Schamanen sind der Überzeugung, daß sich Tiergeister bestimmte Menschen aussuchen, mit denen sie sich verbinden. Tier und Mensch können sich auf der Reise zur Reifung der Seele gegenseitig unterstützen, weil jeder über bestimmte Qualitäten verfügt, die dem anderen helfen können.

Da die Tiere schon längere Zeit auf der Erde sind und daher über ein größeres Erfahrungsreservoir verfügen, ist ihre Weisheit weiter entwickelt als beim Menschen. Tiere verhalten sich spontan, werden nicht von Selbstzweifeln und Unsicherheit geplagt und kennen keine Schuld. Ihr Instinkt sagt ihnen genau, was sie für ihr Wohlbefinden und ihre Gesundheit brauchen. Der Mensch dagegen zeichnet sich durch sein Bewußtsein und seine Denkfähigkeit aus.

Sich selbst lieben

Jirina Prekop schreibt in hrem Buch *Hättest Du mich festgehalten ...*, daß ausschließlich durch das Gleichgewicht von

Selbst- und Nächstenliebe wirkliche Liebe entstehen kann. Also nur wer sich selbst liebt, kann dieses Gefühl weitergeben. Dazu empfehlen wir die folgenden einfachen, aber sehr wirkungsvollen Übungen.

Übung 1

- Erstellen Sie eine Liste, womit Sie sich selbst eine Freude verschaffen können. Vielleicht gelingt Ihnen dies durch einen Saunabesuch, ein Kaffeestündchen in Ihrem Lieblingscafé, ein schönes Buch, den Besuch einer Ausstellung, Musik, Zeit vergeuden, baden, eine Massage oder einen Spaziergang in der Natur. Notieren Sie, was Ihnen in den Sinn kommt und Ihnen ein gutes Gefühl gibt.
- Nehmen Sie sich ein paar Tage Zeit für diese Liste, damit Sie nichts vergessen.
- Verwenden Sie schönes Papier und hängen Sie die Liste an den Kühlschrank oder über dem Schreibtisch gut sichtbar auf.
- Benutzen Sie die Liste wie eine Speisekarte im Restaurant. Wählen Sie jeden Tag (!) etwas Gutes für sich aus.

Tip

Notieren Sie nur solche Dinge, die Sie mühelos jeden Tag durchführen können. Kreuzfahrten, Hochzeiten feiern und Lehmhütten bauen sind demnach ungeeignet.

Kommentar

Sich selbst zu verwöhnen ist einerseits Ausdruck von Selbstrespekt und Wertschätzung, ein Grundpfeiler jeglicher Liebe, andererseits werden Sie von der Großzügigkeit oder Aufmerksamkeit anderer unabhängig. Wenn Sie sich Ihre Bedürfnisse selbst erfüllen, Eigenverantwortung für Ihr Wohlbefinden übernehmen und sich selbst lieben, ist die Zuneigung, die Sie von anderen erfahren, ein zusätzliches Sahnehäubchen und damit um so schöner.

Die folgende Übung stammt aus der metta-Praxis der Buddhisten. Sie führt uns über die Selbstliebe zur Fähigkeit, andere Menschen zu lieben.

Übung 2

- Setzen Sie sich bequem hin und schließen Sie die Augen.
- Entspannen Sie Körper und Gedanken und schieben Sie alles zur Seite, was Sie davon abhält, im Hier und Jetzt zu sein.
- Erinnern Sie sich nun an eine gute Tat. Das kann eine Situation sein, in der Sie großzügig waren, vielleicht haben Sie einem Menschen in Not geholfen oder einfach jemandem eine besondere Freude bereitet. Fällt Ihnen dazu nichts ein, erinnern Sie sich an einen Moment, in dem Sie beinahe einen anderen Menschen verletzt hätten, aber Ihre negativen Gefühle zurückgehalten haben. Oder denken Sie an das Gefühl, als Sie das letzte Mal einem Menschen verziehen haben.
- Lassen Sie die ganze Freude, die mit dieser Tat einherging, wieder in sich aufsteigen. Spüren Sie jede Facette davon und erlauben Sie diesem Wohlgefühl, sich in Ihrem Körper auszubreiten.
- Bald ist jede Zelle von der pulsierenden Energie der guten Tat erfüllt.
- Sprechen Sie nun in dieses Gefühl hinein einen Satz in der Art eines Mantras. Murmeln Sie ihn leise, ohne dabei die Lippen zu bewegen, z. B. «Ich bin von Glück und Freude erfüllt», «Ich liebe und werde geliebt» oder «Ich bin frei von Vorurteilen». Sie können sich selbstverständlich ein eigenes Mantra ausdenken, das zu Ihrer Lebenssituation paßt. Jede positive Aussage ist möglich, sie sollte nur kurz sein.

- Verbinden Sie das Mantra mit dem gleichmäßigen, entspannten Atem.
- Gehen Sie langsam vor, es gibt keinen Grund zur Eile.
- Nach etwa 15 Minuten Kontemplation des Guten in Ihnen richten Sie dieses Gefühl auf einen Ihnen nahestehenden Menschen oder ein Wesen, z. B. auf ein Tier, den Inneren Führer, Ihren Partner oder das Schutztier.
- Übertragen Sie dieses wunderbare Gefühl auf den anderen und beobachten Sie, wie dieser von Ihrer Liebe erfüllt wird.
- Nach etwa fünf Minuten lenken Sie Ihre Aufmerksamkeit auf einen Menschen, dem Sie neutral gegenüberstehen, vielleicht auf einen Nachbarn, den Zeitungsverkäufer oder die Bedienung in einem Restaurant.
- Erfüllen Sie auch diese Person mit Ihrer Liebe. Wenn es Ihnen hilft, visualisieren Sie Ihr Gefühl als strahlend weißes Licht und übergießen Sie sie damit.
- Wenden Sie sich nun einem Menschen oder Wesen zu, dem Sie negativ gegenüberstehen. Vielleicht wurden Sie verletzt oder sind zu Schaden gekommen.
- Lassen Sie ihn ebenso durch Ihre Liebe aufblühen. Beobachten Sie, wie er von Ihrem Glück erfüllt wird, wie er durch Ihre positive Zuwendung an Kraft und Lebensfreude gewinnt.
  Nehmen Sie sich an dieser Stelle besonders viel Zeit, denn genau hier trennen sich die an Erwartungen geknüpfte Liebe und die bedingungslose Liebe.
- Lieben Sie mit ganzer Kraft. Sie wird sich aus sich selbst heraus nähren und zu neuen Ebenen emotionaler Zufriedenheit führen. Wie die Sonne, die auf jeden gleichermaßen hinabscheint, sind auch Sie fähig, jedes Wesen und jedes Ding auf dieser Erde zu lieben. Diese Art der Liebe kennt keine Grenzen, sie ist die Quelle wahren Friedens.

Tip

Wenn statt einer schönen Erinnerung Ungeduld, Selbstzweifel, Schuldgefühle oder Verärgerung in Ihnen wach werden, lassen Sie sich nicht ablenken. Lassen Sie diese Gefühle einfach auftauchen und wieder verschwinden. Beobachten Sie, greifen Sie aber nicht ein. Kehren Sie mit offenem Herzen zu einem positiven, freudigen Moment in Ihrem Leben zurück.

Kommentar

Tor zur Quelle der Glückseligkeit

Solange diese metta-Praxis auf der Ebene des 4. Chakras ausgeführt wird, öffnet sie uns das Tor zur Quelle der Glückseligkeit. Sie fördert das Selbstwertgefühl und den Respekt, den wir für uns selbst aufbringen. Allerdings müssen Sie spüren, daß die Energie und der Geist der Übung Ihrem 4. Chakra entspringen. Wenn Sie diese Übung mit einer Verbindung zum 3. Chakra ausführen, wird sie sich umkehren und zu Selbstbeweihräucherung führen. Geschieht dies, nähren Sie Ihr Ego und erzielen den gegenteiligen Effekt.

Reise zum Zentrum des Rosenquarz

Der milchige, weiß-rosa bis tiefrosa Stein wird mit dem Herzen in Verbindung gebracht. In der Edelsteintherapie setzt man ihn zur Reinigung von Wasser ein oder um den Menschen vor Strahlungsschäden zu schützen.

Er kann das Herzchakra von negativen Gefühlen säubern und vor schädlichen Strahlungen anderer Menschen schützen. Folgende Fantasiereise ruft die Qualität des Rosenquarzes in Ihr Herz.

Übung

- Sprechen Sie die folgende Fantasiereise langsam und mit ruhiger Stimme auf ein Tonband, oder bitten Sie einen Freund oder den Partner, die Geschichte vorzulesen. Bei dieser Übung haben wir bewußt das «Du» als Anrede eingesetzt, damit Sie sich direkt angesprochen fühlen.

- Sie können sich dazu hinlegen, grundsätzlich macht es auch nichts, während der Reise einzuschlafen, da das Unterbewußtsein wach bleibt. Wir empfehlen jedoch, entspannt in einem Sessel zu sitzen, weil die bewußte Erfahrung der Fantasiereise befriedigender ist.
- Schließen Sie nun die Augen und entspannen Sie sich mit einer Ihnen vertrauten Atemtechnik.
- Verfolgen Sie die Reise wie einen Film. Strengen Sie sich dabei nicht an. Die Bilder werden ganz von selbst vor Ihrem inneren Auge entstehen. Atmen Sie weiterhin gleichmäßig und beobachten Sie die Empfindungen in Ihrem Körper.

Die Reise: Beginne die Reise damit, daß du dir vorstellst, wie du von deinem Meditationsort aufstehst und zur Eingangstür gehst. Zu deiner Überraschung findest du vor der Tür eine große, weite Wiese. Du trittst hinaus. Sie fühlt sich weich unter deinen Füßen an, du spürst die Feuchtigkeit, die aus der Erde aufsteigt. Die Sonne scheint, die Luft ist warm und voller angenehmer Blütendüfte.

Vor dir breitet sich saftiges Grün aus, verziert mit den bunten Kelchen blühender Wiesenkräuter. Du gehst über sie hinweg auf einen Wald zu. Du spürst, wie die Luft langsam kühler wird und der Duft und die Feuchtigkeit des Waldes dich schon umfangen wollen. Vertrocknete Nadeln von den Bäumen kribbeln unter deinen Fußsohlen. Du wanderst weiter über Wurzeln und Gestrüpp immer tiefer in den Wald hinein. Du fühlst dich wohl und strahlst vor Freude, am Leben zu sein.

Dann gelangst du an eine Höhle. Neugierig schaust du hinein. Es dauert kurze Zeit, bis deine Augen in der Dunkelheit eine Treppe erkennen. Langsam bewegst du dich auf sie zu und steigst Stufe für Stufe hinunter. Mit jedem Schritt entspannst du dich ein bißchen mehr. Die Gedanken in deinem Kopf verstummen, deine Gefühle lösen sich und fließen von dir ab, bis du nur noch eine tiefe, entspannte Zufriedenheit verspürst.

Die Treppe ist sehr lang. Da dich nach wie vor Dunkelheit umgibt, tastest du dich an der Felswand entlang. Sie fühlt sich kalt und feucht, aber angenehm an. Sie vermittelt dir Schutz, Geborgenheit und Stärke. Und da, nach der nächsten Wendung, siehst du einen rosafarbenen Schimmer. Langsam erhellt sich der Treppengang, du siehst die Schritte, die du gehst.

Nach weiteren neun Stufen erreichst du einen Vorraum. Es ist still, entfernt hörst du Wasser tropfen. Du bemerkst, wie dein Atem langsamer und tiefer wird. Heiligkeit strömt in dich ein, als ob du eine Kirche oder einen heiligen Ort betreten hättest. Dann siehst du, daß das warme, rosafarbene Licht aus einem Durchschlupf zu dir vordringt. Aber er ist eng.

Du mußt zuerst alle Kleidung ausziehen, bevor du durch die Öffnung hindurchschlüpfen kannst. Du gelangst in einen großen, warmen Raum. In seiner Mitte steht ein Kristall, doppelt so groß wie du selbst. Du hast das Bedürfnis, dich vor ihm zu verbeugen und ein Geschenk niederzulegen. Da du nichts bei dir hast, öffnest du deine Hände zu einer gebenden Geste und verweilst einen Moment lang.

Dann stehst du wieder auf und betrachtest den Stein ganz genau. Auf seiner Oberfläche erkennst du Spitzen, Ecken und Kanten, trotzdem fühlt er sich weich an. Er ist kühl an deiner Haut und trotzdem erfüllt er dich mit durchdringender Wärme. In dem halbdurchsichtigen Stein strahlt ein intensives Licht, als brenne ein Feuer in seinem Inneren. Hell beleuchtet es die weißen und kristallinen Einschlüsse, die wie aufeinandergestapeltes Papier aussehen, wie geheime Dokumente.

Du gehst um den Stein herum und faßt ihn überall an. Manche Stellen sind poliert und glatt, sie glänzen. Und von einer dieser Flächen springt dir dein Spiegelbild entgegen. Du betrachtest dich und beschreibst dir einen Moment lang, was du siehst.

[1 Minute Pause]

Dann setzt du dich im Schneidersitz vor den Stein und läßt die Augen darauf ruhen. Du öffnest all deine Sinne für sein magisches Funkeln. Ja, fast kannst du ihn riechen und auf der Zunge schmecken. Und wenn du dich ganz entspannst, hörst du eine bezaubernde Melodie. Seine Energie durchströmt dich, sie reinigt, spült negative Strahlungen aus jeder Pore deines Körpers, den Groll, die Angst, die Einsamkeit und alle anderen trennenden Gefühle. Und während du spürst, daß sie jede Zelle deines Körpers berührt, merkst du, wie du selbst immer durchsichtiger wirst. Bald bist du ebenso rosa und durchscheinend wie der Rosenquarz und genauso strahlend.

Da entdeckst du, daß die ganze Höhle rundherum aus Rosenquarz besteht, die Wände, der Boden unter dir, die hohe Decke über dir, alles ist Kristall. Plötzlich verstehst du, daß die Wand, an der du dich vorher hinuntergetastet hast, die Treppe, der Eingang, der ganze Berg ein einziger Rosenquarz ist. Und gegenüber der Größe dieses riesigen Kristalls bist du kaum so groß wie ein Samenkorn auf einem Acker. In dem Moment verschmilzt du ganz mit ihm.

Du siehst mit den Augen des Rosenquarzes, du hörst mit seinen Ohren, du fühlst wie er. Selbst deine Ausstrahlung ist wie seine. Deutlich spürst du seine Energie in dir.

[Wenn Sie die Geschichte auf ein Band sprechen, benennen Sie jetzt ganz genau die Charaktereigenschaften, die Sie verinner-

lichen wollen. Oder sagen Sie dem «Reiseleiter», welche emotionalen Qualitäten Sie durch diese Meditation erreichen wollen. Er integriert sie in das Vorlesen durch Einleitungen wie z. B. du spürst …]

Die Quelle dieser Eigenschaften liegt in deinem Herzen. du wendest deinen Blick nach innen und siehst, wie dieser Kristall im Inneren deines Herzens pulsiert. Mit jedem Herzschlag sendet er diese neuen Fähigkeiten aus. Langsam erfüllt er deinen Körper, deine Gedanken und deine Gefühle mit ihnen. Genieße diese Empfindung, nimm dir Zeit, die Veränderungen im Körper wahrzunehmen. Finde ein Wort oder auch nur eine Silbe, die diese Veränderungen zusammenfaßt. Später kannst du damit dieses Gefühl wieder zurückrufen.

[1 Minute Pause]

Wenn du soweit bist, steh auf und verbeuge dich dankbar vor der Kraft und Intelligenz dieses Steins, die er dir zur Verfügung gestellt hat.

Dann schlüpfst du zurück in den Vorraum, ziehst dich an und gehst durch den langen Treppengang wieder hinauf, durch den Wald, über die Wiese, bis nach Hause. Nimm dir Zeit. Sobald du zu Hause angekommen bist, streck zuerst deine Arme, dann deinen Körper und gähne, bevor du langsam wieder die Augen öffnest.

[1 Minute Pause]

Setz dich auf und spüre nach. Erinnere dich an die Silbe oder das Wort, das du ausgewählt hast. Sprich diesen Namen still vor dich hin und genieße das warme Gefühl, das sich ausbreitet.

Tip

Unternehmen Sie diese Fantasiereisen in der Gruppe. Das verstärkt die Wirkung, weil sich die Energie des einzelnen durch die der anderen Reiseteilnehmer potenziert.

Kommentar

Fantasiereisen stimulieren die kreative Selbstheilungsfähigkeit des Menschen. Da eine Imagination ebenso wie ein Traum im 6. Chakra stattfindet, verbindet man durch sie die unteren Energiezentren mit den höheren und sorgt so für einen gesteigerten Energiefluß.

Der verbindende Atem

Im Alltag versuchen wir, Auseinandersetzungen aus dem Weg zu gehen. Sie sind uns unangenehm und konfrontieren uns mit Aspekten unseres Selbst, die wir nicht sehen wollen. Außerdem gefährden sie unser Zusammengehörigkeitsgefühl, wodurch Angst entsteht.

Tatsächlich sind Auseinandersetzungen ein vitales Element zwischenmenschlicher Beziehungen. Wir brauchen es, um uns durch Abgrenzung zu anderen wieder näherzukommen und durch die Erfahrung der Trennung das Gemeinschaftsgefühl zu stärken. Es ist wichtig, daß Auseinandersetzungen mit offenem Herzchakra geführt werden. Ist es geschlossen, verbleibt die Energie im 3. Chakra, dieses ist das Zentrum des Egos. Die Auseinandersetzung wird zum Machtkampf.

Übung

Diese Übung besteht aus mehreren Schritten. Beginnen Sie damit, Ihren Atem mit Spannungen in Ihrem Körper zu verbinden.

1. Schritt:

- Setzen Sie sich in Meditationshaltung auf den Boden oder auf einen Stuhl. Dabei bildet der Kopf die gerade Verlängerung der Wirbelsäule, der Rücken bleibt gerade. Entspannen Sie die Schultern und Ihr Gesicht, vor allem die Augen und die Zunge.
- Nehmen Sie sich einige Minuten Zeit, Spannungen in Ihrem Körper aufzuspüren und diese zu lösen.
- Atmen Sie dann tief in Ihren Unterleib hinunter. Das

Becken weitet sich mit jedem Atemzug, das Zwerchfell bestimmt die Tiefe des Atems.

- Wandern Sie dann mit Ihrem inneren Auge durch den Körper, angefangen bei den Füßen bis hinauf in die Haarspitzen. Gehen Sie dabei ganz langsam vor, fühlen Sie sich in jeden Millimeter Ihres Körpers hinein.
- Sobald Sie Stellen aufspüren, in denen noch Restspannung herrscht, atmen Sie in diese hinein. Richten Sie Ihre ganze Aufmerksamkeit auf diese Spannung und atmen Sie ganz bewußt dorthin, so, als würde ein sanfter Wind daran vorbeiwehen. Langsam wird sich die Verspannung lösen.
- Dann suchen Sie die nächste Verspannung und verbinden Ihren Atem mit ihr, bis sie sich löst.
- Meditieren Sie so lange auf diese Weise, bis Ihr ganzer Körper völlig entspannt ist.
- Bleiben Sie anschließend noch einige Minuten sitzen und genießen Sie diese Empfindungen.

2. Schritt:

- Wenn Sie den 1. Schritt einige Wochen lang täglich praktiziert haben, übertragen Sie diese Übung in den Alltag. Richten Sie Ihre Aufmerksamkeit auch in der U-Bahn, im Kaufhaus, auf der Straße oder im Büro immer wieder auf Ihren Atem. Sobald Sie merken, daß er stockt oder unregelmäßig wird, verbinden Sie ihn mit dem momentanen Geschehen.
- Verknüpfen Sie Ihren Atem mit den Vorgängen um Sie herum, besonders bei schlechten Nachrichten oder Krimis, wenn Sie z. B. fernsehen.
- Führen Sie diese Übung auch aus, wenn Sie sich in einer Gruppe befinden. Dazu werden Sie sich anfangs immer wieder innerlich aus dieser zurückziehen müssen. Werden Sie einfach still und lenken Sie die Aufmerksamkeit

auf Ihre Atmung. Sehr bald werden Sie fähig sein, der Unterhaltung trotzdem zu folgen.

3. Schritt:

- Verbinden Sie nun alle schreckhaften Erlebnisse mit Ihrem Atem: z. B. den beobachteten Unfall auf der Straße, das Steckenbleiben im Aufzug, den Zahnarztbesuch oder die nächtliche Begegnung mit einer finsteren Gestalt in der Tiefgarage. Es sollte Ihnen selbstverständlich werden, in eine Situation hineinzuatmen, denken Sie in jedem Augenblick daran. Um dies zu erreichen, ist es sinnvoll, den Schritt 1 weiterhin täglich zu praktizieren!

Tip

Vielleicht hilft es Ihnen, wenn Sie sich bewußt machen, daß jedem Streit ein Mangel an Verständnis zugrunde liegt. Er würde nicht entstehen, wenn sich der andere Mensch ausreichend geliebt fühlte. Beobachten Sie sich einmal selbst, um dies besser zu verstehen.

Kommentar

Wenn Sie diese drei Schritte fest in Ihr tägliches Leben und Handeln integrieren, werden Sie bald fähig sein, auch in Auseinandersetzungen daran zu denken. Sie müssen dann nichts weiter tun, als den automatischen Impuls des stockenden Atmens zu überspringen und tief und ruhig weiterzuatmen. Sie werden feststellen, daß Sie hierdurch jegliche Angst verlieren, den anderen nicht mehr als Gegner betrachten, Ihre Gedanken klarer werden und Sie daher sehr viel genauer argumentieren können. Gefühle der Trennung entstehen nicht mehr.

Vergebung

Eine Erfahrung, die unser Herzchakra nachhaltig blokkiert, ist die Unfähigkeit zu vergeben. Sie bleibt im Herzchakra haften wie Ablagerungen an den Herzklappen. Haben wir dies einem Menschen verwehrt, werden durch jede Begegnung mit ihm oder eine Erinnerung daran alle negativen Erfahrungen heraufbeschworen. Eine einzige derartige Beziehung reicht aus, um ein eigentlich streßarmes Leben zu stören, wenn man mit ihr häufig innerlich oder äußerlich konfrontiert wird.

Übung

- Nehmen Sie Bleistift und Papier zur Hand und erstellen Sie eine Liste von Personen, mit denen Sie den Kontakt bereits abgebrochen haben oder beenden wollen, weil das Zusammensein mit ihnen unbefriedigend für Sie ist.
- Kreuzen Sie jeden Namen an, der noch Groll in Ihnen weckt.
- Schreiben Sie dann in eine weitere Spalte der Liste den Grund für den Bruch in der Beziehung.
- Fragen Sie sich, welcher tiefere Grund sich dahinter verbergen könnte, wie z. B. ein Mangel an Liebe, das Gefühl des Verrats oder die Nichterfüllung von Bedürfnissen. Finden Sie mehrere solcher Gefühle, notieren Sie sie.

Beispiel: Eine junge Frau stellte bei einem Workshop fest, daß sie Beziehungen zu Männern immer wieder abgebrochen hatte, weil sie sich von ihnen nicht wahrgenommen fühlte. Ihre Aussage dazu: «Ständig waren sie mit sich selbst beschäftigt. Meine Gefühle haben sie überhaupt nicht interessiert.»

Während der Übung entdeckte sie eine verborgene Angst davor, verlassen zu werden. Da sie dies nie vorher formulieren konnte, entstand in ihren Beziehungen keine Sicherheit mit dem Partner. Also brach sie die Beziehung vorzeitig ab, um dieses Verlassenwerden vorwegzunehmen.

- Nehmen Sie sich alle Personen auf der Liste nacheinander vor. Vermutlich brauchen Sie dafür mehrere Tage!
- Setzen Sie sich bequem hin und schließen Sie die Augen.
- Stellen Sie sich den jeweiligen Menschen bildlich vor. Sehen Sie seine Kleidung, hören Sie seine Stimme, vielleicht spüren Sie sogar seine Berührung auf Ihrer Haut oder riechen seinen Duft.
- Schauen Sie ihm in die Augen. Wahrscheinlich spüren Sie jetzt den ganzen Groll, den Sie noch gegen ihn hegen.
- Fassen Sie alle Ihre Gefühle aus der Perspektive Ihrer Empfindungen in einem klaren, sachlichen Satz zusammen. Werfen Sie ihm nicht vor, was er Ihnen angetan hat, sondern sprechen Sie nur von Ihren Gefühlen. Sprechen Sie über den Jetzt-Zustand, vermeiden Sie Schuldzuweisungen und öffnen Sie Ihr Herz dabei.
  Im Fall der Workshopteilnehmerin lautete er:
  «Ich fühle mich von dir nicht wahrgenommen.»
- Wenn Sie merken, daß Sie dem anderen die Verantwortung zuschieben wollen, formulieren Sie den Satz so lange neu, bis er von Schuldzuweisungen ganz frei ist.
- Haben Sie eine genaue Formulierung gefunden, können unterschiedliche Reaktionen auftreten:
  1. Ihr Groll löst sich ganz von selbst, und Sie spüren die Liebe und starke Verbindung zwischen sich und dem anderen.
  2. Die Person antwortet spontan, und Sie verstehen mit einem Mal den wahren Grund für seine damalige Reaktion, z. B. seine Unfähigkeit, Gefühle auszudrücken oder Nähe auszuhalten. Sobald Sie ihn verstehen, wird Ihr Groll ebenfalls verschwinden.
  3. Bilder aus der Vergangenheit erscheinen, z. B. aus Ihrer Kindheit, die Ihnen zeigen, daß Ihre Empfindungen mit dem Menschen selbst wenig zu tun haben,

sondern auf alten, unverarbeiteten Erlebnissen beruhen. Beginnen Sie den Prozeß nochmals mit der Person, die es wirklich betrifft, z. B. mit Ihrem Vater.

4. Der Groll verändert sich, und Sie erkennen, daß er durch andere Ursache entstanden ist. In diesem Fall formulieren Sie Ihre Gefühle neu und erklären sich der Person nochmals.
5. Im Verlauf der Übung verändert sich wenig oder gar nichts. Dann gehen Sie einen Schritt weiter.

- Fragen Sie sich, welche Reaktion oder Geste des anderen notwendig wäre oder welche Worte er sprechen müßte, damit Sie ihm für sein Handeln vergeben könnten.
- Stellen Sie sich vor, wie er Ihren Wunsch erfüllt.
  Was müßte er sonst noch tun? Was könnte sonst noch geschehen?
- Stellen Sie sich zum Abschluß der Übung vor, daß Sie ihn umarmen. Ist dies nicht möglich, lassen Sie weißes, warmes Licht aus Ihrem Herzen in das seine strömen.

Tip

Verzeihen wir uns selbst nicht, entsteht eine ebenso große Blockade wie durch die Unfähigkeit, anderen zu vergeben. Arbeiten Sie also auch alle Erlebnisse und Erfahrungen nach obigem Schema durch, für die Sie sich selbst bisher nicht vergeben haben. Dabei kann es sich um Diebstahl, Fehler, Gemeinheiten, einen Seitensprung oder die Unfähigkeit auf andere so einzugehen, wie Sie es von sich erwarten, handeln.

Erinnern Sie sich an die Situation und stellen Sie fest, wem Sie mit Ihrem Verhalten geschadet haben. Bitten Sie diesen Menschen aus ganzem, offenem Herzen um Vergebung. Vielleicht erkennen Sie dabei, wie Sie Ihr Fehlverhalten wiedergutmachen können. Folgen Sie Ihrer inneren Stimme.

Kommentar

Vielleicht fragen Sie sich, warum man diese Übung nicht einfach mit der betreffenden Person direkt ausführt. Der Grund dafür ist, daß gewisse Schwierigkeiten eher auftreten: Beim direkten Kontakt verlieren Sie schneller das Gefühl der Sicherheit, zusätzlich ist es dann schwieriger, seinen eigenen Gefühlen nachzuspüren und sie genauer zu betrachten. Außerdem besteht die Gefahr, daß sich Ihr Herzchakra schließt.

Schenken

Erich Fromm beschreibt die Liebe in seinem Buch *Die Kunst des Liebens* als Aktivität, sie ist kein passiver Affekt. Dieses Gefühl entsteht in uns selbst, erst durch Geben erlebt ein Mensch, wie stark, reich und mächtig er ist. Daraus ergibt sich die Empfindung der Hingabe, der Lebendigkeit und der Freude. Möglichkeiten, dies im Leben umzusetzen, gibt es unzählige. Wir erwähnen hier nur einige, doch Ihrer Fantasie sind keine Grenzen gesetzt.

Tips

- Nehmen Sie ein Patenkind an, das nicht nur Ihre Liebe, sondern auch Ihr Geld braucht. Unterstützen Sie es regelmäßig, aber nicht per Dauerauftrag, sonst verlieren Sie den Bezug dazu.
- Machen Sie Freunden oder dem Lebenspartner Geschenke. Bemühen Sie sich herauszufinden, was ihm oder ihr wirklich Freude bereitet, und gehen Sie nicht einfach in den nächsten Blumenladen.
- Für Selbstgebasteltes bringt man sehr viel mehr Energie auf. Die Idee entsteht in Ihren Gedanken, Ihre Hände stellen es dann her. Damit drücken Sie Ihre Liebe noch viel direkter aus.
- Selbstverständlich sind Hilfe und Fürsorge ebenso Möglichkeiten, Liebe zu vermitteln.

Tip

Fertigen Sie eine Liste aller Menschen an, denen Sie Gutes tun wollen, und schreiben Sie in eine weitere Spalte, wodurch Sie dies erreichen könnten. Erfüllen Sie regelmäßig eine dieser selbstgestellten Aufgaben, um Ihr Herzchakra weiter zu öffnen.

Sterbehilfe

Die Arbeit mit Sterbenden ist eine besonders lohnende und befriedigende Art, das Gefühl von Liebe zu spüren. Denn Menschen, die ihre letzte Reise antreten, beschäftigen sich normalerweise nicht mehr mit den Banalitäten und Alltäglichkeiten dieser Welt. Sie wollen nur noch abschließen, verzeihen und wissen, daß sie in den letzten Momenten ihres Lebens nicht alleine sind. So ist das Zuhören und das Trostspenden eine wahre Herzensarbeit. Außerdem fördert es die eigene Fähigkeit, Mitleid zu fühlen und Liebe ohne Erwartungen zu geben.

Ein solcher Umgang mit Sterbenden unterscheidet sich zudem von den oben beschriebenen Möglichkeiten in einem ganz elementaren Punkt: gegenüber einem Sterbenden werden sich keine Erwartungen entwickeln, wie sie z. B. gegenüber Partnern, Freunden oder Bekannten entstehen. Doch die Sterbenden werden eines der größten Geschenke geben, das Gefühl der Dankbarkeit und der Liebe. Nutzen Sie außerdem die Chance, mit dem Sterben und dem Tod Freundschaft zu schließen.

Das mitfühlende Lächeln

Es ist oft ganz erstaunlich, daß einfache Dinge unser Empfinden und unsere Wahrnehmung so grundlegend verändern können, wie z. B. das mitfühlende Lächeln. Für die Buddhisten ist das Lächeln, neben dem Lotussitz, dem geraden Rücken, dem aufrechten Nacken, den entspannten Schultern und der Zunge am Gaumen, eine der sieben Gesten der Meditation.

Übung

- Setzen Sie sich entspannt in einen Stuhl und horchen Sie einen Moment lang mit geöffneten Augen in sich hinein. Wie fühlen Sie sich? Lassen Sie diese Empfindungen und Gedanken los.
- Entspannen Sie nun Ihr Gesicht. Achten Sie dabei vor allem auf das Kiefergelenk und den Punkt zwischen den Augenbrauen. Finden Sie verspannte Stellen, spannen Sie diese kurz fest an und lassen Sie dann wieder los.
- Richten Sie Ihren Blick nun auf einen Gegenstand, lassen Sie Ihre Augen auf ihm ruhen. Nehmen Sie Ihre Gefühle wahr. Wahrscheinlich werden Sie nichts Besonderes dabei empfinden.
- Lassen Sie nun ein sanftes, weiches Lächeln auf Ihrem Gesicht entstehen. Betrachten Sie denselben Gegenstand mit dem Lächeln einer Großmutter, die ihren spielenden Enkel betrachtet.
- Was verändert sich dadurch?
- Spüren Sie in die Wärme hinein, die durch Ihr Lächeln entsteht, bis Sie von ihr ganz erfüllt sind.
- Genießen Sie dieses Gefühl mindestens fünf Minuten lang.
- Üben Sie das Lächeln täglich mehrmals, bis es Teil Ihres Lebens wird. Sie werden neue Leichtigkeit gewinnen.

Tip

Sie können diese Übung überall praktizieren, während der Arbeit, im Kino oder beim Autofahren. Bald stellen Sie fest, daß Ihnen die alltäglichen Pflichten leichter von der Hand gehen. Andere Menschen werden Ihnen freundlicher begegnen. Lassen Sie dieses Lächeln vor allem dann in sich aufsteigen, wenn Sie mit Menschen oder Situationen konfrontiert sind, die Ihnen unangenehm sind, z. B. bei einer Bitte um eine Gehaltserhöhung, beim Zahnarztbesuch oder bei einem Gerichtstermin.

Das Madhayama Sharira Mudra

Bei der Tranceübung zum 2. Chakra konnten Sie bereits lesen, daß die Körperhaltung den Bewußtseinszustand beeinflußt. Mudras sind Gesten des Gebens, des Grußes oder des Verständnisses. Mit Hilfe dieser uralten Tradition exakter Hand- und Körperhaltung können heilende und reinigende Energieströme produziert werden, von denen wir profitieren können. Sie beeinflussen unseren Atem, den Energiefluß in unserem Körper, unseren Geist und damit die Wahrnehmung unserer Umwelt, also letztendlich das gesamte Wohlbefinden.

Die Hände sind ein kleines, in sich geschlossenes Universum. Nach Anschauung der Yogis repräsentiert die rechte Hand Sonne und Intelligenz, während die linke mit dem Mond und der Meditation verbunden ist. Die Finger werden mit den fünf Elementen Feuer, Erde, Holz, Wasser und Metall und mit verschiedenen Gefühlszuständen in Verbindung gebracht.

Zur Öffnung und Reinigung des Herzchakras haben wir das Madhayama Sharira Mudra ausgewählt.

Übung

- Stellen Sie sich fest mit beiden Beinen auf eine ebene Unterlage.
- Stehen Sie locker und entspannt, die Knie sollten leicht eingeknickt sein. Verteilen Sie Ihr Gewicht gleichmäßig auf beide Füße.
- Schließen Sie die Augen und führen Sie den Atem entspannt bis hinunter in den Beckenboden.
- Nehmen Sie für einen Moment wahr, wie Sie sich gerade fühlen: Welche Verspannungen halten Sie wo in Ihrem Körper fest? Welche Gefühle verspüren Sie? Welche Gedanken und wie viele davon kreisen in Ihrem Kopf? Erstellen Sie eine Art Momentaufnahme von Ihrem Befinden, um es mit dem am Ende der Übung vergleichen zu können.

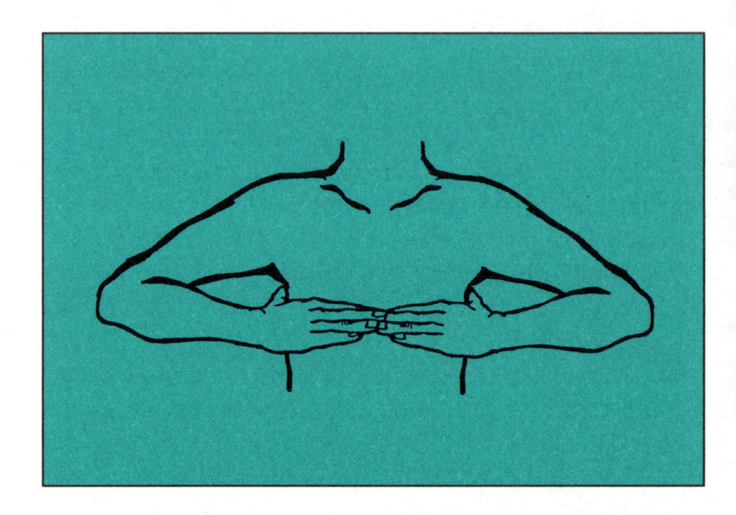

Dieses Mudra dient zur Öffnung und Reinigung des Herzchakras

- Drücken Sie Ihre Daumen in die tiefe Mulde der Achseln fest hinein.
- Legen Sie Ihre Hände vor dem Körper zusammen, so daß sie sich vor dem Brustbein überlappen.
- Winkeln Sie beide Arme ab, wobei Ellenbogen und Finger eine Gerade bilden.
- Die Daumen drücken weiterhin in die Achseln, der Zeigefinger und die Innenseiten der Daumen halten den oberen Brustkorb fest umschlossen.
- Achten Sie darauf, daß Sie Ihre Hände ganz gerade halten, vor allem die kleinen Finger sollten nicht abgeknickt werden.
- Bleiben Sie fünf Minuten lang in dieser Pose und beobachten Sie, wie sich Ihr Atem, Ihr Körpergefühl und Ihr Gesamtempfinden verändern.
- Nehmen Sie sich nach der Übung noch etwas Zeit, um zu überprüfen, wie sich Ihre Herzqualitäten verändert haben.

Tip

Praktizieren Sie das Mudra nie nebenbei. Zollen Sie ihm Respekt, indem Sie sich Zeit für diese Übung nehmen, sich ganz darauf einlassen und sie mit höchstmöglicher Konzentration ausführen.

Kommentar

Die meisten Praktizierenden spüren spontan die Veränderungen, die das Mudra im Körper, in der Seele und im Geist verursachen. Manche müssen sich jedoch erst auf diese Form der Energiearbeit einstellen. Geben Sie also nicht auf, wenn sich nicht sofortige Ergebnisse zeigen. Üben Sie regelmäßig und konzentriert, und schon bald wird sich der Erfolg einstellen.

Jeder einzelne Finger hat übrigens auch einen Bezug zu einem Chakra. Der kleine Finger steht in Verbindung mit dem Wurzel- und Sakralchakra, der Ringfinger mit dem Solarplexus, der Mittelfinger mit dem Herzchakra, der Zeigefinger mit dem Halschakra und der Daumen mit dem dritten Auge bzw. Kronenchakra. Das erklärt auch, warum Kinder gerne Daumenlutschen. Beschäftigung mit dem 7. Chakra fördert die Friedensempfindung.

Quickie: Hand aufs Herz

Wenn wir eine schlimme Nachricht erhalten oder erschrecken, legen wir meistens ganz automatisch die Hand aufs Herz. Wir können diese Geste aber auch bewußt einsetzen, nämlich immer dann, wenn wir unser Herzchakra durch ein schlechtes Erlebnis bedroht sehen.

Übung

- Legen Sie sanft eine Hand oder auch beide Hände über Ihr Herz.
- Visualisieren Sie einen Schutzschild, der alle negativen Energien an sich abprallen läßt.
- Stellen Sie sich vor, wie sich unter Ihrer Hand das Ener-

giezentrum langsam wieder öffnet und hinter dem Schutzwall aufblüht.

- Atmen Sie nun Energie in dieses Zentrum hinein und visualisieren Sie, wie der Atem das Chakra kräftigt.
- Halten Sie Ihre Hand so lange auf dem Herzen, bis die Gefahr vorüber ist.

Tip

Machen Sie sich keine Gedanken darüber, was andere von Ihnen denken. Kümmern Sie sich einzig um Ihr Herzchakra.

Das Rad der atmenden Wahrheit

Im Entwicklungsprozeß des Urmenschen bildete sich die Fähigkeit zu sprechen erst sehr spät aus. Auch das heranwachsende Kind hat bereits Gefühle wie Sicherheit, Beziehung, Nähe und Liebe erfahren, bevor es sich der Sprache bemächtigt und fähig wird, seinen Willen in Worte zu fassen. Im Sanskrit wird das Rad der atmenden Wahrheit Vishuddha genannt, von Vishuddi, sich reinigen. Tatsächlich hat seine Funktion gleich in mehrfacher Hinsicht mit diesem Vorgang zu tun. Zum einen ist die Lunge, neben Haut, Harntrakt und Verdauungssystem, der vierte Pfeiler der Entgiftung des Körpers. Zum anderen steht es in bezug zu den Stimmbändern, die das gesprochene Wort und damit die Reinigung der Seele ermöglichen.

So wie das Rad des inneren Feuers (3. Chakra von unten) uns emotional mit der Außenwelt verbindet, so ist das Kehlkopfzentrum (das 5. Chakra, also das 3. von oben) unser Verbindungskanal auf der spirituell-geistigen Ebene.

Wort

«Am Anfang war das Wort» heißt es in der Bibel, und tatsächlich ist das Wort, bzw. der Gedanke, der Ursprung aller Handlung, aller Materie und allen Seins.

Wahrheit

Die vielleicht größte Herausforderung im Leben besteht darin, die Wahrheit zu erkennen, zu verstehen und auszusprechen. Lügen und Halbwahrheiten blockieren das

Zeichen und Symbole des 5. Chakras

5. Chakra und verschließen der Kundalini den Kanal zum Kronenchakra. Da Wahrheit die Grundlage des Lebens und der Entwicklung bildet, ist ohne sie weder spirituelle Entwicklung noch Erleuchtung möglich. Um den Unterschied zwischen Wahrheit und Lüge zu erkennen, muß unser Herzchakra ausgebildet sein. Ist dies nicht der Fall, wird es uns nichts ausmachen zu lügen.

Stimme

«Stimmt das?» fragen wir, wenn wir unsicher sind, ob der andere die Wahrheit sagt. Die Stimmlage verrät uns, was durch die Worte wirklich ausgedrückt werden soll. Bei Tieren kann man dies sehr deutlich erkennen: Ein Hund reagiert immer nur auf den Tonfall und den Klang der Stimme, also darauf, wie gesprochen wird. Wenn er mit lieben Worten ausgeschimpft oder mit bösen Worten gelobt wird, bemerkt er die Verkehrung nicht.

Die Menschen in unserer kopflastigen Gesellschaft lassen sich allzugern verleiten, den Worten mehr Glauben zu schenken als dem Ausdruck. So können uns geschickte Politiker oder smarte Verhandlungspartner betrügen.

Mißtrauen

Als Folge unehrlicher Kommunikation entsteht Mißtrauen. Die Psychologie spricht von double bind: Hinter dem Ausgesprochenen verbirgt sich noch etwas ganz anderes, daher erreichen den Gesprächspartner widersprüchliche Botschaften, die ihn verwirren und Argwohn in ihm erzeugen. Besonders Kinder lernen durch solches Verhalten, anderen Menschen nicht mehr zu vertrauen.

Leben einhauchen

Das hormonelle Organ, das mit dem 5. Chakra in Verbindung gebracht wird, ist die Schilddrüse. Sie produziert die beiden Hormone Thyroxin und Triiodthyronin, die für den Energieumsatz im menschlichen Körper und damit für den Antrieb zuständig sind.

Dies wiederum stimmt mit der Yoga-Philosophie überein, nach deren Ansicht der Atem (Prana) als dritter Pfeiler unserer Energieversorung dient. Im Chinesischen heißt diese Energie kong-qi (Atem-Qi). Auf dieser Ebene hauchen wir den Dingen Leben ein. Der Zustand unseres Kehlkopfchakras ist daher eng mit unserem Tatendrang, dem Antrieb oder auch der Erschöpfung und Antriebslosigkeit verbunden.

Handeln

Mit Hilfe der Stimmbänder können wir außerdem unser inneres Geschehen, unsere Gefühle und Gedanken, ausdrücken, somit finden wir den Weg, unsere Wünsche und Vorstellungen zu verwirklichen. Diese Fähigkeit wird auch als Durchsetzungskraft bezeichnet. Dazu muß der Mensch jedoch zuerst wissen, was er überhaupt will, er muß mit sich selbst kommunizieren.

Organe und Körperteile

Die Organe, die vom Rad der atmenden Wahrheit regiert werden, sind Schilddrüse, Luftröhre, Halswirbelsäule, Rachen, Mund und Zähne sowie Kiefer und Kieferhöhlen.

Balance

Ein ausgeglichenes 5. Chakra ermöglicht uns, einen kreativen Selbstausdruck zu finden. Es gibt uns Kraft, wenn wir Tatendrang verspüren, und läßt uns entspannen, wenn wir nichts tun wollen.

Das Rad der atmenden Wahrheit verbindet den Körper und den Geist, dadurch können wir Ganzheitlichkeit erreichen: Wir lernen, die Bedürfnisse, die wir im 1., 2. und 3. Chakra erkennen, in Worte zu kleiden, und sorgen dafür, daß sie erfüllt werden.

Blockaden

Dieses Chakra wird nicht nur durch Unwahrheit, Lüge und Verschweigen verstimmt. Beschönigungen, nicht ernstgemeintes Lob, unmäßiger Applaus und alle anderen Abwandelungen der Wahrheit führen ebenfalls zu Blockaden in diesem Bereich. Die Funktion des Chakras wird auch beeinflußt, wenn wir unsere kreativen Fähigkeiten und Talente verschwenden oder nicht nutzen.

Blockaden in diesem Bereich können unterschiedliche Veränderungen der Schilddrüse bewirken. Vergrößerungen dieses Organs bis hin zu Funktionsstörungen, also der Über- bzw. Unterproduktion von Hormonen, sind die Folgen. Weitere Symptome einer Störung sind ein rauher Hals, Heiserkeit und Husten, Mandelentzündungen, Kiefergelenksschmerzen, Kehlkopfkrebs und Knoten in der Schilddrüse.

Dysbalance

Ist das 5. Chakra nicht ausgeglichen, ergibt sich ein Gefühl der Unruhe und des Getriebenseins wie auch ein übermäßiger Tatendrang oder eine gewisse Zwanghaftigkeit. Man hat das ständige Bedürfnis zu plappern und andere zu übertönen.

Eine solche Störung kann aber genausogut zur völligen Sprachlosigkeit führen, die nicht organisch bedingt ist, Langeweile verursachen sowie Ideenlosigkeit und Faulheit fördern.

Symbolik

Wahrheit ist kein statischer Zustand. Sie verändert sich dadurch, daß sich das Leben und der Mensch in einem andauernden Prozeß befinden. Ständig muß sie neu definiert werden, damit wir den Kontakt nicht zu ihr verlieren. Die atmende Wahrheit vermittelt den Rhythmus, die sanfte, energetisierende, reinigende Beweglichkeit der Dinge, die die Welt verändern.

Luft

Als Element haben wir diesem Chakra die Luft zugeordnet. Zum einen versorgt sie uns mit Sauerstoff und durch richtige Atmung mit Energie (Prana), zum anderen ist die Luft Träger und Medium für die Kommunikation mit anderen Menschen. Sie ermöglicht uns, den Gedanken durch Handeln Leben einzuhauchen.

Blüte

Die Blüten eines Baumes entsprechen dem menschlichen Halschakra. Über sie ist der Baum mit seiner Umwelt verbunden. Bienen tragen seine Pollen (Worte) zu anderen Bäumen, seine Farben senden Signale aus, die Form und Üppigkeit charakterisieren seine Gattung. In den Blüten ist oftmals die größte Heilkraft der Pflanze enthalten.

Delphin Der Delphin ist der Wärter des heiligen Lebensatems. Kein Tier könnte das Kehlkopfzentrum besser symbolisieren als er. Abgesehen davon, daß dieser Meeressäuger seine eigene Sprache entwickelt hat, ist es ihm möglich, sogar mit Menschen zu kommunizieren. Untersuchungen zeigten, daß autistische Kinder, aber auch Patienten, die an den Folgen eines Schlaganfalls leiden, durch das Schwimmen mit Delphinen geheilt werden konnten.

Geste Der körperliche Ausdruck des 5. Chakras ist die Geste. Ein Mensch, dessen Kehlkopfzentrum sich im Gleichgewicht befindet, hat die Kraft, seine inneren Worte, also die Gedanken, Ideen und Visionen, in Handlungen (Gesten) zu verwandeln, ohne dabei aufdringlich und laut zu werden.

Übungen zum Halschakra

Die Nackenmuskeln entspannen

«Kopf hoch!» oder «Laß nur den Kopf nicht hängen!» Diese Formulierungen aus dem Volksmund sind zur gesellschaftsfähigen Grundhaltung geworden. Die Folgen: Verspannungen im Nackenbereich, Halswirbelsäulensyndrom und Überlastungsgefühle. Die folgende

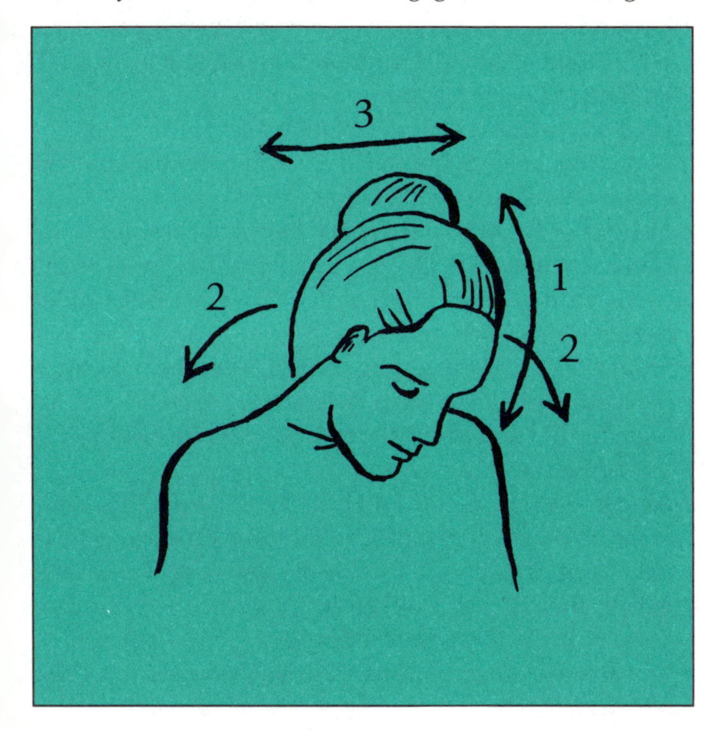

Kopfdrehen zur Entspannung der Nackenmuskeln

Übung hilft Ihnen, diesen Beschwerden entgegenzuwirken.

Übung

- Stellen Sie sich breitbeinig fest auf einen ebenen Untergrund und verteilen Sie das Gewicht gleichmäßig auf die Füße.
- Stemmen Sie die Arme in die Hüften und stabilisieren Sie damit Ihren Stand.
- Atmen Sie tief ins Becken hinunter. Achten Sie dabei darauf, daß Sie Ihren Brustkorb zuerst weiten und dann geöffnet lassen.
- Der Kopf bildet die gerade Verlängerung der Wirbelsäule, die Haltung sollte entspannt und gelockert sein.
- Lassen Sie den Kopf nun langsam nach vorne sinken, als ob Sie versuchten, das Kinn auf die Brust zu legen (1). Strengen Sie sich nicht an. Lassen Sie den Unterkiefer entspannt, drücken Sie den Nacken nicht nach unten.
- Spüren Sie in die Spannung des Nackens hinein und versuchen Sie, diese etwas zu lösen.
- Heben Sie den Kopf wieder und bewegen ihn ganz langsam nach hinten (1). Der Nacken bleibt dabei gerade. Sie bewegen den Kopf nur aus dem obersten Gelenk des letzten Halswirbels heraus.
- Spüren Sie in die Spannung Ihres Halses hinein. Können Sie diese noch etwas mehr loslassen? Lenken Sie den Atmen dorthin und atmen Sie in die Spannung hinein.
- Wiederholen Sie dies dreimal.
- Neigen Sie nun den Kopf zur Seite, als wollten Sie das rechte Ohr auf die rechte Schulter legen (2). Bewegen Sie den Kopf wieder nur aus dem obersten Halswirbelgelenk heraus. Der Nacken bleibt gerade, das Gesicht parallel zur Vorderseite des Körpers.
- Die linke Schulter und der Arm bleiben locker. Ziehen Sie sie nicht hoch, um die Spannung zu vermindern.

- Spüren Sie in die angespannten Muskeln auf der linken Seite des Halses. Lenken Sie den Atem dorthin, lösen Sie die Verhärtung weiter ohne jegliche Anstrengung.
- Richten Sie den Kopf wieder auf und neigen Sie ihn auf die linke Seite (2).
- Wiederholen Sie das seitliche Kopfneigen dreimal.
- Schauen Sie wieder geradeaus, drehen Sie den Kopf zur Seite, als wollten Sie nach rechts schauen (3). Der Oberkörper bewegt sich nicht mit. Der Nacken bleibt gerade, die Bewegung entsteht wieder nur aus dem obersten Halswirbel.
- Können Sie die Spannung im Nacken noch weiter lösen?
- Drehen Sie sich nun zur linken Seite (3) und wiederholen Sie auch dies dreimal.
- Legen Sie nun den Kopf wieder nach vorn und lassen Sie ihn kreisen, als wäre er nur durch eine Schnur mit der Wirbelsäule verbunden. Bewegen Sie ihn langsam und vorsichtig, besonders im Nacken.
- Lassen Sie ein entspannendes AHHH oder ÄHHHH entstehen. Es sollte ganz locker von Ihrer Zunge fließen.
- Wiederholen Sie das Kreisen so oft, wie es Ihnen angenehm ist, mindestens jedoch jeweils neunmal im und gegen den Uhrzeigersinn.

Tip

Diese Übung kann man auch während einer Arbeitspause ausführen. Und: Gönnen Sie es sich, ab und zu mal den Kopf hängen zu lassen!

Kommentar

Diese Kopfrotation entspannt die Nackenmuskulatur und reinigt von angestauten, verspannenden Emotionen und unverarbeiteten Erlebnissen.

Die Wahrheit überprüfen

Auf seelischer Ebene blockieren wir das 5. Chakra durch Unehrlichkeit. Aber auch alle anderen Veränderungen der Wahrheit belasten es. Oft treibt uns das Bedürfnis danach, geliebt zu werden oder unser Image zu erhalten, an, ein Stück von ihr abzurücken. Diese Vorgänge sind so subtil, daß wir sie oft nicht wahrnehmen, daher müssen wir unsere Sinne schärfen. Dazu folgende Übung:

Übung

- Erinnern Sie sich in einer ruhigen Minute an die Gespräche und Begegnungen des Tages.
- Schreiben Sie sich die Namen der Personen auf, mit denen Sie gesprochen haben.
- Worüber haben Sie sich unterhalten? Was ist von dem Gespräch zurückgeblieben?
- Loben Sie sich für jene Momente, in denen Sie die Wahrheit gesagt haben, obwohl es schwierig war.
- Notieren Sie dann Ihre Übertreibungen, Lügen und Halbwahrheiten.
- Warum haben Sie in jenem Moment nicht die Wahrheit gesagt? Was beabsichtigten Sie damit? Wovor hatten Sie Angst? Was wäre passiert, wenn Sie gesagt hätten, was Ihnen wirklich auf der Zunge lag? Was hätten Sie statt dessen sagen können?
- Schauen Sie jetzt, welche Wirkung Ihre «Falschaussage» hervorrief. Haben Sie sich selbst, ihre Ideale oder Überzeugungen verleugnet? Haben Sie einen Freund verraten?
- Machen Sie sich die Konsequenzen genau bewußt. Finden Sie heraus, was Sie dadurch verloren haben.
- Was würden Sie jetzt sagen, wenn Sie noch einmal in dieselbe Situation gerieten?
- Was ist notwendig, um die so entstandene Situation wieder zu verbessern?

Tip

Sie können diese Übung grundsätzlich zu jeder Tageszeit machen. Es ist auch besser, sich öfters am Tag dafür Zeit zu nehmen, weil die Erinnerungen dann noch frisch sind. Auf jeden Fall sollten Sie sich jedoch am Abend vor dem Einschlafen damit auseinandersetzen.

Sie können diese Übung auch dazu benutzen, Unwahrheiten aus der Vergangenheit aufzuklären. Meditieren Sie über die Wahrheit und lassen Sie einfach Situationen oder Worte aus Ihrem Unterbewußtsein aufsteigen. Gehen Sie dann vor wie oben. Reinigen Sie Ihr Kehlkopfchakra nachhaltig.

Kommentar

Wenn Sie diese Übung über einen längeren Zeitraum praktizieren, werden Sie feststellen, daß Sie bei Gesprächen bald sehr viel aufmerksamer sind. Der zeitliche Abstand zwischen dem Gespräch und der nachträglichen Bewußtwerdung verkürzt sich. Schon während der Unterhaltung fallen Ihnen Unwahrheiten auf, und Sie können Ihre Aussagen sofort entsprechend korrigieren.

Über die Stimme die Seele erreichen

Mit folgender Übung können Sie den Zustand des Kehlkopfchakras wahrnehmen, aber auch darauf einwirken. Da es erfahrungsgemäß sehr schwierig ist, diese Übung allein zu Hause durchzuführen, empfehlen wir Ihnen, damit gleich in die Außenwelt zu gehen.

Übung

- Hören Sie sich selbst ein paar Tage lang beim Sprechen ganz genau zu. Sie werden bemerken, daß sich Ihre Tonlage, die Stimmfärbung und das Sprechtempo je nach Situation und Gesprächspartner in Nuancen verändert.
- Versuchen Sie zu ergründen, welche Muskeln, Organe und Körperpartien daran beteiligt sind.

- Versuchen Sie, solche Veränderungen bestimmten Stimmungslagen, Gefühlen oder Geisteshaltungen zuzuordnen.
- Nach ein paar Tagen können Sie mit Hilfe dieser Wechsel Ihre Empfindungen ergründen.
- Spielen Sie mit diesen Möglichkeiten. Hören Sie sich immer wieder genau zu und nutzen Sie den Kanal zu Ihrer inneren Welt.
- Auf der nächsten Stufe können Sie versuchen, Ihre Stimme bewußt zu verändern. Wird sie z. B. aufgrund einer Unsicherheit dünn und zerbrechlich, atmen Sie tief in Ihr Becken hinunter und geben Sie ihr Volumen. Unterstützen Sie sie aus den unteren Chakren heraus. Klingt Ihre Stimme aufdringlich und laut, weil Sie gerade dabei sind, sich hervorzutun, entspannen Sie Ihre Brust. Lassen Sie sie weicher werden und nehmen Sie sie zurück.
- Bald werden Sie feststellen, daß Sie mit der Veränderung der Stimme auch Ihr Empfinden beeinflussen können.

Tip

Üben Sie zuerst mit Fremden, z. B. an der Kasse im Supermarkt oder am Zeitungskiosk. Beobachten Sie sich dann während freundschaftlicher Unterhaltungen, bevor Sie diese Technik während Geschäftsbesprechungen oder in der Partnerschaft anwenden.

Kommentar

Wenn Sie sich auf diese Übung einlassen, werden Sie bald Ihre Emotionen und damit auch die jeweiligen Situationen kontrollieren können.

Mantras singen

Das Mantrasprechen geht auf eine alte indische Tradition zurück. Die Sanskrit-Silben schwingen im Körper und wirken so direkt auf den Energiefluß ein. Durch die Wahl eines Mantras kann man ein bestimmtes Chakra beeinflussen, aber jedes bewußt praktizierte Mantrasprechen reinigt zusätzlich das Kehlkopfchakra. Die klassische Rezitationssilben sind Om, Ah und Hum.

Übung

- Setzen Sie sich bequem hin und stellen Sie sich vor, daß Ihr Scheitel an einer silbernen Schnur aufgehängt ist. So wird der Rücken gestreckt, der Nacken bildet die direkte Verlängerung der Wirbelsäule.
- Schließen Sie die Augen und entspannen zuerst den Körper, anschließend konzentrieren Sie sich auf die gesamte Muskulatur, die mit der Atmung in Verbindung steht.
- Lassen Sie dann eine Silbe entstehen – Om, Ah oder Hum, sanft wie sich verdichtender Atem.
- Erlauben Sie der Silbe, durch Ihren Kehlkopf aus dem Körper zu entweichen.
- Achten Sie auf die leichte Vibration, die dabei entsteht. Wenn Sie ihr nachspüren, werden Sie bemerken, daß sich das gesamte Gewebe lockert, Verspannungen sich lösen und «energetischer Abfall» davongetragen wird.
- Singen Sie das Mantra – Sie können auch abwechselnd alle drei Silben verwenden – ganz langsam. Lassen Sie es zunächst in Ihrem Inneren entstehen. Im Vordergrund steht dabei nicht, möglichst klar und sauber zu singen, sondern der Entspannung zu folgen.
- Wenn Ihre Stimme bricht oder wackelig wird, singen Sie etwas leiser weiter. Tauchen Gefühle oder Erinnerungen auf, legen Sie sie in das Mantra hinein und lassen Sie sie mit ihm aus sich herausfließen.
- Lassen Sie sich von dem Mantra davontragen, als wäre es ein fliegender Teppich.

- Singen Sie täglich mindestens 15 Minuten, besser noch für eine halbe Stunde. Variieren Sie dabei die Lautstärke und beobachten Sie, wie sich Ihr Empfinden jeweils verändert.
- Zum Abschluß der Übung verstummen Sie und lauschen dem Nachhall des Mantras.
- Strecken Sie sich und gähnen Sie ausgiebig, bevor Sie aufstehen und sich wieder dem Alltag zuwenden.

Tip

Diese Übung können Sie auch im Büro oder in der U-Bahn ausführen. Wenn Sie die Mantras über einen gewissen Zeitraum hinweg praktiziert haben, reicht die Vorstellung der Silben bereits aus, um den reinigenden, energetisierenden und beruhigenden Effekt zu spüren. Setzen Sie sich dazu möglichst aufrecht hin, lassen Sie die Augen geöffnet und entspannen Sie sich. Stellen Sie sich die Silben vor und spüren Sie deren Schwingung im Körper.

Statt der klassischen Silben können Sie auch reinigende Worte sprechen, wie z. B. «Meine Kehle ist rein!» oder «Ich habe die Kraft, immer die Wahrheit zu sagen!». Fällt es Ihnen schwer, bestimmte Wörter oder Sätze auszusprechen, wie z. B. «Nein», «Ja» oder «Ich liebe Dich!», experimentieren Sie mit ihnen. Beobachten Sie, wie sich dies auf Ihre Stimmung oder den Energiehaushalt in Körper und Gemüt auswirkt.

Kommentar

Elektroenzephalographische Untersuchungen haben bewiesen, daß Mantrasingen eine positive Auswirkung auf die Hirnaktivität hat.

Das Sprechfasten

Ein Zen-Buddhist wurde einmal nach einem Konzert des Boston Symphony Orchestra gefragt, wie ihm Beethovens

5. Sinfonie gefallen hat. Er antwortete, daß nicht genug Stille enthalten sei. Der Komponist Anton Bruckner erklärte einmal, als er auf die prägnanten Pausen in seinen Kompositionen angesprochen wurde, daß er, wenn er etwas Wichtiges sagen möchte, zuerst einmal tief Luft holt. Stille ist eine große Quelle der Kraft. Wir nehmen sie jedoch viel zu selten wahr, da wir uns zu sehr auf die Nicht-Stille konzentrieren. Durch Sprechfasten können wir sie wiederfinden. Deshalb wurde und wird diese Methode in vielen spirituellen Traditionen praktiziert, angefangen vom Christentum bis hin zu den Zenklöstern.

Während uns in der Meditation immer nur kurze Momente der Stille vergönnt sind, können wir sie mit der etwas schwieriger durchzuführenden Möglichkeit des Sprechfastens länger und tiefgreifender erfahren. Sie brauchen dazu viel Zeit, einen Anrufbeantworter und den Mut, vorübergehend ohne Worte zu leben. Es ist nicht notwendig, zu verreisen oder sich zurückzuziehen, ganz im Gegenteil. Dieselbe Umgebung und dieselben Menschen wahrzunehmen, genauso zu leben und zu handeln wie sonst verstärken den erleuchtenden Effekt. Nehmen Sie weiter an den gewohnten Kaffeekränzchen, Vereinssitzungen und Gesprächsgruppen teil und lassen Sie diese wortlos auf sich wirken.

Übung

- Stecken Sie vorher einen klaren Zeitrahmen für die Dauer des Sprechfastens ab. Eine Dauer von zwei oder drei Tage bewirkt erfahrungsgemäß nur sehr wenig. Sie sollten dem gesprochenen Wort mindestens für eine Woche, am besten sogar für zwei oder drei Wochen, entsagen.
- Suchen Sie sich einen günstigen Zeitpunkt aus. Frühling und Sommer eignen sich grundsätzlich besser, weil man sich in der Natur aufhalten kann. Zwei Wochen bei

Regen und Kälte still zu Hause zu sitzen, führt eher in eine Depression als in die Erleuchtung.

- Stimmen Sie Besuche und Termine mit Ihrem Plan ab.
- Informieren Sie Freunde und Familie, damit sich niemand sorgt und Sie Ihr Fasten nicht unterbrechen müssen.
- Besprechen Sie Ihren Anrufbeantworter. Erklären Sie, daß Sie aufgrund des Sprechfastens längere Zeit nicht zurückrufen werden.
- Stellen Sie Fernseher, Radios und andere geräuschproduzierenden Geräte weg, so daß Sie nicht in Versuchung kommen, sich abzulenken.
- Legen Sie einen Block oder eine Tafel bereit, mit der Sie im Notfall kommunizieren können.
- Besorgen Sie alles, was Sie später ohne Worte nur schlecht organisieren können.
- Erledigen Sie Arzt-, Zahnarztbesuche oder notwendige Behördengänge vorweg.
- Haben Sie alle Vorbereitungen getroffen, beginnen Sie mit dem Sprechfasten.
- Beobachten Sie die Worte, die in Ihrem Geist auftauchen wie Luftblasen an der Oberfläche eines Aquariums. Was passiert mit ihnen, wenn sie nicht ausgesprochen werden? Wie geht es Ihnen dabei? Wie verändert sich Ihre Wahrnehmung? Welche Wirkung auf Ihre Einstellungen und Lebensanschauungen stellt sich ein? Wie bewerten Sie jetzt die Dinge in Ihrem Leben?
- Überlegen Sie sich, was davon Sie in die Welt der Worte mit hinübernehmen möchten?
- Führen Sie ein Erlebnistagebuch.
- Brechen Sie das Sprechfasten nicht einfach ab. Lassen Sie sich Zeit und beobachten Sie, wie sich die Welt durch das gesprochene Wort verändert. Ist das, was sie sagen wollen, wirklich notwendig? Wem nützt es? Wem schadet

es? Warum sprechen Sie? Welches Gefühl entsteht beim Sprechen?

Tip

Sehr viel einfacher ist es, Sprechfasten in geleiteten Gruppen durchzuführen. Der Wert des gemeinsamen Schweigens ist inzwischen so bekannt geworden, daß in allen größeren Städten Workshops angeboten werden.

Kommentar

Wenn Sie mit dem Schweigen beginnen, kann folgendes geschehen: Der ständige Kommentator im Kopf wird wahrscheinlich erst einmal Überstunden einlegen und mindestens die doppelte Menge an Gedanken, Urteilen, Erklärungen und Meinungen abgeben wie sonst. Stille ängstigt ihn. Er wird versuchen, sich dagegen zu wehren. Zweifel wie «Das ist doch Unsinn!» oder «Was soll das schon bringen?» werden laut. Dies verringert sich aber schon innerhalb weniger Tage.

Nachdem Sie diese Übung ausgeführt haben, werden Sie sich in Gesprächen keine Antworten mehr zurechtlegen, bevor der andere aufgehört hat zu sprechen. Dadurch bildet sich eine neue Qualität des Zuhörens aus. Sie werden mit dem Schweigen Frieden schließen. Das unangenehme Gefühl in Sprechpausen wird weichen, eine neue Form der Kommunikation stellt sich ein: es entstehen Verbindungen ohne Worte. Ihre Wahrnehmung verschiebt sich, die Zeit scheint langsamer zu vergehen, manchmal sogar stillzustehen.

Statt Ängsten und Bitterkeit wird sich eine unbekannte Entspannung entwickeln. Das Schweigen befreit Sie von vermeintlichen Verpflichtungen, z. B. ständig und überall Ihre Meinung kundzutun. Ihre Sinne werden geschärft, Sie können wahrnehmen, was Sie vorher nicht gesehen, gehört oder gerochen haben. Es stellen sich Vorahnungen ein, bevor Ereignisse tatsächlich geschehen. Nach zwei Wochen beginnen Sie, die Stille zu hören, die allen Dingen zugrundeliegt.

Den eigenen Mythos entdecken

Thomas Moore empfiehlt in seinem Buch *Seel-Sorge. Tiefe und Spiritualität im täglichen Leben finden* Geschichten zu erzählen, um die eigenen Lebensthemen, den persönlichen Mythos, zu entdecken. Früher war es üblich, Kindern vor dem Einschlafen Gutenachtgeschichten zu erzählen. Heute ist dieses Ritual durch Fernsehen und eine unüberschaubaren Menge an Comics und Kinderbüchern zurückgedrängt worden. Dabei ist nicht nur den Kindern etwas verlorengegangen, sondern auch den Erwachsenen, denn in Geschichten verarbeiten wir das Rohmaterial unseres Lebens. Durch wiederholte Auseinandersetzung heben wir sie auf eine höhere Ebene. Tiefere Bedeutungen werden erkennbar.

Übung

- Entspannen Sie sich. Schließen Sie die Augen und nehmen Sie die Worte wahr, die in Ihrem Unterbewußtsein entstehen.
- Notieren Sie sie auf ein großes Stück Papier.
- Schreiben Sie zu jedem weitere Worte auf, die Sie frei assoziieren.
- Während Sie das Papier mit immer mehr Worten bedecken, spüren Sie in sich hinein. Sie werden bemerken, daß langsam ein roter Faden sichtbar wird.
- Sobald Sie ein klares Bild sehen, beginnen Sie damit, die Geschichte zu vervollständigen.

Tip

Am besten erzählt man diese Geschichte einem anderen Menschen. Kinder sind dankbare Zuhörer, vor allem, wenn Sie sich vorher auf das Erleben dieses kleinen Wesens einstellen. Sie werden erstaunt sein, welche Lebensweisheiten sich in den spontanen Geschichten widerspiegeln. Klarheit stellt sich ein, wenn Sie plötzlich Zusammenhänge oder Ursachen durchschauen.

Wollen Sie eine Situation oder die Gefühle für einen anderen Menschen besser verstehen, versenken Sie sich hinein und lassen Sie Worte entstehen. Erlauben Sie der Geschichte, sich selbst zu erzählen, greifen Sie nicht in den Handlungsablauf ein, indem Sie Ihre Wünsche oder Vorstellungen einfließen lassen.

Mit der Kehle malen

Blau ist die Farbe der Kommunikation, wenn Sie mit ihr arbeiten, können Sie die Energie im 5. Chakra erhöhen.

Übung

- Richten Sie sich einen Arbeitsplatz her, an dem Sie sich austoben können. Wenn Sie keinen ausreichend großen Tisch zur Verfügung haben, machen Sie es sich auf dem Boden bequem. Breiten Sie Farben und Papier in greifbarer Nähe aus, aber halten Sie die Arbeitsfläche erst noch frei.
- Lehnen Sie sich zurück und schließen Sie die Augen.
- Entspannen Sie sich. Achten Sie auf Ihre Atmung.
- Vielleicht wollen Sie die schon zuvor beschriebene Übung zur Entspannung des Hals- und Nackenbereiches ausführen. Weiten Sie aber auf jeden Fall Ihren Hals. Stellen Sie sich vor, wie er sich öffnet und ausdehnt, bis er doppelt so weit ist wie zuvor. Der Atem gleitet sanft und geschmeidig im Hals auf und ab.
- Beschäftigen Sie sich nun mit dem Thema Kommunikation. Denken Sie an Wahrheit, Aufrichtigkeit und an die Farbe Blau.
- Lassen Sie ein Bild vor Ihrem inneren Auge entstehen. Es reicht aus, wenn Sie eine Form, ein Farbspiel oder ein

Muster sehen, es muß nicht bis zur letzten Linie erkennbar sein.

- Wenn Sie erkannt haben, was entstehen will, öffnen Sie die Augen wieder und beginnen zu malen.
- Folgen Sie dem inneren Bild. Arbeiten Sie langsam und sorgfältig, nehmen Sie sich Zeit.
- Bleiben Sie mit der Wahrheit in Kontakt, auch wenn Sie über Ihr inneres Bild hinausmalen.
- Unterbrechen Sie zwischendurch kurz, und spüren Sie in sich hinein. Wie fühlt es sich an, so zu malen? Was verändert sich in Ihrem Kehlkopf? Welche Gedanken und Bilder tauchen noch auf?
- Nehmen Sie die Gefühle wahr, denken Sie nicht darüber nach.
- Malen Sie so lange, bis Sie das Gefühl haben, fertig zu sein. Es muß kein komplettes Bild entstehen, manchmal reichen einige Linien aus, ein anderes Mal brauchen Sie Dichte oder legen mehrere Schichten übereinander.
- Schließen Sie die Augen wieder und spüren Sie nach. Was hat sich getan? Wie fühlen Sie sich jetzt?
- Öffnen Sie die Augen und lassen Sie das Bild auf sich wirken. Kriechen Sie hinein, verschmelzen Sie mit seiner Oberfläche, wandern Sie darauf herum.
- Welchen Namen hat es? Wenn es sprechen könnte, was würde es Ihnen erzählen? Welchen Platz hat es in Ihrem Leben? An was erinnert Sie dieses Gemälde?
- Hängen Sie es dort auf, wo Sie das Bild täglich immer wieder sehen. Stellen Sie sich die Fragen so lange, bis Sie glauben, alle Antworten gefunden zu haben. Machen Sie sich dann an das nächste Werk.
- Bewahren Sie die Bilder auf und betrachten Sie sie wieder. Vielleicht gelangen Sie dadurch auf eine neue, weitere Ebene von Verständnis.

Tip

Um sich auf diese Übung vorzubereiten, gehen Sie doch einmal in ein Geschäft und streifen durch die Regale. Nehmen Sie unterschiedliche Stifte und Farben in die Hand und berühren Sie verschiedene Papiersorten. Vielleicht entstehen schon dabei Bilder. Kaufen Sie sich das Material, zu dem Sie sich hingezogen fühlen. Denken Sie dabei an Kommunikation, die Wahrheit und Ihr Kehlkopfchakra.

Kommentar

Farben sind eine Form der Energie. Indem man seiner Intuition folgt und mit den jeweiligen Farben der Chakren malt, unterstützt man deren Funktion.

Wie man Ziele erreicht

Eine der großen Herausforderungen auf der Ebene des 5. Chakras besteht darin, unsere Träume zu verwirklichen, unseren Ideen und Vorstellungen Leben einzuhauchen. Bemüht man sich nicht darum, entstehen Blockaden. Die nachfolgende Übung wird Ihnen helfen, Ihre Wünsche und Ziele im Leben klarer zu formulieren.

Übung

- Beschriften Sie für jeden Lebensbereich ein Blatt Papier: Partnerschaft, Beruf, Hobby, Freizeit, Familie, Haus, Besitz, Nächstenliebe, Spiritualität oder andere für Sie wichtige Gebiete.
- Stellen Sie sich nun vor, Sie wären sehr alt geworden und lägen auf dem Sterbebett. Worauf wollen Sie in den unterschiedlichen Bereichen zurückschauen? Was würde Sie im tiefsten Inneren wirklich befriedigen?
- Schreiben Sie auf jedes Blatt Ihre Träume.
- Nehmen Sie sich Zeit und lassen Sie sich auf die Fragen ein. Sie werden bemerken, daß sich einige Ihrer Prioritäten verschieben. Vielleicht ist es aus dieser Perspektive plötzlich nicht mehr so wichtig, ein schnelles Auto

zu besitzen, für das Sie nun schon seit Monaten sparen. Vielleicht erkennen Sie, daß Sie auf jeden Fall mit jenem Menschen zusammensein wollen, von dem Sie sich schon seit zwei Jahren trennen möchten. Oder die Ausbildung wahrer Herzensqualität scheint Ihnen wichtiger als beruflicher Erfolg. Sie stellen vielleicht fest, daß das einzig Wichtige ist, Ihrer Seele zu begegnen.

- Überprüfen Sie genau, welche Ziele Ihnen wirklich wichtig sind.
- Wenn Sie erkannt haben, was Sie in den jeweiligen Lebensbereichen anstreben, schreiben Sie folgende Frage dazu: «Was muß ich tun, um dieses Ziel zu erreichen?». Schreiben Sie genau auf, was dafür notwendig ist.
- Die nächste Frage lautet: «Bin ich bereit, all das zu tun?».
- Lautet die Antwort «Nein», können Sie das Ziel von der Liste streichen.
- Antworten Sie mit «Ja», erstellen Sie Etappenpläne: Welche Dinge muß ich in zehn Jahren geschafft haben? Was muß ich in den nächsten zwei Jahren erreichen? Was innerhalb des nächsten Jahres? Was habe ich in sechs Monaten bereits bewirkt? Womit beginne ich?
- Beantworten Sie auch diese Fragen detailliert.
- Tragen Sie dann in einen Kalender die Etappenziele ein.
- Sobald Sie das erste Zwischenziel erreicht haben, überprüfen Sie, wie weit die Umsetzung Ihrer Wünsche gediehen ist.
- Wenn Sie etwas nicht erreicht haben, beantworten Sie folgende Frage: «Warum habe ich dieses Ziel nicht erreicht?», «Was wäre nötig gewesen?», «Warum habe ich es nicht getan?», «Hat sich meine Vorstellung verändert?», «Bin ich an diesem Ziel überhaupt noch interessiert?».
- Haben Sie ein Ziel erreicht, feiern Sie. Es ist nebensächlich, wie groß es ist, Sie haben etwas geschafft und einer Idee Leben eingehaucht. Darauf sollten Sie anstoßen.

Tip

Selbstverständlich kann man diese Übung zu jedem Zeitpunkt durchführen. Aber Momente, wie z. B. bei einem Umzug, einem Jobwechsel oder am Beziehungsbeginn bzw. -ende, sind besonders günstig. Auch Silvester, also zu Beginn eines neuen Jahres, oder der Geburtstag, an dem ein neues Lebensjahr anfängt, bieten sich hierfür an.

Kommentar

Nur wer seine Ziele erkannt hat, ist in der Lage, diese zu verwirklichen. Jeder Erfolg vergrößert Ihre Fähigkeit, ein weiteres Vorhaben in Angriff zu nehmen.

Quickie: Weite

Ist Ihr 5. Chakra durch ein Gespräch oder eine Handlung blockiert und verhindern die Umstände eine Klärung, dann empfehlen wir Ihnen folgende kleine Atemvisualisation.

Übung

- Setzen Sie sich entspannt, aber aufrecht und breitbeinig auf eine Stuhlkante oder stellen Sie sich stabil auf einen ebenen Untergrund.
- Atmen Sie tief in den Beckenboden und entspannen Sie dabei Zwerchfell und Bauch.
- Sobald Sie sich gelöst fühlen, lenken Sie die Aufmerksamkeit auf das Halschakra.
- Atmen Sie ruhig und langsam weiter. Stellen Sie sich dabei vor, daß Ihre Kehle mit jedem Atemzug weiter wird. Sie dehnt sich aus, als wäre sie ein Luftballon, den man langsam aufpumpt.
- Wenn sich der Hals in Ihrer Vorstellung auf Schulterbreite ausgedehnt hat, stellen Sie sich vor, daß mit jedem Ausatmen alle Verunreinigungen, alle unwahren Worte und Handlungen aus dem Kehlkopfchakra davongetragen werden.

- Stellen Sie sich den Atem als strahlendweißes Licht vor, dessen kraftvolle Energie alles verbrennt, was stört, hemmt oder blockiert.

Tip

Wenn Sie diese Visualisation mehrmals in Ruhe geübt haben, können Sie sie in jeder Situation ausführen. Sie brauchen dazu nicht einmal die Augen zu schließen. Entspannen Sie einfach den Hals, atmen Sie ganz langsam und spüren Sie, wie sich der Kehlkopf immer mehr weitet.

Kommentar

Unwahrheiten oder nicht ausgesprochene Worte verengen das Kehlkopfchakra. Der richtige Atem reinigt. Das sollte jedoch nicht dazu verführen, sich durch diese Visualisation abgesichert zu fühlen, wenn man lügt. Ist die Absicht unlauter, wird eine solche Reinigung nicht wirken.

Das Rad der reinen Erkenntnis

Das 6. Chakra liegt zwischen den Augenbrauen, bestimmt wird es von der Hirnanhangdrüse und dem Hypothalamus. Dessen Aufgabe besteht darin, den Zustand aller Körperfunktionen zu überprüfen und diese Informationen zu verarbeiten. Er reguliert die Ausschüttung der Hormone durch die Drüsen. Direkten Einfluß hat dies auf Körpertemperatur, Gefühle, Schlaf, Abwehrmechanismen, Durst, Hunger und sexuelle Bedürfnisse.

Sinne

Auf organischer Ebene ist das 6. Chakra für die Gesichtssinne zuständig: Sehen, Riechen, Hören, Schmecken. Die Erfahrungen von Heilern aus aller Welt zeigen, daß der Mensch potentiell mit einem weiteren Sinn ausgestattet ist, den wir als den energetischen bezeichnen. Durch ihn können wir spirituelle Energien erfahren, aus denen wir den Hauptteil unserer Selbstheilungskräfte beziehen.

Zuhören

Wie wichtig die Sinne für uns sind, erleben wir jeden Tag, denn durch sie sind wir mit der Umwelt verbunden. Unsere Wahrnehmungen prägen unsere Einstellungen und unser Befinden. Zuhören besitzt eine besondere Heilkraft, was sich in den Erfolgen von Psychotherapie, Seelsorge und alternativer Medizin widerspiegelt.

Ein Buddhist beschrieb die Möglichkeiten, die im Zuhören enthalten sind, so:

Zeichen und Symbole des 6. Chakras

«Je mehr und mehr du zuhörst,
desto mehr und mehr wirst du hören;
Je mehr und mehr du hörst,
desto tiefer und tiefer wird dein Verstehen.»

Einstellungen

Unsere Einstellungen werden durch die Sinne und das Denken geformt. Sie sollten dazu dienen, unser Leben zu vereinfachen. Da wir aber an ihnen festhalten, wenn schon längst ein anderes Denken erforderlich ist, erstarren sie. Vor allem Moralvorstellungen erweisen sich als sehr hartnäckig. Der Zustand unseres 6. Chakras bestimmt unsere Fähigkeit, Einstellungen zu verändern. Arbeiten wir hier an den Energien, können wir abgespaltene Teile von uns wieder integrieren.

Verhaltensmuster

Moshe Feldenkrais, der israelische Körpertherapeut, erkannte, daß das einzig Unveränderliche an unseren Verhaltensmustern darin besteht, daß wir sie für unveränderbar halten. Wir müssen sie aber vor allem dann überprüfen, wenn wir uns in Problemsituationen befinden, z. B. wenn Auseinandersetzungen, Lebensentscheidungen oder Krankheiten den Lebensfluß hemmen. Wir können die Zusammenhänge und Hintergründe entdecken, wenn wir in uns hineinschauen und unsere Handlungen hinterfragen.

Ein-Sicht

Einsicht beinhaltet zum einen die Fähigkeit, in uns hineinzuschauen, zum anderen die Möglichkeit des Eins-sehens. Erst durch Zerrissenheit entstehen Probleme. Wir möchten auf dem Land leben, können aber die Stadt nicht aufgeben. Da wir nicht allein sein können, nehmen wir uns nicht die Zeit, die wir für uns selbst brauchen. Wir wollen uns gesund ernähren, aber auf Wein und Schokoriegel nicht verzichten. Um zu genesen, müssen wir beide Hälften dieses Geteiltsein zusammenbringen.

Dualität

Im 6. Chakra bilden traditionelle Darstellungen nur zwei Blätter ab, die die beiden Gehirnhälften symbolisieren. Bisher bezog sich der Begriff der Dualität auf die Außenwelt des Menschen, nun wird die innere Zweiheit zum Thema. Ziel ist es, die Trennung von Geist und Körper, von rechter und linker Gehirnhälfte und von Denken und Intuition zu überwinden.

Intuition

Über dieses Chakra können wir Verbindung mit einer höheren Form der Intuition aufnehmen. Unsere eigene Intuition ensteht zu einem Teil im Bereich des 3. Chakras, sie kommt aus dem Bauch heraus und ist geprägt von Erfahrungen, also an die Vergangenheit gebunden. Der andere Teil, begründet im 6. Chakra, ist dagegen unabhängig, frisch, neu und zukunftsorientiert. Auf diese Möglichkeit greifen Hellseher, Astrologen, Psychologen und Ärzte zurück, aber auch alle Menschen, deren harmonisch schwingendes Herzchakra bewirkt, daß sie sich auf ihr Gegenüber besonders gut einstellen können.

Organe und Körperteile

Die Sinnesorgane, Nase, Augen, Ohren und der Gleichgewichtssinn werden von diesem Chakra regiert. Außerdem sind die Nebenhöhlen, das logische Denken, der Verstand, die Intelligenz und die Intuition mit ihm verbunden.

Balance

Ein ausgeglichenes 6. Chakra verhilft dem Menschen zu Toleranz, Konzentration, synthetischem Denken, Klarheit und der Fähigkeit, Visionen zu erkennen. Anschauungen werden flexibel, das Unterscheidungsvermögen ausgebildet und ein Kontakt zum Inneren Führer hergestellt.

Blockaden

Durch eine auf die Wissenschaft gerichtete Erziehung kann sich das Vertrauen in die eigene Intuition nicht entwickeln, außerdem verbietet sie, Visionen zu spinnen. Die Überreizung der Sinne durch künstliche Farben, synthetische Duftstoffe und Bilderfluten führt zu Störungen.

Vermeiden Sie auch metallische Verbindungen der beiden Kopfhälften, z. B. durch Zahnbrücken, Prothesen oder Kopfhörer.

Dysbalance

Solche Blockaden äußern sich meist durch Nasennebenhöhlenerkrankungen, Heuschnupfen oder eine verstopfe bzw. triefende Nase, aber auch durch Ohrensausen (Tinnitus), in extremen Fällen verbunden mit Gleichgewichtsstörungen.

Bei einem Menschen, der davon betroffen ist, entwickelt sich zunächst eine starke Orientierung an Fakten und Greifbarem, es mangelt ihm an Spiritualität. Er ist von Vorurteilen geprägt und besserwisserisch bis hin zur Borniertheit. Die Überprüfung seines Selbstbilds an der Wirklichkeit ist für ihn nicht möglich. Verstärkt sich die Blockade, schafft er sich Illusionen, in denen er lebt, und wird unter Umständen sogar von Wahnvorstellungen verfolgt.

Weiterhin kann ein gestörtes 6. Chakra grüblerisches Verhalten hervorrufen. Jeder Gedanke wird bis ins kleinste Detail verfolgt, Verwirrung und Selbstzweifel entstehen. Der Betroffene ist geistig abwesend, verliert seine Fantasie und seine Überzeugungen. Abgehobene Erklärungen werden gefunden, im weiteren Verlauf geht der Bezug zur Realität verloren.

Symbolik

Das Ziel der Arbeit an diesem Chakra besteht darin, die reine Erkenntnis zu erlangen. Das bedeutet, die Dinge so zu sehen, wie sie wirklich sind, ohne sie durch Vorurteile, starre Anschauungen oder überkommene Moralvorstellungen zu verändern. Daher nennen wir dieses Bewußtseinszentrum das Rad der reinen Erkenntnis.

Metall

Das Element der Erkenntnis ist das Metall. Aus Erz wird es gewonnen, dann geschmolzen und gereinigt. Aus bestimmten Zusammensetzungen lassen sich Edelmetalle legieren. Je mehr man es pflegt und poliert, desto besser kann man sich darin spiegeln. Im Idealfall ist es biegsam und trotzdem kaum zu zerstören.

Die reine Erkenntnis bringt rechtes Handeln hervor.

Frucht

Daraus erwächst die nährende Frucht des Lebens. In ihr enthalten ist der Same für ein glückliches, erfülltes Dasein.

Bär

Der Bär zieht sich im Winter in eine Höhle zurück. Dort überlebt er mit einem minimalen Aufwand an Bewegung und Atmung und kann so selbst die kältesten Minustemperaturen überstehen. Ein ausgeglichenes 6. Chakra verleiht uns ähnliche Kräfte. Es hilft uns, Erfahrungen und Erlebnisse zu reflektieren und auch das Schlimmste zu ertragen.

Das dritte Auge

Das 6. Chakra wird oft mit dem dritten Auge in Verbindung gebracht. Dieses zusätzliche Wahrnehmungsorgan gibt dem Menschen die Möglichkeit, einen Gesamtüberblick über seine Situation, seine Zukunft, die physische Welt und sein Seelenziel zu erhalten.

Übungen zum Stirnchakra

Dem Inneren Führer begegnen

Intuition ist eine beeindruckende Gabe. Heiler lassen sich von ihr leiten, um richtige Diagnosen zu stellen. Wir begegnen ihr in Kunst, Musik, Literatur und Religion. Viele Erfindungen sind durch sie angeregt worden. Trotzdem wird sie in der Gesellschaft wenig akzeptiert. Kündigen wir einen Job, weil wir meinen, zuwenig Geld zu verdienen, wird es verstanden. Geben wir ihn aufgrund unserer Intuition auf, werden wir dafür ausgelacht. Diese Verunsicherung läßt uns an unseren Fähigkeiten zweifeln. Ein einfacher und humorvoller Weg, zu unserer Intuition zurückzufinden, liegt darin, sie als Wesen zu begreifen, z. B. als Inneren Führer. (In der folgenden Übung beziehen wir uns auf den Führer in der männlichen Form. Selbstverständlich kann er ebensogut eine Frau oder ein anderes Wesen sein!)

Übung

- Setzen Sie sich aufrecht und entspannt auf einen bequemen Stuhl oder legen Sie sich auf den Boden.
- Schließen Sie die Augen und atmen Sie einige Male tief durch. Überprüfen Sie Ihren Körper. Wo halten Sie Verspannungen fest? Welche Gefühle können Sie wahrnehmen? Welche Gedanken kreisen in Ihrem Kopf?
- Nehmen Sie dies einfach nur wahr und lassen Sie dann los.
- Gehen Sie in der Vorstellung an einen Ort, an dem Sie sich wohlfühlen und ungestört bleiben. Er kann aus ei-

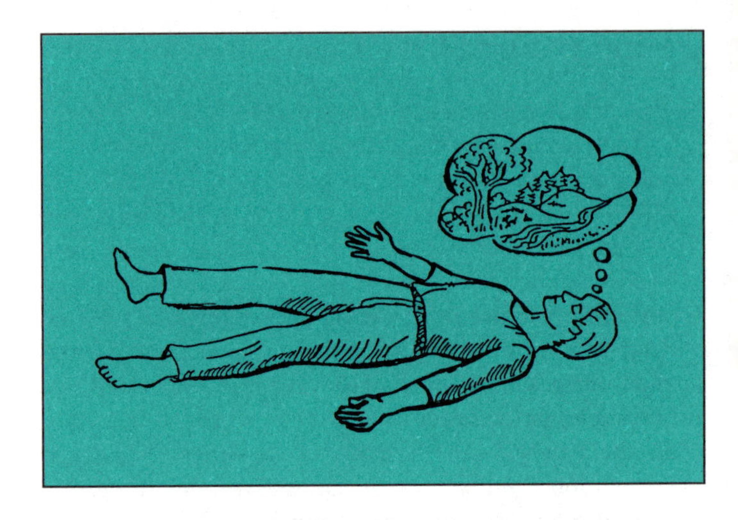

Gehen Sie auf eine innere Reise

ner Erinnerung an den Urlaub oder aus der Kindheit entnommen werden, aber auch eine schöne Waldlandschaft mit einem Bach sein, zu der Sie sich hingezogen fühlen, oder eine Kirche.

- Genießen Sie es, dort zu sitzen beziehungsweise zu liegen.
- Laden Sie nun Ihren Inneren Führer ein, indem Sie sich einfach für ihn öffnen.
- Vielleicht kommt er durch eine Tür, aus dem Himmel oder aus dem Nichts.
- Betrachten Sie ihn aufmerksam. Wie sieht er aus? Ist er ein Mann, eine Frau oder ein anderes Wesen, z. B. eine Lichtgestalt? Welche Kleidung trägt er? Was hat er bei sich? Wie sehen sein Haar, sein Gesicht und seine Haut aus? Können Sie ihn nicht genau erkennen, lassen Sie sich nicht davon irritieren.
- Machen Sie sich nun bekannt. Stellen Sie sich vor und fragen Sie ihn nach seinem Namen. Er kann eigenartig klingen, vielleicht nur aus einem Laut oder einem Ge-

fühl bestehen. Versuchen Sie jedoch ein Wort zu finden, an das Sie sich erinnern können, oder fragen Sie ihn, mit welchem Namen er gerufen werden möchte.

- Danken Sie ihm für sein Erscheinen. Gehen Sie respektvoll mit ihm um und nehmen Sie ihn auf keinen Fall als selbstverständlich hin.
- Fragen Sie ihn dann, ob Sie etwas anbieten können. Was es auch ist, beschaffen Sie es ihm. Innere Führer sind oft etwas eigenwillig und können sogar ungehalten werden. Uns sind schon biertrinkende, lallende Gurus, zarte, aber zickige Feen, distanzierte Katzen und wabernde Energiebündel untergekommen. Halten Sie ihn also bei Laune.
- Sprechen Sie mit ihm, stellen Sie ihm Fragen über seine Person. Reduzieren Sie ihn nicht zur bloßen Metapher, die Ihrer Fantasie entstammt, sondern behandeln Sie ihn wie ein lebendes Wesen.
- Geben Sie sich und ihm Zeit, Freunde zu werden.
- Wenn Sie ein konkretes Problem beschäftigt, fragen Sie ihn zuerst, ob er Ihnen beistehen will. Wenn nicht, fragen Sie ihn, wann er Zeit dafür hätte.
- Hören Sie genau zu, fragen Sie nach, wenn Ihnen etwas nicht verständlich erscheint.
- Danken Sie ihm zum Abschluß und fragen Sie ihn, womit Sie ihm eine Freude machen können.
- Verabschieden Sie sich von ihm, bevor Sie die Augen wieder öffnen.

Tip

Treffen Sie ihn regelmäßig, auch wenn Sie keine Fragen an ihn haben. Verbringen Sie täglich ein wenig Zeit mit ihm. Bald wird er so sehr Teil Ihres Lebens, daß er Ihnen in schwierigen Situationen spontan zur Seite steht. Entspannen Sie sich bei einem kleinen Plausch mit ihm. Bieten

Sie ihm ein Täßchen Tee an und erzählen Sie ihm von Ihrem Leben. Das wird ihn freuen.

Kommentar

Was war Ihre erste Reaktion, als Sie diese Übung gelesen haben. Waren Sie amüsiert oder verärgert über den Unsinn? Mit genau diesen Gefühle treten Sie auch Ihrer Intuition entgegen.

Hemi-Sync

Um Ihre Intuition besser spüren zu können, ist es hilfreich, die Hemisphären, also beide Gehirnhälften, zu synchronisieren. Zu diesem Thema beschreiben wir einige wenige Übungen. Sobald Sie das Prinzip verstanden haben, können Sie sich jederzeit selbst weitere ausdenken.

Übung 1

- Stellen Sie sich breitbeinig und stabil hin, so daß Sie ausreichend Platz um sich herum haben.
- Schließen Sie für einen Moment die Augen und atmen Sie dreimal tief durch. Sie sollten entspannt sein, bevor Sie beginnen. Lassen Sie die Augen geöffnet.
- Strecken Sie nun die Arme nach vorn und verschränken Sie die Finger wie zum Gebet, wobei die Zeigefinger geradeaus zeigen.
- Bewegen Sie Ihre Arme so, daß sie eine kleine, ganz regelmäßige Acht in die Luft schreiben. Der Oberkörper wird während der Übung nur minimal bewegt, schauen Sie immer geradeaus.
- Üben Sie ganz langsam und entspannen Sie dabei vor allem die Schläfen und den Punkt zwischen den Augenbrauen.
- Lassen Sie die Bewegung langsam größer werden, so lange bis Sie den größtmöglichen Raum ausfüllt.
- Vergessen Sie nicht, den Oberkörper gerade zu halten! Achten Sie auch darauf, daß Sie nicht schneller werden,

die Bewegung sollte nach wie vor gleichmäßig und rund ausgeführt werden.
- Wechseln Sie nach etwa fünf Minuten die Richtung, und lassen Sie die Bewegung wieder kleiner werden.
- Wenn die Acht nur noch etwa fünf Zentimeter groß ist, hören Sie auf.
- Senken Sie die Arme, schließen Sie die Augen und spüren Sie einen Moment lang nach.

Übung 2

- Stellen Sie sich auch zu dieser Übung hin, die Füße sollten relativ nahe beieinander stehen.
- Schließen Sie für einen Moment die Augen und atmen Sie dreimal tief durch. Sie sollten entspannt sein, bevor Sie beginnen.
- Strecken Sie den linken Arm aus und bewegen ihn leicht zur Körpermitte. Heben Sie langsam das rechte Knie, bis es den Ellenbogen berührt.
- Lassen Sie das Bein sinken.
- Führen Sie diese Bewegung mit dem rechten Arm und dem linken Knie aus.
- Wiederholen Sie dies abwechselnd zwei Minuten lang. Achten Sie darauf, daß Sie die Bewegungen genau und langsam ausführen. Vergessen Sie nicht, gleichmäßig und ruhig weiterzuatmen.
- Schließen Sie dann die Augen und spüren einen Moment nach.

Übung 3

Für diese Übung brauchen Sie etwas Platz.
- Setzen Sie sich auf den Boden. Bringen Sie die Fußsohlen aneinander und umfassen sie fest mit beiden Händen.
- Krümmen Sie nun den Rücken und rollen Sie über das rechte Knie auf den Rücken und weiter über das linke Knie wieder in die sitzende Position zurück. Dazu brau-

chen Sie Schwung. Es mag sein, daß Sie diese Bewegung nicht auf Anhieb schaffen, aber nach ein paar Versuchen haben Sie es herausgefunden.

- Rollen Sie dann in die entgegengesetzte Richtung, über das linke Knie auf den Rücken und über das rechte Knie in die sitzende Position.
- Rollen Sie neunmal abwechselnd in jede Richtung.
- Schließen Sie dann die Augen und spüren Sie nach.

Tip

Führen Sie die Übungen auch mal zwischendurch aus. Sie erfrischen und beleben Geist und Körper zugleich. Sie können die beiden Hirnhälften auch dadurch verbinden, daß Sie mit den Händen die Fußsohlen der anderen Körperhälfte anschlagen oder mit beiden Händen parallel malen.

Kommentar

Das Wirkungsprinzip dieser Übungen besteht darin, daß die Koordination der rechten und linken Körperhälfte die beiden Gehirnhälften anregt, miteinander zu kommunizieren. Das unterstützt die Ganzheitlichkeit, ermöglicht neues Denken, harmonisiert und schafft eine innere Balance.

Symbole zur Selbstverwirklichung

Symbole schlagen eine Brücke zwischen der unsichtbaren, geistigen und der greifbaren Welt. Wie unerschöpflich der Bilderkatalog des menschlichen Unterbewußtseins ist, erfahren wir jede Nacht in unseren Träumen. Sie vermitteln uns Botschaften, helfen aber auch, Erfahrungen zu verarbeiten und seelischen Müll abzubauen. Symbole wirken auf Psyche und Seele, deswegen kommen sie in Religion und Kult, in Ritual und Kunst immer wieder vor.

Diese Übung bezieht sich auf bestimmte Themen. Sie

hilft Ihnen, mit Hilfe von Symbolen klare Zielvorstellungen zu realisieren. Überlegen Sie, wie die Lösung eines aktuellen Problems oder das Erreichen eines Ziels aussehen könnte. In Situationen wie z. B. während Prüfungsvorbereitungen oder bei der Suche einer neuen Wohnung oder eines Arbeitsplatzes hilft diese Übung weiter.

Übung

- Entspannen Sie sich mit einer Ihnen bekannten Methode. Ihr Geist sollte danach ruhig und frei von störenden Gedanken sein.
- Denken Sie sich nun in das zu bearbeitende Thema oder Problem hinein. Betrachten Sie dabei nicht die Zukunft, sondern stellen Sie sich vor, Sie hätten das Ziel jetzt bereits erreicht. «Wie verändert sich Ihr Leben dadurch?», «Wird Ihr Empfinden anders?», «Löst es etwas bei den Menschen in Ihrer Umwelt aus?», «Genießen Sie dadurch mehr Ansehen?», «Werden Sie ernster genommen?», «Hat es eine Auswirkung auf Ihren Körper?», «Wenn ja, welche?» «Verändert sich Ihr Selbstbewußtsein?», «Geschieht etwas mit Ihrem Selbstverständnis, in der Welt zu sein?», «Hat es Einfluß auf Ihre Zukunft?».
- Nehmen Sie sich ausreichend Zeit, alle Veränderungen detailliert wahrzunehmen. Betrachten Sie die äußere wie auch die innere Welt und Ihren Körper.
- Selbst wenn Sie meinen, bereits alles wahrgenommen zu haben, nehmen Sie sich noch etwas mehr Zeit. Schwelgen Sie in diesem neuen Lebensgefühl.
- Wenn Sie dann soweit sind, lassen Sie aus der Tiefe Ihres Bewußtseins ein Symbol entstehen, das alle diese Aspekte in sich vereint. Strengen Sie sich dabei nicht an. Manchmal erscheint es sofort, ein anderes Mal muß man etwas warten. Erhalten Sie sich den Genuß, dieses Ziel erreicht zu haben, und warten Sie neugierig.

- Sobald Sie das Symbol sehen oder spüren, reichern Sie es mit Informationen an. «Welche Form und Farbe hat es?», «Duftet es?», «Aus welchem Material besteht es?», «Welche Konsistenz hat es?», «Wie fühlt es sich auf der Haut an?», «Hat es einen Namen?»
  Nehmen Sie es mit allen Sinnen auf, so daß Sie es später im Tagesbewußtsein reproduzieren können.
- Wenn Sie alles gesehen und gespürt haben, bedanken Sie sich bei Ihrem Unterbewußtsein und verabschieden Sie sich von dem Symbol.
- Kommen Sie dann wieder zurück und gestalten Sie es in der Wirklichkeit: Nehmen Sie Ton, Malstifte oder etwas anderes und bauen oder malen Sie ein Modell.
- Stellen oder hängen Sie das fertige Gebilde an einen gut sichtbaren Platz.
- Nehmen Sie sich an jedem Tag, der bis zum Stichtag verstreicht, ein paar Minuten Zeit und lassen Sie es auf sich wirken. Die Gefühle, die während der Übung entstanden sind, werden wieder in Ihnen wach.
- Bedanken Sie sich danach jedesmal.
- Sobald das Symbol seinen Zweck erfüllt hat, hängen Sie es ab und vernichten Sie es in einem Zeremoniell, z. B. durch eine Verbrennung.

Tip

Behandeln Sie Ihr Symbol mit Respekt. Erlauben Sie niemals, daß es belächelt oder abgewertet wird.

Kommentar

Symbole unterwandern sozusagen den Radar der logisch denkenden Hirnhälfte und stellen so einen direkten Kontakt mit der Intuition her. Die tägliche Begegnung mit Ihrem persönlichen Symbol ist die ständige Bestätigung, daß Sie Ihr Ziel erreichen können.

Die Sinne entspannen

Mit folgender Übung können Sie zum einen feststellen, wie entspannt Ihre Sinne sind, also wie weit Ihr 6. Chakra geöffnet ist. Zum anderen können Sie direkt auf den Zustand dieses Energiezentrums einwirken.

Übung

- Stellen Sie einen Gegenstand, z. B. einen großen Stein, eine gefüllte Blumenvase oder eine hübsche Lampe, maximal einen Meter entfernt vor sich hin.
- Setzen Sie sich davor und schließen Sie die Augen.
- Entspannen Sie sich. Atmen Sie mehrmals tief durch.
- Stellen Sie fest, wieviel Ihrer Aufmerksamkeit nach außen gerichtet ist und wieviel nach innen? Stellen Sie sich dazu einen Maßstab vor, der aus ihrem Auge hervorragt, und messen Sie in Prozentpunkten.
- Öffnen Sie nun die Augen und lassen Sie den Blick ganz sanft auf dem Gegenstand ruhen. Konzentrieren Sie sich ganz darauf.
- Was geschieht? Beobachten Sie, inwieweit sich Ihre Aufmerksamkeit verschiebt. Geben Sie sie wieder in Prozentpunkten an.
- Versuchen Sie nun, Ihre Sinne so sehr zu entspannen, daß das Bild in Ihre Augen fällt. Versuchen Sie jedoch nicht, danach zu greifen. Die Prozentangaben verschieben sich gegen Null. Wie nehmen Sie den Gegenstand nun wahr? Vielleicht erkennen Sie neue Details? Ist er verschwommen oder nimmt er eine andere Form an? Was verändert sich in Ihrem Empfinden? Was nehmen Sie im Bereich des 6. Chakras wahr?

Tip

Sie können diese Übung auch mit den Ohren, dem Tastsinn, der Nase und dem Geschmack wiederholen.

Kommentar

Je mehr wir nach den Dingen in der Außenwelt greifen, desto stärker verspannen wir uns. Passiert dies, nehmen wir weniger wahr, in uns kann nichts einfließen. Entspannt man seine Sinne regelmäßig, baut sich ein Empfinden von Reichtum auf. Die Wahrnehmungsfähigkeit wird gesteigert, gleichzeitig vermindert sich Streß.

Die Sinne schärfen

Unsere Sinne werden ständig von unzähligen Reizen überflutet. Nur durch Filter können wir uns schützen. Jedoch verlieren die Sinne dadurch an Schärfe. Wir sehen, hören, riechen und fühlen nicht mehr, was uns umgibt, sondern berufen uns auf vorgefertigte Erfahrungen. Mit folgenden Verhaltensregeln können Sie Ihre Sinne trainieren.

Tips

- Versuchen Sie nie, mehr als zwei Dinge gleichzeitig zu tun. Unser Organismus muß sowieso ständig eine Vielzahl von Aktivitäten aufrechterhalten und steuern, z. B. Atmung, Herzschlag und Verdauung. Überlasten Sie nicht auch noch Ihre Sinne mit Doppelaktivitäten, auch wenn sie unbelastend erscheinen.
- Wenn Sie mehrere Dinge auf einmal unternehmen, verzetteln Sie sich leicht. Ihre Gedanken schweifen in die Vergangenheit oder in die Zukunft, Sie grübeln über Probleme nach und erreichen damit genau das Gegenteil von Konzentration.
- Wenn Sie sich unterhalten, konzentrieren Sie sich ausschließlich auf den Gesprächspartner. Fahren Sie Auto, achten Sie auf die Straße. Bitten Sie Ihre Beifahrer zu schweigen und hören Sie keine Musik.
- Bringen Sie niemals Arbeit mit nach Hause, weder in der Aktentasche noch im Kopf. Ebenso sollten Sie Ihre persönlichen Probleme zu Hause lassen und nicht in der Arbeit darüber nachdenken.

- Wenn Ihre Gedanken sich nicht im Hier und Jetzt aufhalten, konzentrieren Sie sich auf Ihren Atem und auf die gestellte Aufgabe. Hilft dies nicht, spechen Sie ein Mantra, z. B. «Ich bin entspannt im Hier und Jetzt!», «Nichts ist im Moment wichtiger, als das, was ich gerade tue!» oder «Ich lebe jetzt!».

Kommentar

Richten Sie Ihre volle Aufmerksamkeit auf das, was Sie im Moment tun. Wenn es Ihnen nur beschränkt wertvoll erscheint, fragen Sie sich, ob Sie überhaupt Zeit dafür aufwenden wollen.

Überzeugungen wahrnehmen

Im 6. Chakra formen wir unsere Überzeugungen. Diese wiederum bestimmen, wie wir die Welt, unsere Mitmenschen und uns selbst wahrnehmen. Die meisten Lebenseinstellungen haben wir schon früh angenommen. Später ändern wir sie nicht mehr, sie wirken wie Filter auf unser Erleben. Der effektivste Weg, dies zu ändern, besteht darin, die eigenen Einstellungen zu erweitern. Dazu müssen wir sie erst einmal kennenlernen.

Übung

- Fertigen Sie Listen zu allen Lebensbereichen an, in denen Sie im Moment Probleme haben, z. B. im Beruf, mit ihrem Körper, der Liebe oder dem Sex.
- Beschäftigen Sie sich dann jeweils mit einer Liste und schreiben Sie alle Einstellungen auf, die Ihnen während des Tages hierzu aufgefallen sind. Zum Thema Partnerschaft schrieb eine Teilnehmerin einmal: «Alle Männer (Frauen) sind schlecht», «Sie wollen immer nur versorgt werden», «Hat man sie aufgebaut, laufen sie einem davon», «Sie haben Angst vor Nähe» und «Sie wollen immer nur Spaß haben, vor der Verpflichtung haben sie Angst».

- Lassen Sie sich dazu viel Zeit und strengen Sie sich nicht an. Nehmen Sie einfach das wahr, was sich anbietet. Gehen Sie Ihren Geschäften nach und lassen Sie die Problematik in Ihrem Hinterkopf arbeiten.
- Wenn Sie glauben, daß Sie die für Sie wesentlichen Punkte festgehalten haben, führen Sie folgende kleine Meditation durch: Setzen Sie sich entspannt hin. Lesen Sie dann noch einmal alle Aussagen durch. Stellen Sie sich dabei vor, daß sie von einem fremden Menschen stammen. «Was teilen sie über den Menschen mit?», «Wie werden wohl seine Beziehungen aussehen?», «Ist er zufrieden in seiner Partnerschaft?», «An welchen Qualitäten oder Empfindungen wird es ihm mangeln?», «Wie würden Sie auf diesen Menschen zugehen, nachdem Sie seine Einstellungen jetzt kennengelernt haben?», «Verhelfen ihm diese Einstellungen zu einer erfüllten, harmonischen und aufregenden Partnerschaft?», «Kann er sich mit diesen Ansichten einem anderen Menschen wirklich öffnen?».
- Schreiben Sie sich die Antworten zu diesen Fragen in Stichpunkten auf. Ändern Sie für andere Lebensbereiche die Fragen entsprechend ab.
- Vergleichen Sie nun die Einstellungen und Ihre Eindrücke des «Fremden» mit Ihrem eigenen Leben.

Tip

Wenn Sie einen Freund oder eine Freundin haben, dem bzw. der sie völlig vertrauen, geben Sie ihm/ihr die Liste mit den Einstellungen und lassen sich seine/ihre Perspektive davon mitteilen. Sie können sich die Einstellungen auch ganz langsam vorlesen lassen und ihnen mit geschlossenen Augen nachspüren. So erhalten Sie noch tiefere Eindrücke von sich selbst.

Einstellungen verändern

Während der vorhergehenden Übung werden Sie festgestellt haben, daß ein Großteil Ihres Wesens davon bestimmt wird, was Sie denken bzw. woran Sie glauben. Wie einfach oder schwierig es ist, Einstellungen und Überzeugungen zu verändern, hängt davon ab, wie sehr ihr Verlust unsere innere Sicherheit bedroht.

Übung

- Gehen Sie spielerisch mit Ihren Einstellungen um. Benutzen Sie vor allem jene dazu, mit denen Sie emotional besonders eng verbunden sind.
- Überprüfen Sie regelmäßig Ihre Abneigungen, auch wenn Sie davon überzeugt sind, daß sie berechtigt sind. Gehen Sie z. B. ins Kino und schauen Sie die schwülstige Romanze an, von der jeder begeistert ist, die Sie jedoch aus tiefstem Herzen verabscheuen.
- Was können Sie durch eine neue Einstellung gewinnen?
- Denken Sie sich in die Meinung anderer Menschen hinein, und betrachten Sie die Welt aus anderen Perspektiven. Was verändert sich? – Ist Ihre Sicht wirklich die bessere? – Warum? – Ist sie aufgrund moralischer Bedenken entstanden? – Erleichtern Ihre Ansichten Ihnen das Leben?
- Beschäftigen Sie sich mit Menschen, mit denen Sie eigentlich nichts zu tun haben wollen. Lernen Sie, sie zu verstehen, fragen Sie sie über ihre Vorlieben und Meinungen aus.

Kommentar

Vielleicht ist Ihnen während der Übung die Quelle einiger begrenzender Einstellungen bewußt geworden, z. B. daß Sie diese von Eltern, aus der Gesellschaft oder vom Lebenspartner übernommen haben. Überprüfen Sie die Liste Ihrer Einstellungen und legen Sie jene ab, die Sie einschränken. Schließlich würden Sie auch beim Essen darauf achten, solche Nahrungsmittel zu vermeiden, die Ihnen Verdauungsbeschwerden bereiten.

Gedankenmuster stärken

Einschränkende Gedankenmuster kann man durch Affirmationen ablegen oder durch weitere ersetzen. Man kann sie, ähnlich einem Mantra, leise vor sich hinsprechen, laut rezitieren (chanten) oder aufschreiben.

Schreiben

- Suchen Sie sich ein Thema aus einem Lebensbereich aus, das Sie bearbeiten wollen, z. B. bezüglich des Selbstwerts, eines Gefühls oder der Partnerschaft.
- Formulieren Sie das von Ihnen gewünschte Ziel in einem möglichst kurzen Satz, etwa «Ich bin begehrenswert», «Meine Arbeit befriedigt mich». Vermeiden Sie Verneinungen, wie z. B. «Ich werde keine Angst mehr haben», «Ich werde nie wieder unglücklich sein». Arbeiten Sie immer nur mit einer positiven Aussage: «Ich bin kraftvoll und mutig». Formulieren Sie sie so, als wäre das Ziel bereits erreicht. Also nicht: «Ich werde meine große Liebe finden», «Ich werde mich glücklich fühlen», sondern: «Ich bin gesund», «Ich fühle mich reich und beschenkt».
- Sobald Sie die passende Affirmation in eine gute Formulierung übertragen haben, können Sie loslegen.
- Nehmen Sie ein Blatt Papier zur Hand und schreiben Sie die Affirmation abwechselnd in der 1., 2. und 3. Person auf, wobei Sie jeweils Ihren Namen in den Satz einfügen. Also: Ich, hier fügen Sie Ihren Namen ein, bin liebenswert. Du, auch hier steht Ihr Name, bist liebenswert. Er/Sie, setzen Sie hier Ihren Namen ein, ist liebenswert.
- Achten Sie dabei auf folgendes: Stecken Sie sich einen Zeitrahmen vor jeder Sitzung und halten Sie ihn unbedingt ein. Die minimale Dauer beträgt 15 Minuten, Affirmationen kann man aber auch als »Intensivprogramm«

mehrere Stunden lang schreiben. Denken Sie während der Übung nicht nach. Schreiben Sie zügig und schnell, ohne dabei jedoch mit den Gedanken abzuschweifen. Geschieht dies, verfolgen Sie einfach den Stift, wie er die Schriftzeichen auf das Papier zaubert. Lassen Sie etwaige negative oder hindernde Gedanken einfach durch den Stift aus sich herausfließen und schreiben Sie unbedingt weiter, auch dann, wenn Gefühle in Ihnen aufsteigen. Lassen Sie sich weder durch Tränen noch durch Euphorie abhalten.

Clearing

Wenn Sie einen besonders hartnäckigen Glaubenssatz bearbeiten wollen oder den Kern des zu bearbeitenden Problems noch nicht gefunden haben, führen Sie folgenden Klärungsprozeß durch:

- Nehmen Sie ein DIN A 4-Blatt quer und unterteilen es in der Mitte. Notieren Sie links die Affirmation in der Form wie oben beschrieben und rechts die Antwort Ihres inneren Kommentators, z. B.: «Ich bin innerlich und äußerlich schön» schreiben Sie in die linke Spalte, der Kommentator widerspricht: «Nein, du bist häßlich und klein». «Du bist innerlich und äußerlich schön» und «Keiner schaut mich an!» «Er ist innerlich und äußerlich schön» und «Ich habe schon vier Jahre keinen Sex mehr gehabt».
- Denken Sie nicht darüber nach. Versuchen Sie weder herauszufinden, woher diese negativen Anschauungen kommen, noch wie Sie sie ändern können. Schreiben Sie einfach.
- Beginnen Sie mit der ersten Antwort, die Sie wahrnehmen.
- Wenn Ihnen nichts mehr einfällt, erfinden Sie Gründe, auch wenn diese völlig abwegig erscheinen.

- Wenn Ihnen auch dann nichts mehr einfällt, schreiben Sie dies hin, so lange, bis Ihnen wieder etwas einfällt: «Ich werde geliebt und respektiert» und «Jetzt weiß ich nicht mehr, was ich schreiben soll» usw.
- Halten Sie bei dieser Übung unbedingt den gesteckten Zeitrahmen ein.

Mantra

- Legen Sie das Thema fest, wie oben vorgegeben.
- Lehnen Sie sich zurück und entspannen Sie sich.
- Atmen Sie mehrmals tief durch.
- Sprechen Sie die Affirmation still vor sich hin. Achten Sie dabei auf den Rhythmus, der langsam und hingebungsvoll sein sollte.
- Sobald Sie sich in anderen Gedanken verlieren, kommen Sie in aller Ruhe wieder zu Ihrer Affirmation zurück.
- Halten Sie auch hier den vorher gesteckten Zeitrahmen ein, lassen Sie sich nicht beeinflussen.

Chant

- Gehen Sie genauso vor wie beim Mantra. Der Unterschied liegt darin, daß Sie die Affirmation jetzt laut sprechen oder singen.
- Hören Sie dabei genau auf Ihren Tonfall und die Intensität. Arbeiten Sie so lange daran, bis Sie selbst glauben, was Sie da sagen.
- Egal, ob Sie die einfache Affirmationsübung, das Clearing, das Mantra oder den Chant üben, nehmen Sie sich unbedingt danach etwas Zeit. Schließen Sie die Augen und folgen Sie dem Nachhall der Übung. Wie fühlen Sie sich jetzt? – Was hat sich verändert? – Welche Gefühle drängen sich in den Vordergrund? – Wie würde sich die Welt verändern, wenn Sie diese Gefühle festhalten könnten?

Tip

Erwarten Sie nicht, daß hartnäckige Überzeugungen innerhalb weniger Sitzungen verschwinden. Bleiben Sie am Thema und schenken Sie den Widerständen keine Beachtung. Es wäre vermessen zu glauben, daß 15 Minuten täglicher Affirmation 23 Stunden und 45 Minuten negatives Denken auslöschen könnten. Behalten Sie also diesen Satz in Ihrem Kopf, und immer wenn das zu bearbeitende Thema aufkommt, sprechen Sie ihn aus. Hilfreich ist dabei ein kleines Kärtchen, das Sie in der Tasche tragen. So können Sie in der U-Bahn, in der Kantine oder selbst beim Einkaufen immer wieder einen Blick darauf werfen und die positiven Gedanken auffrischen.

Kommentar

Der Erfolg dieser Affirmationsübung beruht darauf, daß unsere innere Stimme sowieso unsere Worte und Handlungen bewertet. Diese Meinung filtert unsere Wahrnehmungen und bestimmt unser Wohlbefinden. Durch andauerndes Affirmieren wandeln wir unsere Einstellungen um und damit auch die unseres inneren Kommentators.

Positives Denken

In der gesamten alternativ denkenden Szene gibt es wohl kaum ein umstritteneres Thema als das positive Denken, da es oft mit Blauäugigkeit verwechselt wird. Ein Satz wie «Ich habe keinen Tumor, ich bin völlig gesund.» wäre natürlich völliger Unsinn. Positives Denken dagegen bedeutet, daß man mit einer optimistischen Einstellung an die Dinge im Leben herangeht.

Positives Denken heißt nicht, daß ich die Realität leugne. Es bedeutet auch nicht, daß ich in Lethargie verfalle, weil ja sowieso schon alles wunderbar ist. Aber gibt uns ein guter Gedanke nicht mehr Kraft als ein schlechter? Die Haltung «Ich habe einen guten Job und jetzt gehe ich los und suche mir einen noch besseren» löst mehr Elan aus als «So ein mieser Job. Ich muß da unbedingt weg, sonst dreh ich noch durch».

Hierbei handelt es sich um eine besondere Art zu denken, nicht aber um einen Zustand. Man muß sie sich immer wieder neu erarbeiten. Es erfordert ein hohes Maß an Aufmerksamkeit, damit wir sofort bemerken, wenn wir mit einer negativen Einstellung an etwas herangehen. An einem gängigen Beispiel läßt sich am besten erklären, was gemeint ist. Ein Glas ist zur Hälfte mit Wasser gefüllt, ist es halbvoll oder halbleer?

Übung

- Betrachten Sie in Ihrer Wohnung all die Möbel, die Sie schon seit Jahren stören. «Furchtbar dieser Schrank. Den schleppe ich schon seit der Studienzeit mit mir herum.»
- Betrachten Sie ihn nun mit «positiven» Augen. Was gefällt Ihnen an ihm? Was können Sie ihm abgewinnen? Vielleicht ist er sehr praktisch? Oder Sie verbinden schöne Erinnerungen damit?
- Fällt Ihnen kein Grund ein, warum Sie diesen Schrank behalten sollten, geben Sie ihn zum Sperrmüll.
- Stellen Sie sich vor den Spiegel. Schauen Sie sich die Speckröllchen an, das niemals richtig sitzende Haar, die Krähenfüße neben den Augen oder was Sie sonst an sich ablehnen.
- Können Sie etwas Schönes daran finden?
- Was stört Sie sonst noch in Ihrem Leben? Erstellen Sie eine Liste und schreiben Sie jeweils mindestens fünf positive Aspekte hierzu auf.

Kommentar

Dr. David Felten, Professor für Neurobiologie und Anatomie an der Universität von Rochester, beschäftigte sich mit den Faktoren, die eine verminderte Abwehrkraft verursachen. In seinem Buch *Die Kunst des Heilens* führte Bill Moyers dazu aus, daß dabei die Fähigkeit eines Menschen, mit einer Situation fertig zu werden, sowie der Grad seiner Einsamkeit, Einfluß auf die Abwehrkräfte nehmen. Weiterhin verändern bestimmte psychische Erkrankungen unter Umständen das Gleichgewicht im Hormonhaushalt. Man bedachte bisher nicht, daß sich dies auf das Immunsystem auswirken könnte. Im Epilog eines anderen Buches wies er darauf hin, daß emotionale Zustände nicht ignoriert werden sollten, nur weil die Erforschung nicht einfach und die Ignoranz in der Gesellschaft so groß ist.

Quickie: Augenkissen zu höherem Glücksempfinden

Sobald Sie merken, daß sich Ihr 6. Chakra aufgrund geistiger Überanstrengung verschlossen hat oder Sie sich in diesem Bereich energetisch unterversorgt fühlen, lehnen Sie sich zurück und legen Sie ein Augenkissen auf.

In Eile, z. B. nach Auseinandersetzungen oder Streß im Büro, können Sie die Übung erheblich verkürzen. Wir haben hier die ausführliche Variante angegeben.

Übung

- Bereiten Sie den Raum vor, indem Sie ihn gut durchlüften und eine Duftlampe anzünden.
- Bringen Sie sich in eine bequeme Rückenlage.
- Legen Sie das Augenkissen auf die geschlossenen Lider, so daß es die gesamten Augenhöhlen ausfüllt.
- Spüren Sie das leichte Gewicht und wie dadurch die tiefen Verspannungen der Augenmuskeln, die Anstrengung auf Ihrer Stirn, der Knoten zwischen den Augenbrauen und der Druck in den Schläfen gelöst werden.
- Nehmen Sie wahr, wie mit den Augen der ganze Körper entspannt wird.
- Lenken Sie Ihre Aufmerksamkeit auf das 6. Chakra. Beobachten Sie, wie es sich unter dem Schutz des Kissens langsam wieder öffnet.

- Beobachten Sie jetzt Ihre Gedanken. «Was hat sich verändert?», «Welche neuen Gedanken sind entstanden?», «Hat sich die Intensität der Gedanken verändert?», «Wie laut sind sie noch?», «Wie weit hat sich das Maß Ihrer inneren Anspannung reduziert?», «Wie wäre es, wenn Sie diese Haltung immer haben könnten?».
- Verschmelzen Sie mit dem neuen Gefühl. Baden Sie darin, schlüpfen Sie hinein wie in ein Blütenkleid.
- Genießen Sie diese Empfindung mit allen Sinnen. Schmecken, riechen, hören und fühlen Sie diese Haltung.
- Nehmen Sie dann das Augenkissen ab und bleiben Sie noch einen Moment lang liegen. Wieviel ist von dem Gefühl übriggeblieben? Was davon können Sie festhalten und in den Alltag mitnehmen?
- Stehen Sie dann langsam auf, wobei Sie versuchen, das Gefühl zu erhalten. Spüren Sie nach.

Tip

Wenn Sie sich kein Augenkissen kaufen wollen, können Sie es auch selbst nähen. Sie brauchen dazu zwei Stoffteile aus Baumwolle oder einem anderen weichen Stoff, er sollte unbedingt natürlich und unbehandelt sein. Schneiden Sie zwei Stücke zu je 20 x 10 Zentimeter zu. Für die Füllung brauchen Sie 200 Gramm Leinsamen oder 150 Gramm Leinsamen und 50 Gramm Schwarzkümmelsamen. Leinsamen wirkt kühlend, der Schwarzkümmel entspannt und gleicht aus. Nähen Sie die Stoffteile zusammen und geben Sie die/das Samen(-gemisch) hinein. Achten Sie darauf, daß das Säckchen nicht zu prall gefüllt ist. Es sollte sich weich in Ihre Augenhöhlen schmiegen.

Kommentar

Augen sind die Fenster zur Seele, so heißt es im Volksmund. In ihnen spiegeln sich unsere tiefsten Sorgen, Ängste und Sehnsüchte. Da sie uns mit der Außenwelt verbinden, formen die Wahrnehmungen unsere Gefühle und unser Erleben. Legen Sie das Augenkissen also öfter auf, um diesen Sinn zu entspannen. Der «weiche Blick», den die Buddhisten damit vergleichen, wie liebevoll eine Großmutter ihre spielenden Enkel betrachtet, bewirkt, daß sich viele Konflikte auflösen. Selbst größere Probleme können zu Nebensächlichkeiten und Schmerzen weniger stark empfunden werden, schaut man sie auf diese Art an, statt sie voller Furcht anzustarren.

Das Rad des ewigen Lebens

Das 7. Chakra befindet sich über dem Hinterkopf auf dem Scheitel. Seine materielle Manifestation ist die Krone, das Zeichen auf spiritueller Ebene der Heiligenschein. Nachdem die Kundalini das geöffnete Kronenchakra erreicht hat, tritt sie aus und erstrahlt in weißem Licht. Der Kreis schließt sich, das Licht verbindet uns mit dem Himmel.

Das Sahasrara – aus dem Sanskrit übersetzt, bedeutet dies tausendblättriger Lotus – wird von der Zirbeldrüse regiert. Deren Funktion ist von der Lichtmenge, die auf den Menschen einstrahlt, abhängig. Durch Lichtmangel am Tag bzw. zuviel Licht während des Schlafs kann die Funktion der Hirnanhangdrüse beeinträchtigt werden. Dadurch gerät der Melatoninhaushalt in ein Ungleichgewicht. Dieses Hormon benötigen wir, um uns entspannt und zufrieden zu fühlen.

Entwicklung

Durch die Öffnung des 7. Chakras erreichen wir den höchsten Grad menschlicher Entwicklung, daher liegt hier unsere schwierigste Aufgabe. Die Herausforderung des 6. Chakras, nämlich zwischen Illusion und Realität zu unterscheiden, wird durch einen weiteren Aspekt ergänzt: Wir müssen erkennen, daß wir letztlich Buddha-Natur sind, die Einheit mit allen Wesen und mit der großen, allesumfassenden Gottheit ist das Ziel.

Himmelung

Durch diese Wortneuschöpfung verdeutlichen wir das Pendant zur Erdung. Verwurzelung gibt uns Standfestigkeit, sie bewirkt unser Zugehörigkeits- und Heimatgefühl. Erdung ist aber nur ein Aspekt der Standortbestimmung, der zweite besteht in der Verbindung mit dem göttlichen Prinzip.

Zeichen und Symbole des 7. Chakras

Hierdurch gewinnen wir Einsicht in die höheren Ziele des Menschen, in unsere wahren Aufgaben, in den Wandel der Dinge und das Leben danach. Durch Himmelung erfahren wir Spiritualität.

Spiritualität

Klassische Tantriker warnen davor, sich Illusionen über die Verbindung zum Göttlichen zu schaffen, um dem Leben zu entfliehen. Diese psychische Anhaftung, das Glaubenwollen, bezeichnen sie als Rudra Granthi. Die Reise auf dem spirituellen Weg kann manchmal etwas verwirrend sein. Der Suchende erwartet einen Weg, der geradewegs ins Licht führt. Aber die Erleuchtung wartet in einer Schattenlandschaft auf uns. Da die Seele grenzenlos ist, umschließt sie auch all jene Aspekte, vor denen wir uns fürchten.

Seelenziel

In Untersuchungen hat man festgestellt, daß die Zirbeldrüse elektromagnetisch beeinflußbar ist. Hier geschieht die Auseinandersetzung mit dem Seelenziel. Über das 7. Chakra besteht der Kontakt zu unserer Seele. Sie leitet und lenkt unsere Bedürfnisse und Sehnsüchte, um uns zu jenen Erfahrungen zu führen, die sie nähren. Daher ist die Seele Grundlage jeder Handlung, jedes Gedankens und jedes Gefühls. Läßt man sich auf die Zufälle und Begegnungen ein, die daraus entstehen, gelangt man mit jedem Schritt näher an das Seelenziel.

Lebensziel

Aus dem Seelenziel ergibt sich das Lebensziel. Die Aufgabe, die sich die Seele gestellt hat, ist die Berufung unseres Lebens. Die Erkenntnis des Lebensziels läßt uns wie eine Schwebebahn durchs Leben gleiten. Wir fühlen uns zwar angeschlossen, verfügen jedoch über ein gewisses Maß an Freiheit. Fehlt uns diese Erkenntnis, fällt es uns in Lebenskrisen schwer, Lebensmut und Verständnis aufzubringen. Shealy und Myss führen in ihrem Buch *Auch Du kannst Dich heilen* an, daß ein unzureichendes Lebensziel eine der acht großen Ursachen für Krankheiten darstellt.

Wandel

Das Hormon Melatonin wirkt wie ein natürliches Schlafmittel und Antidepressivum. Es reguliert den Appetit und beeinflußt den Körper während der Pubertät, des Eisprungs und in den Wechseljahren. Es wirkt auf den natürlichen Rhythmus ein und bestimmt so unser Wohlbefinden, vor allem in Zeiten von Veränderung. Daher bestimmt das 7. Chakra, wie wir mit Wandel in jeglicher Form umgehen, z. B. mit einem Arbeitswechsel, dem Ende und Neubeginn einer Beziehung, beim Auszug aus dem Elternhaus oder bei dem Verlust eines Menschen.

Tod

Unsere Gesellschaft erfindet Mittel gegen das Altwerden und wirbt für Schönheitsoperationen. Der alternde Mensch wird aus den Medien, der Politik, der Öffentlichkeit und sogar aus der Familie verdrängt. Versucht man, auf diese Weise dem Tod auszuweichen, erreicht man genau das Gegenteil: Man beschäftigt man sich ständig mit ihm – allerdings nur mit den negativen Aspekten. Durch positive Auseinandersetzung mit diesem Thema könnten wir jedoch vieles lernen: Demut, Hingabe, Weisheit, Liebe, Loslassen, die Schönheit des Lebens zu erkennen, Vertrauen aufzubauen und die Verbindung zum göttlichen Prinzip.

Organe und Körperteile

Der Zustand dieses Bewußtseinszentrums wirkt sich auf das Gehirn und seine Funktionen, aber auch auf das Zentrale Nervensystem aus.

Balance

Ein ausgeglichenes 7. Chakra ermöglicht dem Menschen vor allem Kontakt mit dem Höheren Selbst. Zudem bewirkt es innere und äußere Weite, Zufriedenheit und Vertrauen in den Lauf des Lebens.

Blockaden

Blockiert wird das Kronenchakra durch einen Mangel an Erdung, denn allzu abgehobenes Denken verführt zu Illusionen. Störungen entstehen auch durch fehlenden Lebenssinn, der allerdings wiederum eine Folge von bereits bestehenden Blockaden sein kann. Eine weitere Ursache ist die Flucht vor dem Lauf der Dinge.

Dysbalance

Auf der körperlichen Ebene bringt man die Alzheimersche Krankheit mit einem unausgeglichenen 7. Chakra in Verbindung, aber auch Wetterfühligkeit, Lähmungen, degenerative Krankheiten, Verkalkung und andere Altersleiden sowie den bereits erwähnten Mangel an Lebenssinn.

Leben bedeutet, älter zu werden. Durch das Festhalten an der Jugend, z. B. durch sogenannte Schönheitsoperationen oder Kosmetika, verleugnet man diese Entwicklung. Unweigerlich stört das die Funktion dieses Bewußtseinszentrums. Als weitere Folgen einer Störung können Pessimismus und Depressionen, mangelnder Lebenswille, ein unzureichendes Seelenziel und ein Verlorenheitsgefühl entstehen. Im schlimmsten Fall verfällt man dem Wahn, von Geistern oder fremden Kräften besetzt zu sein.

Symbolik

Das 7. Chakra wird als das Rad des ewigen Lebens bezeichnet. Die Ausbildung dieses Bewußtseinszentrums ist unser höchstes Ziel. Der Übergang vom Leben in den Tod und damit wieder ins nächste Leben stellt sich als Thema. Der Kreislauf schließt sich, die Kundalini ist aufgestiegen und die Energien fließen.

Äther

Diesem Energiezentrum wird der Äther oder der Raum zugeordnet. Zwar ist er nicht greifbar, aber ohne seine Existenz wären Leben und Bewußtsein unmöglich.

Lotusblüte

Die Lotusblüte steht als universelles Symbol für die Entwicklung der Spiritualität. Sie repräsentiert den Kosmos, der aus dem prä-spirituellen Chaos entspringt. Sie ist tief in der Erde verwurzelt und strebt durch das dunkle Gewässer nach oben, um in Sonne und Luft zu ruhen. Die Blütenblätter des Lotus öffnen und schließen sich mit dem Licht. Wie der Lotus, dessen Samen die Schöpfung verbildlicht, tragen auch wir den Samen für Kraft, Liebe und Licht in uns.

Waldhuhn

Der Tanz des Waldhuhns symbolisiert Geburt und Wiedergeburt. In vielen Traditionen, z. B. bei den Indianern, Sufis und Druiden, benutzt man die spiralförmige Bewegung, um andere Bewußtseinszustände zu erreichen. Wie bei einem Tornado wird der Tänzer in seine Mitte, hin zu sich selbst, zum Höheren und zur Erleuchtung gezogen.

Regenbogen

In diesem Stadium ist der Mensch nur noch Essenz. Der Regenbogen symbolisiert unsere Vielfältigkeit, die immanente Buddha-Natur und das Licht des ewigen Geistes.

Übungen zum Kronenchakra

Die Kunst, eins zu sein

Meditation ist ein Allerweltswort geworden. Man reduziert sie darauf, daß eine gewisse Technik erlernt wird. Aber sie besteht aus mehr als einer bestimmten Art zu sitzen oder sich für begrenzte Zeit zu versenken. In der Meditation praktiziert man eine bestimmte Haltung, eine Art und Weise, das Leben zu erfahren.

Der tibetische Meister Sogyal Rinpoche erklärt die Funktion und Wirkung von Meditation so: Durch sie erreichen wir einen Zustand ohne Ängste und Zwänge, ohne Kämpfe und Wertungen. Sorgen, Bedenken, aber auch alle Gefühle und Handlungsmuster, durch die wir unfrei geworden sind, lösen sich. Der Sinn liegt darin, die Wirklichkeit bewußt wahrzunehmen sowie das reine Bewußtsein als Grundlage für Leben und Tod anzuerkennen.

Es gibt viele Methoden, um den Geist zu beruhigen, z. B. die Versenkung in Mantras, in Mandalas (kreisförmige Ornamente), in den eigenen Bewußtseinszustand, wie im japanischen Za-Zen, oder in Tänze, wie es die Sufis und Naturvölker praktizieren. Jede Tätigkeit kann und sollte letztlich Meditation sein, auch das Straßenkehren, Bügeln oder Autofahren. Der Zweck ist immer derselbe: einerseits das Alltagsbewußtsein zu verlassen, andererseits den Geist und das Handeln zu verschmelzen.

Übung

- Setzen Sie sich in eine bequeme Meditationshaltung, die Sie für 20 Minuten halten können.
- Aus energetischer Sicht unterstützt der Lotussitz die meditative Versenkung am besten. Sie können sich aber auch im Schneidersitz auf ein Meditationskissen oder -bänkchen niederlassen. Falls Sie unter Bandscheibenproblemen leiden, setzen Sie sich auf einen Stuhl.
- Beachten Sie bei der Haltung folgendes: Öffnen Sie die Vorderseite des Körpers weit, halten Sie den Rücken aufrecht, wobei der Kopf die gerade Verlängerung der Wirbelsäule bildet. Entspannen Sie die Schultern und legen Sie die Hände auf die Knie. Die Zungenspitze sollte leicht den Gaumen berühren, die Kiefer bleiben geöffnet. Achten Sie darauf, daß der Punkt zwischen den Augenbrauen, Ihr drittes Auge, gelöst ist. Atmen Sie regelmäßig und leicht.
- Halten Sie die Augen während der Meditationsphasen geöffnet. Das verhindert ein Abdriften in Zwischenbereiche und Fantasien.
- Lächeln Sie mit den Augen, als würden Sie einem kleinen Kind beim Spielen zusehen.
- Um den Geist zu beruhigen, lenken Sie Ihre Aufmerksamkeit zu Beginn der Meditation auf den Atem, das sanfte, weiche Heben und Senken von Brust und Bauch, das leise, wispernde Ein und Aus in Ihrer Kehle.
- Beobachten Sie nun den Moment zwischen Ein- und Ausatmen. Weiten Sie diese Stille aus, solange Sie dabei den Atem nicht anzuhalten brauchen.
- Betrachten Sie alle auftauchenden Gedanken, Schmerzen und Gefühlsreaktionen mit dem mitfühlenden Lächeln und lassen Sie sie gehen.
- Nach fünf Minuten können Sie sich kurz strecken oder Ihre Haltung erneuern. Verlieren Sie dabei jedoch nicht die meditative Versenkung.

- Nach etwa 20 Minuten, also vier Einheiten zu je fünf Minuten, tut es gut aufzustehen, sich zu strecken und die Glieder zu bewegen, um den Energiefluß und den Kreislauf wieder in Schwung zu bringen.
- Führen Sie eine zweite Meditationsphase durch.

Tip

Die Aufmerksamkeit auf den Atem zu richten, hilft dabei, den Geist zu zentrieren. Er soll ruhig und auf das Hier und Jetzt gelenkt werden, ohne ein Mantra oder eine Visualisation.

Kommentar

Meditieren Sie regelmäßig, am besten täglich zur gleichen Zeit. Routine hilft Ihrem Geist, sich zu versenken. Diese Übung wird Ihnen von Mal zu Mal leichterfallen.

Brücke zum Himmel

Mit folgender Körperübung öffnen Sie den Kanal zwischen Basis und Kronenchakra, so daß die Energie ungehindert aufsteigen kann. Zudem entspannt und kräftigt sie die Rückenmuskulatur.

Übung

- Legen Sie sich flach auf den Rücken, die Beine ruhen hüftbreit auseinander und die Arme entspannt neben dem Körper.
- Atmen Sie langsam und achten Sie darauf, daß Ihr Bauch völlig entspannt ist.
- Ziehen Sie nun die Füße möglichst nah an den Körper heran, der Abstand zwischen den Knien sollte dabei unverändert bleiben.
- Stemmen Sie den Unterkörper langsam aus dieser Position hoch. Heben Sie Wirbel für Wirbel vom Boden ab.
- Nehmen Sie sich so viel Zeit dafür, daß Sie aufmerksam beobachten können, welche Muskelpartien sich dabei

anspannen. Fragen Sie sich während der Übung, welche Muskelspannung unnötig ist. Achten Sie dabei besonders auf Gesicht, Schultergürtel und Brust.

- Heben Sie nun auch den Oberkörper vom Boden ab, bilden Sie so langsam eine Brücke. Die Arme bleiben während der ganzen Übung entspannt und unbeteiligt.
- Strecken Sie Ihren Nabel so hoch zum Himmel, wie es Ihnen möglich ist.
- Halten Sie diese Position drei langsame, entspannte Atemzüge lang. Nur der Rücken ist angespannt, alle anderen Muskeln im Körper sind gelöst.
- Legen Sie den Körper, beginnend mit dem Nacken, Wirbel für Wirbel langsam wieder auf den Boden.
- Sobald Sie wieder ganz auf dem Boden liegen, strecken Sie die Beine aus und spüren Sie den prallen Energiefluß entlang der Wirbelsäule. Ein Gefühl tiefer Ausgeglichenheit breitet sich aus, wenn sich die Energien des Kronenchakras mit denen des Basischakras verbinden.
- Spüren Sie diese Energie mindestens neun langsame Atemzüge lang. Dann beginnen Sie von vorn mit der Übung.
- Wiederholen Sie sie dreimal.
- Nehmen Sie sich ganz am Ende der Übung Zeit, vor allem die Empfindungen im Bereich Ihres Hinterkopfs wahrzunehmen und zu genießen. Spüren Sie das herrliche prickelnde Gefühl von quirlender Energie. Tauchen Sie in den Frieden ein.

Tip

Anfangs wird Ihnen diese Übung möglicherweise schwerfallen, da sie sehr anstrengt und gerade für Menschen mit Rückenproblemen oder schwacher Rückenmuskulatur sehr beschwerlich ist. Überschreiten Sie niemals die Schmerzgrenze. Obwohl diese Übung einen wahren Genuß erzeugt, sollten Sie sie nicht öfter als einmal wöchentlich ausüben.

Die Seele auf Reisen schicken

Die Welt ist Illusion, sagen die Buddhisten, ein einziger Traum, aus dem wir nie erwachen. Die Wahrheit in dieser Aussage können Sie mit der folgenden bezaubernden Trance-Übung feststellen. Sie wird Ihnen helfen, sich aus manchen Verwicklungen zu entwirren und einen spielerischen Umgang zu lernen. Zudem ist sie amüsant, inspirierend und zutiefst entspannend.

Übung

- Bereiten Sie den Raum für die Übung vor und rufen Sie die Geister.
- Legen Sie sich entspannt auf den Boden und schalten Sie eine Kassette oder eine CD mit Trancerhythmen ein. Bitten Sie die Geister, Sie an einen bestimmten Ort zu bringen. Wiederholen Sie dieses Anliegen dreimal langsam und eindringlich.
- Vertrauen Sie sich den Geistern an und lassen Sie sich leiten.
- Sind Sie dort angekommen, wo sie hinwollten, spazieren Sie umher und vergnügen Sie sich. Wandern Sie durch Hochgebirgswälder oder baden Sie im Meer. Tauchen Sie in die neue Welt ein.
- Öffnen Sie Ihre Sinne und nehmen Sie alles so bewußt wie möglich wahr.
- Wenn Sie sich genau umgesehen haben, bitten Sie die Geister, Sie in die bekannte Welt zurückzubringen.
- Bedanken Sie sich bei ihnen und verabschieden Sie sich.
- Spüren Sie Ihrer Reise nach.
- Strecken Sie sich.
- Beenden Sie das Ritual.

Tip

Diese Übung läßt sich beliebig abwandeln. Zum Beispiel können Sie Ihr Schutztier bitten, Sie in die andere Welt zu begleiten. Reisen Sie mit Rauch, einem Regenbogen oder einem Sonnenstrahl hinüber und besuchen Sie einen Verstorbenen. Unterhalten Sie sich mit ihm über das Sterben und das Leben danach. Oder reisen Sie an einen bestimmten Ort, um eine Aufgabe zu erfüllen. Vielleicht müssen Sie aufgrund eines Traumas wieder in Ihre Kindheit zurück, um die damaligen Gegebenheiten in neuem Licht zu sehen. Vielleicht wollen Sie in das Himalayagebirge reisen, um die tiefe Sehnsucht zu erfüllen, vom höchsten Gipfel auf die Erde hinunterzuschauen. Ihrer Fantasie sind keine Grenzen gesetzt.

Kommentar

Haben Sie bemerkt, wie real sich diese Reise angefühlt hat? Manche Teilnehmer berichten, daß sie sogar den Duft der Gewürze auf dem Markt riechen können oder das Kitzeln von Grashalmen unter ihren Fußsohlen spüren. In Trance können wir sogar an Orte reisen, an denen wir noch nie zuvor gewesen sind. Es liegt also nur an uns, die in uns bereitliegenden Informationen zu verwenden.

Mit dem Geist der Weisheit verschmelzen

Das 7. Chakra ist der Sitz unseres Weisheitsgeistes. Unsere Aufgabe besteht darin, ihn zu entdecken, unsere Aufmerksamkeit für ihn zu schärfen und ihn auszudehnen. Ein äußerst effektiver Weg führt darüber, uns mit dem einen Geist der Weisheit zu verschmelzen.

Übung

- Begeben Sie sich in eine bequeme Meditationshaltung und bringen Sie Ihren Geist zur Ruhe.
- Visualisieren Sie nun die Verkörperung des Weisheitsgeistes. Für den einen ist Christus oder ein Heiliger, für

den anderen Buddha oder die Wesenheit des Lichts der geistige Führer. Stellen Sie sich vor, er sitzt Ihnen genau gegenüber.

- Bestandteil jeder Vorstellung sollte eine Verdichtung von Licht sein, durchscheinend und strahlend wie ein Regenbogen. Sie enthält Segen, Wissen, Kraft und Mitgefühl, das alle erleuchteten Wesen kennen.
- Sobald Sie eine Verkörperung der Weisheit in Ihrem Herzen spüren, sprechen Sie sie an. Bitten Sie demütig um Hilfe dabei, sich von Karma und negativen Emotionen zu reinigen und die wahre Natur Ihres Geistes zu entdecken.
- Rezitieren Sie nun das Mantra OM AH HUM VAJRA GURU PADMA SIDDHI HUM, das folgendermaßen ausgesprochen wird: Om Ah Hung Benza Guru Pema Siddhi Hum. Dieses Mantra ist die Essenz des Weisheitsgeistes in Form von Klang.
- Sprechen Sie es langsam und eindringlich.
- Spüren Sie die sanfte Massage, die Sie innerlich erhalten. Sie lockert verdichtete Energien, reinigt und befreit. Das Mantra breitet sich immer mehr aus, bis Sie selbst zum Weisheitsgeist werden.
- Spüren Sie, wie Ihr Alltagsgeist sich langsam auflöst und Ihre tiefste Buddha-Natur zutage tritt, als zöge man einen Schleier zurück.
- Stellen Sie sich nun vor, daß aus der Verkörperung des Weisheitsgeistes Tausende von Lichtstrahlen ausströmen, die Sie tief durchdringen, Sie reinigen, heilen und den Samen der Erleuchtung in Ihnen säen.
- Eine dichte Wolke weißen Lichts tritt aus dem Kronenchakra des Meisters aus und wird langsam immer größer. In spiralförmigen Bewegungen weitet sie sich aus, bis sie Ihren Geist erreicht.
- Dieses Licht, der Segen der Weisheit, verbindet Sie direkt

mit der Natur des Geistes. Es erfaßt Sie, dringt in Sie ein und erfüllt Sie durch und durch.
- Dann löst sich der Meister in diesem Licht auf und geht völlig in Sie ein.
- Sobald alles Licht in Ihnen ist, sehen Sie sich selbst strahlen und leuchten wie die höchste Weisheit.
- Mit diesem Strahlen lösen Sie sich nun ebenfalls auf, bis nur noch der Urgrund aller Bewußtheit, Rigpa, der Geist der allumfassenden Weisheit und Erkenntnis, übrigbleibt.

Tip

Vertrauen Sie der Kraft dieser Visualisation. Buddha sagte einmal: «Ich werde bei jedem sein, der an mich denkt.»

Kommentar

Diese Übung ist einer alten tibetischen Praxis entlehnt, dem Guru-Yoga. Sie soll uns den Weg zeigen, den Bereich der Weisheit zu betreten und ihre Allgegenwärtigkeit zu erkennen.

Eine Lektion in Demut

Eine weitere Möglichkeit, uns über die Sorgen, Nöte und Verwicklungen unseres irdischen Daseins zu erheben, gibt uns das Beten. In dem folgenden alten tibetischen Gebet finden wir den Ausdruck der idealen menschlichen Geisteshaltung.

Übung

- Setzen Sie sich bequem hin und entspannen Sie sich bei den nächsten Atemzügen.
- Führen Sie nun die Hände ganz langsam zusammen und nehmen Sie alle Veränderungen in Ihrem Befinden wahr.
- Sprechen Sie dann folgendes Gebet:

«Mögen alle Wesen Glück erfahren
und die Ursachen von Glück;
Mögen sie frei sein von Leid
und den Ursachen von Leid;
Mögen sie niemals getrennt sein
von der allumfassenden Glückseligkeit
und allzeit im Zustand von Gleichmut verweilen
ohne zuviel Anhaftung oder Abneigung.»

- Schließen Sie die Augen wieder und lassen Sie die Worte in sich nachhallen. Tauchen Sie in das Gefühl ein, das sie in Ihnen hinterlassen.

Tip
Beten Sie in Momenten der Verlassenheit, während Trauer oder Depression. Wenn Sie das Gebet sprechen, geben Sie sich ihm dabei völlig hin. Dann werden Sie die heilenden Kräfte der Demut erfahren.

Kommentar
Wenn wir aufrichtig beten, werden wir eins mit den Worten, daher ist das Gebet auch Meditation. Wir vergessen alle Sorgen und Nöte, aber auch zu starkes Anhaften und Festhalten wird gelöst. Indem wir die Hände zusammenführen, versinnbildlichen wir das Überschreiten der Dualität. Zudem verbinden wir die beiden entgegengesetzten Spannungspole in unserem Körper und erhöhen damit den Energiefluß. Jedes Gebet weckt in uns das Bewußtsein, daß wir auf die Hilfe höherentwickelter Wesen angewiesen sind. Wir erhalten eine Lektion in Demut.

Die Energie lenken

Wie Sie im Kapitel *Leben im Fluß* bereits erfahren haben, besteht der Mensch letztlich nur aus Energie. Diese kann man beeinflussen bzw. lenken. Zunächst zeigen wir Ihnen, wie Sie ein akut verschlossenes 7. Chakra öffnen. Weiterhin erklären wir, wie Sie durch tägliche Übungen den Energiefluß zum Kronenchakra hinauf erhöhen und damit seine Entwicklung fördern können.

Übung 1

- Setzen Sie sich aufrecht hin und schließen Sie die Augen.
- Entspannen Sie den Bauch, indem Sie bis ins Becken hinunteratmen.
- Reiben Sie die Hände kurz aneinander und spüren Sie die Lebensenergie.
- Legen Sie dann die rechte Hand quer über den Nacken und die linke auf die Stirn.
- Entspannen Sie die Hände und Arme so stark wie möglich, dadurch erhöht sich der Energiefluß.
- Halten Sie die Position so lange, bis Sie den Energiestrom spüren, der sich zwischen den Händen aufbaut.
- Legen Sie nun die linke Hand auf den Scheitel und die rechte auf den Hinterkopf.
- Warten Sie wieder, bis sich Spannung aufbaut.
- Schieben Sie nun die Hände noch weiter zusammen, so daß Sie sich gerade nicht berühren.
- Zum Abschluß legen Sie die Hände seitlich über die Ohren, bis sich die Fingerspitzen über dem 7. Chakra fast berühren.
- Atmen Sie nun in das Chakra hinein und spüren Sie, wie es sich durch den Energiestrom wieder öffnet.

Tip

Wenden Sie diese Übung an, wenn Sie Kopfschmerzen haben. Sie werden überrascht sein, wie schnell sie verfliegen. Natürlich können Sie auch die Menschen in Ihrer Umgebung beglücken, indem Sie diese «behandeln». Waschen Sie sich anschließend die Hände mit kaltem Wasser, um sicherzustellen, daß eventuell übertragene Energien wieder ausgeleitet werden.

Übung 2

Indem Sie das 1. und das 7. Chakra verbinden, schließen und verbessern Sie den Energiekreislauf innerhalb des Systems.

- Bringen Sie sich in eine bequeme linke Seitenlage.
- Reiben Sie wieder, wie oben beschrieben, die Hände aneinander.
- Sobald Sie den Energiefluß spüren, legen Sie die rechte Hand von hinten an das Wurzelchakra und die linke auf das Scheitelchakra.
- Lösen Sie alle Verspannungen in den Muskeln. Je entspannter Sie sind, desto besser fließt die Energie.
- Atmen Sie ruhig und regelmäßig. Es kann sein, daß Sie dabei müde werden.
- Spüren Sie in den Energiefluß hinein, der sich langsam aufbaut und immer stärker wird.
- Halten Sie die Position so lange, bis Sie einen starken Energiefluß wahrnehmen.
- Legen Sie sich zum Abschluß flach auf den Rücken und spüren Sie nach.

Tip

Dieses Prinzip können Sie an unterschiedlichen Körperstellen anwenden. Verbinden Sie die Gegenpole und reinigen Sie damit den Energiestrom.

Kommentar

In der Polarity-Therapie arbeitet man mit der unterschiedlichen Polung von Körperregionen. Dabei ist z. B. die rechte Hand positiv und die linke negativ geladen. Verbindet man nun solche entgegengesetzten Partien, schließt man sozusagen den Stromkreis und erhöht den Energiefluß.

Abschied nehmen

Im Laufe unseres Lebens erleiden wir unterschiedlichste Verluste, z. B. den eines Menschen, der Gesundheit, der Jugend und Schönheit, von Träumen oder Beziehungen. Wenn wir sie nicht verarbeiten, halten Sie uns in der Vergangenheit gefangen und hemmen damit unsere Entwicklung. Sie verhindern, daß wir uns für die Gegenwart öffnen und den Reichtum an Erfahrungen wahrnehmen, der sich uns in jedem Moment bietet. Folgendes Ritual wird Ihnen dabei helfen, vergangene Kapitel Ihres Lebens abzuschließen.

Übung

- Bereiten Sie sich auf das Ritual vor, indem Sie ein Räucherstäbchen oder eine Duftlampe anzünden, Sie können auch einen Gong anschlagen.
- Rufen Sie den Inneren Führer oder eine andere Wesenheit durch ein Gebet oder das Entzünden einer Kerze, um Ihnen zu helfen.
- Denken Sie an den bisher nicht überwundenen Verlust.
- Manifestieren Sie ihn in Worten, die Sie aufschreiben, oder malen Sie ihn. Lösen Sie durch eine Fotografie oder einen anderen Gegenstand die Erinnerung aus.
- Betrachten Sie den Verlust und verbinden Sie die Darstellung oder den ausgewählten Gegenstand mit den aufkommenden Gefühlen, wie z. B. Trauer, Enttäuschung, Wut, Hilflosigkeit oder Sehnsucht.
- Vielleicht haben Sie das Bedürfnis, mit ihm zu sprechen. Oder Sie wollen ihm danken oder um Verzeihung bitten.
- Nehmen Sie wahr, was sich zeigen will. Überlegen Sie, ob Sie alles gesagt haben, was nötig war.
- Wenn es Ihnen darum geht, den Verlust loszulassen, verbrennen Sie den Gegenstand in einer feuerfesten Schale.

Beobachten Sie den Rauch, wie er immer dünner wird, verfolgen sie ihn auf seinem Weg in das Nichts. Geben Sie ihm alle Ihre Gefühle der Trauer, der Enttäuschung und des Festhaltens mit, die noch übriggeblieben sind.
- Beten Sie für die Seele des Verlorengegangenen. Geben Sie ihr Kraft und Klarheit, den Weg in die andere Dimension zu finden.
- Warten Sie, bis die letzte Glut erloschen ist.
- Verstreuen Sie die Asche am besten in Blumentöpfen, im Garten oder an einem Lieblingsort in der Natur. So verbinden Sie den Verlust mit dem natürlichen Zyklus von Tod und Wiedergeburt.
- Danken Sie dem Höheren für seine Hilfe.
- Beenden Sie das Ritual wieder mit dem Läuten einer Glocke, dem Auslöschen der Kerze oder einem Gebet.

Tip
Nehmen Sie sich viel Zeit für diese Übung. Das Verbrennen der Symbole, Fotografien oder Namen sollte nur die Konsequenz eines inneren Prozesses sein. Betrachten Sie den Verlust so lange, bis Sie Ihre Gefühle wirklich geklärt und mit dem Gegenstand verbunden haben. Sie können mit dieser Übung auch loslassen, was in Ihrem Leben noch hemmend ist, z. B. einen Charakterzug, ein hinderndes Bedürfnis, eine limitierende Anschauung oder eine Beziehung, die Ihnen nicht guttut.

Kommentar
Durch Rituale werden wir zu uns selbst geführt, wir verwandeln unseren Körper und den Raum in einen Tempel, in dem wir sie abhalten. Die Präsenz des Höheren erfüllt uns, unsere Selbstheilungskräfte werden aktiviert.

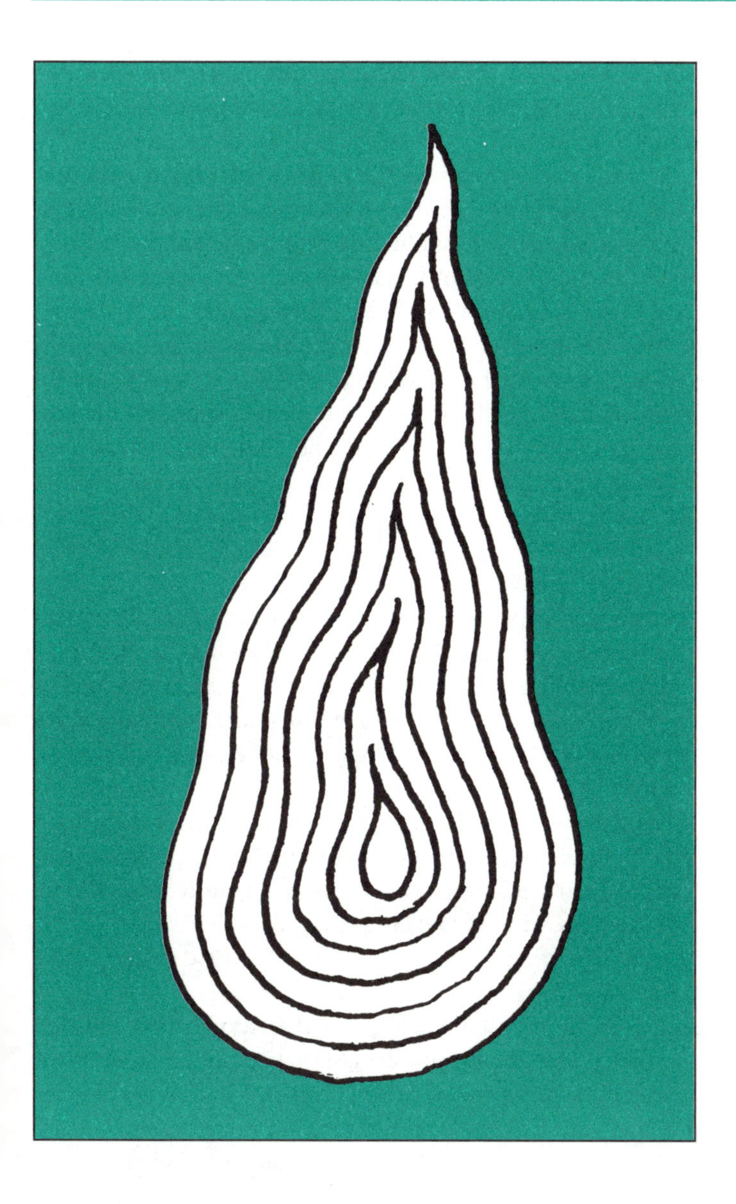

Mandalas führen uns in unsere Mitte

Landkarten zur Mitte der Seele

Kreisbilder, auch Mandalas genannt, geben uns eine Art von Landkarte, mit der wir den Weg zu unserem Selbst finden können.

Malt man sie, folgt man ihnen. Ihnen zu folgen, bedeutet Hingabe. Sie helfen dem Menschen, sich zu sammeln. Die Konzentration wird erhöht, gleichzeitig schenken sie Ruhe und Gelassenheit. Mandalas findet man in vielen Kulturen und Religionen. Indianer haben ebenso mit ihnen gearbeitet wie Tibeter, Thailänder oder die Ureinwohner Australiens. In der westlichen Zivilisation sieht man sie in katholischen Kirchen. Achten Sie auf die kreisförmigen Fenster über den Portalen gotischer Kirchen. Die einfachste Möglichkeit, selbst Mandalas zu erstellen, ist die, Vorlagen auszumalen.

Übung 1

- Kaufen Sie sich einen Mandalablock.
- Besorgen Sie sich Farben, die Ihrem momentanen oder gewünschten Gemütszustand entsprechen, z. B. Aquarell-, Pastellfarben oder Kreide für die zarten, feinen, meditativen Momente und Filzstifte oder Wachsmalstifte für die kraftvollen, bewegten und energetischen Gefühle.
- Entspannen Sie sich, bevor Sie mit dem Malen beginnen. Lehnen Sie sich zurück und schließen Sie die Augen. Werden Sie sich bewußt, wie Sie sich gerade fühlen.
- Atmen Sie einige Male langsam und weich.
- Öffnen Sie dann die Augen und wählen Sie in aller Ruhe ein Mandala aus.
- Lassen Sie zuerst die Flächen und leeren Formen auf sich wirken. Welche Empfindungen rufen sie hervor? Nach welchen Farben rufen sie?
- Malen Sie langsam, machen Sie immer wieder Pausen, um in sich hineinzuhören. Aber denken Sie nicht darüber nach. Achten Sie nicht auf Farbkombination, ver-

gessen Sie alles, was Sie über «Ihre» Farben gelernt haben. Malen Sie statt dessen aus Ihrer Seele heraus, lassen Sie sich von ihr führen. Darauf können Sie sich einlassen, wenn Sie sich Zeit nehmen und immer erst dann weitermalen, wenn Sie die nächste Farbe in sich spüren.
- Hören Sie auf zu malen, sobald Sie das Gefühl haben, daß das Mandala fertig ist, auch wenn noch weiße Stellen übriggeblieben sind. Dann schließen Sie die Augen und spüren den Gefühlen nach.
- Lassen Sie das Mandala noch einmal auf sich wirken. Wie fühlen Sie sich jetzt?

Übung 2

Wenn Sie einmal ein Gespür für die Kreisbilder entwickelt haben, können Sie Mandalas auch selbst entwerfen. Sie brauchen dazu nur Lineal und Zirkel. Am Anfang ist es sinnvoll, dem Mandala eine eindeutige Mitte zu geben, um die herum sich Formen anordnen. Dazu eignen sich Kreise, Strahlen, Quadrate und Dreiecke, Halbmonde und Flammen. Später können Sie dann auch mit Mandalas experimentieren, deren Formen nicht mehr symmetrisch angeordnet sind.

Gehen Sie dabei vor wie oben:
- Entspannen Sie sich.
- Lassen Sie das Mandala in Ihrem Inneren entstehen. Warten Sie, bis es sichtbar wird, setzen Sie dann die Vorstellung auf Papier um.
- Beginnen Sie mit einfachen Formen, damit Sie sich nicht verzetteln.
- Dann folgen Sie der obigen Übung bis zum Ende.

Tip

Traditionell stellte man Mandalas aus buntem Sand, Reis oder Pflanzenteilen her. Sie können Mandalas auch aus Transparentpapier anfertigen und zu Laternen zusammenkleben, Mobiles aus ihnen basteln oder Ihr Fenster mit ihnen schmücken. Lassen Sie Ihrer Fantasie freien Lauf. Besondere Wirkung erzielen Sie nach unseren Erfahrungen, wenn Sie in der Natur Mandalas aus natürlichen Stoffen herstellen. Gehen Sie dazu an einen besonderen Ort und sammeln Sie Zweige, Tannenzapfen, Blätter oder andere Dinge, die Sie ansprechen. Legen Sie das Mandala mit Freund oder Partner, dadurch entsteht eine Verbindung auf einer besonders tiefen Ebene.

Kommentar

Das Wort Mandala stammt aus dem Sanskrit und bedeutet Kreis. Der Psychologe C. G. Jung hat sich mit der therapeutischen Wirkung der Mandalas eingehend beschäftigt. Er behauptet, daß sie Ausdruck für das menschliche Streben nach einer inneren Ordnung sind und zu einem heilsamen Einssein führen.

Quickie: Licht einströmen lassen

Wenn Sie das Gefühl haben, Ihr 7. Chakra hat sich verschlossen, können Sie es relativ einfach wieder öffnen, indem Sie es mit folgender Kopfmassage energetisieren und Platz zwischen den Schädelknochen schaffen.

Übung

- Setzen Sie sich aufrecht, aber entspannt in einen Stuhl.
- Schließen Sie die Augen und atmen Sie tief ins Becken hinunter, was Zwerchfell und Bauch entspannt.
- Formen Sie die Finger einer Hand zu einem Kamm. Legen Sie sie vor das Kronenchakra und bewegen Sie sie sanft hin und her, angefangen beim Kronenchakra nach vorne zur Stirn, vom Hinterkopf in den Nacken und zuletzt seitlich an beiden Kopfseiten hinunter.
- Wiederholen Sie das so lange, bis Ihre ganze Kopfhaut stimuliert ist.
- Greifen Sie nun einzelne Haarbüschel und ziehen Sie

langsam, aber sehr fest daran. Sie werden merken, daß auf Ihrer Kopfhaut ein Kribbeln entsteht. Wiederholen Sie dies an anderen Stellen auf dem Kopf, bis Sie an allen Haaren gezogen haben.
- Verbinden Sie Ihren Atem mit diesem prickelnden Gefühl.
- Legen Sie dann die Handballen auf die Schläfen und drücken Sie dreimal leicht und langsam.
- Wiederholen Sie diesen Griff an den Wangenknochen.
- Ziehen Sie fest an beiden Ohren und halten Sie sie auseinander. Beobachten Sie, wie sich dadurch der Raum zwischen den Schädelknochen ausdehnt.
- Stützen Sie nun die Hände seitlich an den Wangen auf und ziehen Sie die Gesichtspartie über dem Oberkiefer auseinander, zuerst langsam, dann immer fester, dann halten Sie inne.
- Nun führen Sie dies am Unterkiefer aus.
- Wenden Sie alle dieser dehnenden Griffe dreimal an.
- Kratzen Sie mit spitzen Fingernägeln schnell und fest über die gesamte Kopfhaut.
- Öffnen Sie jetzt die Augen.

Tip

Diese energetisierende Massage erfreut nicht nur Sie, sondern auch Ihren Partner.

Kommentar

Entgegen allgemeiner Vorstellung sind unsere Schädelknochen keineswegs starr miteinander verwachsen, sondern in einem gewissen Rahmen durchaus beweglich. Erstaunlicherweise kommt es in den knorpeligen Verbindungen zwischen den Knochen oft zu Verspannungen. Diese blockieren den Energiefluß und beeinträchtigen so die Funktion des Kronenchakras.

Tanz der Balance

Balance als dynamischer Prozeß

Wenn Sie an den Chakren gearbeitet und ein gewisses Gefühl von Balance erreicht haben, werden Sie sich vielleicht fragen, wie Sie diese erhalten können. Dazu sind zwei Aspekte zu bedenken: Zum einen ist Balance kein Zustand, der konstant bestehen bleibt. Man muß ihn sich immer wieder erarbeiten, ähnlich wie ein Seiltänzer, der in jedem Moment achtsam um sein Gleichgewicht bemüht ist. Zum anderen strebt Energie selbst nach Ausgleich. Zwar scheint dies widersprüchlich, doch wir sind es, die dem natürlichen Streben im Weg stehen. Mit unseren Gedanken und Handlungen behindern wir den natürlichen Fluß und bringen die Energien durcheinander.

Das Gleichgewicht stören wir selbst

Diese Tatsache zeigt sich in vielen Bereichen: Jahrzehntelang dachte man, dem Waldsterben entgegenwirken zu können, indem man gezielte Rodung und Wiederaufforstung betrieb. Anhand des Bayerischen Waldes wird jedoch deutlich, daß die besten Erfolge sich zeigen, wenn man in die natürlichen Vorgänge nicht eingreift. Die gleichen Erfahrungen hat man an Korallenriffen vor Australien gemacht. Sogar in der Medizin sieht man oft, daß die Heilung von bestimmten Krankheiten schneller vorangeht, wenn man sie nicht beeinflußt. Denken Sie an das Sprichwort aus dem Volksmund, nach dem eine Erkältung ohne Medikamente eine Woche, mit Arzneien sieben Tage dauert.

Letztlich sind also wir es, die durch das Zulassen des

Energieflusses Balance erreichen können. Mit anderen Worten ausgedrückt, ist Balance eine Herausforderung an unsere Fähigkeit, uns dem Leben mit seinen Ereignissen hinzugeben.

Hingabe

Was bedeutet Hingabe genau? Heißt dies, einfach alles geschehen zu lassen oder sich zurückzulehnen, zuzuschauen und zu hoffen, daß sich die Dinge ergeben? Dieser Zustand wäre eher als Lethargie zu bezeichnen. Sich hinzugeben beinhaltet Aktivität. Es ist eine Lebenseinstellung und eine Kraft. Das bedeutet, sich von der Seele leiten zu lassen und sich den Aufgaben zu stellen, die einem auf dem Weg zur Reife begegnen. Auseinandersetzungen und notfalls Kämpfe sind Schritte in dieser Entwicklung.

Der Weg zur Reife führt über Hingabe

Hingabe ist mit Sicherheit eine der schwierigsten Fähigkeiten, die es zu erlernen gilt. Nur in seltenen Momenten erkennen wir, daß wir den Dingen ihren Lauf lassen müssen. Dann erfahren wir ein großes Gefühl von Freiheit, das meist in sehr dramatischen Momenten entsteht, z. B. während eines Unfalls, wenn ein uns nahestehender Mensch stirbt oder im Fall von Nahtoderfahrungen. Durch Meditationen und aufrichtige Gebete verspüren wir ebenfalls das Gefühl der Hingabe.

Intuition

Um uns dem Leben hingeben zu können, brauchen wir eine starke Intuition, die uns leitet und berät. Dazu müssen wir zuerst einmal lernen, ihr zu vertrauen. Hierzu werden viele Seminare oder Bücher angeboten, die dabei helfen sollen, die Intuition zu schulen. Greifen wir zu solchen Hilfsmitteln, zeigt sich bereits das Mißtrauen, mit dem wir ihr begegnen. Wir wünschen uns Tips, die uns den richtigen Weg vorgeben, dahinter verbirgt sich aber die Suche nach risikoloser Sicherheit. Dies aufzugeben, ist der erste Schritt zum Vertrauen. Denn wären die Ratschläge der Intuition sicher und vorhersehbar, stellt sich die Frage nach ihrer Notwendigkeit.

Unsere Ahnungen geben uns Hinweise

Intuition führt uns auf neue Wege und zeigt uns Alternativen, an die wir vorher nicht gedacht haben. Aber genausowenig, wie uns eine Landkarte enthüllt, wie es am Ankunftsort ausschaut, verrät uns die Intuition den zu beschreitenden Weg vom ersten Schritt bis zum Ziel. Wir erhalten von ihr den Hinweis auf die erste mögliche Etappe. Haben wir diese Station erreicht, folgt der nächste Fingerzeig. Dies ist nicht als Hellseherei zu verstehen. Wir erfahren nicht, wie wir die nächsten 50 Jahre verbringen werden. Vielmehr verspüren wir ein vages Gefühl, eine Ahnung bezüglich einer Handlung, deren Umsetzung richtig erscheint.

Seele

Sie werden sich jetzt vielleicht fragen, wie man erkennt, ob man dem Streben der Energie nach Balance im Weg steht? Eine einfache Antwort darauf wäre die Empfehlung zu überprüfen, ob Sie dem Drängen Ihrer Seele nachgeben. Aber schon stellt sich die nächste Frage: Woher weiß ich, welche Absicht meine Seele verfolgt?

Thomas Moore zeigt in seinem Buch *Seel-Sorge*, daß jede Reaktion, jeder Gedanke und jeder Atemzug Ausdruck unserer Seele ist. Sie verlangt nach Entwicklung, Körper und Geist sind ihr Werkzeug. Wenn wir uns also genau beobachten, unseren Bedürfnissen nachgehen und unsere Verhaltensweisen mit Abstand betrachten, können wir das Streben der Seele erkennen. Dazu müssen wir vor allem den Unterschied zwischen Ursache und Wirkung sehen lernen.

Die Absicht der Seele erkennen

Der Unterschied zwischen Ursache und Wirkung

An einem Beispiel aus der Schulmedizin wird diese Verwechslung deutlich: Ein Patient mit Krampfadern als erkennbarem Symptom kommt zu einem Arzt. Zwei Behandlungsmethoden werden ihm vorgeschlagen. Die

Krampfadern könnten einerseits durch eine Operation entfernt, andererseits mit Salbe oder der Empfehlung, sich mehr zu bewegen, therapiert werden. Die zweite Möglichkeit beinhaltet die Bekämpfung der vermeintlichen Ursachen wie Bindegewebsschwäche und deren Konsequenzen, z. B. Schmerzen und Entzündungen, um die Beschwerden zu lindern.

Aus dem Blickwinkel der Seele betrachtet, sind die Krampfadern jedoch nur Wirkung. Die Ursache liegt darin, daß der Patient seiner Seele nicht erlaubt hat, sich so zu entfalten, wie sie es gebraucht hätte. Diese Blockade drückt sich im Venenstau aus.

Will man nun die Seele und ihr Ziel erkennen, muß man damit beginnen, alle Gefühlsregungen und Sehnsüchte als ihren Ausdruck anzuerkennen. Der Weg führt also über Integration, nicht über Abspaltung, Betäubung oder Linderung der Symptome. Das erfordert Ehrlichkeit gegenüber sich selbst und Mut dazu, auch jenen Seiten in uns zu begegnen, die nicht in unser Image, in unsere Erziehungsvorschriften oder in die gesellschaftlich angemessenen Moralvorstellungen passen.

Gerade in esoterischen Kreisen betrachtet man viele Gefühle und Sehnsüchte als niedere Bedürfnisse und entwertet sie damit, wie z. B. den Wunsch nach finanzieller Sicherheit oder die Freude an materiellen Dingen. Doch gerade solche verdrängten Aspekte können Macht über uns gewinnen. Unsere Freiheit erhalten wir dann zurück, wenn wir diese abgespaltenen Teile unserer Persönlichkeit wieder integrieren, indem wir uns zu ihnen bekennen und sie verstehen lernen. Der Psychologe C. G. Jung bezeichnete diesen Vorgang als Integration der Schattenseiten.

Balance durch Integration unserer Schattenseiten

Übung

- Durchforsten Sie alle Lebensbereiche und erstellen Sie eine Liste Ihrer größten Abneigungen:

- Achten Sie dabei darauf, daß Sie vor allem jene Aspekte aufschreiben, die die größte emotionale Ladung tragen. Was verabscheuen Sie an anderen Menschen? Welches Gedankengut? Welche Handlung? Welche Bedürfnisse und Neigungen?
- Nun ist Ihr Mut gefordert: Welchen Bezug haben Sie zu diesen Themen? Meistens ist die Beantwortung dieser Frage eher schwierig, selbst wenn man sich vornimmt, ehrlich zu sein. Denn die wirklichen Bedürfnisse liegen oftmals unter einem Berg von Moralvorstellungen, gesellschaftlichen Konventionen und den Zwängen unseres Images vergraben. Vor allem Themen im zwischenmenschlichen Bereich bezüglich Sexualität und Partnerschaft beinhalten solche versteckten Ansichten, z. B. Promiskuität, Neid, Geiz, Gier, außergewöhnliche Sexualpraktiken oder Machthunger.
- Haben Sie sich diese Aspekte bewußt gemacht, müssen Sie dennoch nicht alles ausleben, was sich in Ihnen regt. Achten Sie aber darauf, andere Menschen in ihrer Freiheit und Gesundheit nicht zu beeinträchtigen.
- Beschäftigen Sie sich mit jedem einzelnen dieser Gesichtspunkte. Was würde passieren, wenn Sie Ihre Vorstellungen auslebten? Wie würden Sie sich fühlen? Wie würde sich Ihr Freiheitsempfinden dadurch verändern? Bedeutete es einen Entwicklungsschritt? Paßt es in Ihr Leben?
- Haben Sie das Gefühl, in einem bestimmten Bereich experimentieren zu wollen, dann erforschen Sie ihn genauer. Analysieren Sie aber nicht zuviel, sondern investieren Sie Ihre Zeit und Energie, um herauszufinden, wie Sie diese Aspekte integrieren können, um der Seele ihr Recht zu geben und ohne dabei sich selbst zu schaden.

Tip

Zusätzlich zu dieser Übung sollten Sie lernen, mit offenen Augen durch das Leben zu gehen. Beobachten Sie sich und Ihr Verhalten, achten Sie auf Ihre Gefühle. Was will sich zeigen? Wovor schrecken Sie zurück? Wodurch wird Ihre Neugier geweckt?

Konferenz der Krafttiere

Eine zum Teil sehr unterhaltsame und vielfach unterschätzte Möglichkeit, die Chakren in Balance zu halten, besteht darin, regelmäßige Konferenzen der Krafttiere einzuberufen.

Übung

- Suchen Sie sich mit Hilfe der zuvor angeführten Übung (s. S. 137 Das Schutztier) ein Krafttier für jedes Chakra aus, beginnend mit dem Wurzelchakra.
- Sobald Sie die sieben Tiere gefunden haben, bitten Sie das für das Kronenchakra zuständige, eine Konferenz einzuberufen. Es möge sich um einen geeigneten Versammlungsort kümmern.
- Lassen Sie die Tiere miteinander kommunizieren, Sie nehmen nur als Beobachter teil, der lediglich die eine oder andere Hilfestellung leistet, z. B. wenn Mißverständnisse entstehen oder sich Grüppchen bilden.
- Verstehen Sie jede Reaktion als einen Hinweis auf den Zustand Ihres jeweiligen Chakras und reagieren Sie entsprechend.
- Um eine Balance herzustellen, müssen sich die Tiere verstehen und vertragen. Veranstalten Sie Tänze oder Partys, bei denen sich die Wesen an den Pfoten halten und gemeinsam bewegen.

Tip

Beraumen Sie diese Treffen regelmäßig an. Sie fördern den Kontakt zwischen den Chakren und daher den Energiefluß im System. Zusätzlich helfen Sie sich selbst, da Sie mit Ihren Chakren in Verbindung bleiben.

Kommentar

Da diese Tiere sozusagen als Sprecher Ihrer Chakren auftreten, weiß jedes genau über den Zustand seines Energiezentrums Bescheid. Zusätzlich zu dem energetischen Ausgleich können Sie diese Treffen auch dazu nutzen, konkrete Fragen zu stellen, den einzelnen Tieren Bedürfnisse zu erfüllen oder ihnen einfach zuzuhören. Dadurch erkennen Sie die Ursachen und Mängel, die Blockaden im Zusammenspiel der Chakren auslösen.

Chakren-Reinigung

Reinigen Sie die Chakren zwischendurch immer wieder. Schon innerhalb kurzer Zeit sammeln sich Dinge an, auf die man gut verzichten kann.

Übung

- Legen Sie sich flach und entspannt auf den Boden.
- Atmen Sie langsam und bewußt, bis Sie völlig ruhig sind.
- Nehmen Sie Kontakt zu Ihren Chakren auf.
- Visualisieren Sie, wie aus der Erde eine rosafarbene Flüssigkeit in Ihren Körper eindringt. Langsam füllt sich Ihr Körper bis in die letzte Zelle mit ihr.
- Diese Reinigungsflüssigkeit befreit Sie von Gefühlen, die Ihre Chakren blockieren, z. B. Schuld, Zorn, unverarbeitete Erfahrungen, Pessimismus oder Angst.
- Langsam und sicher nimmt die Flüssigkeit alle Spannungen und Verunreinigungen auf, die sich in ihr vollständig auflösen.
- An hartnäckigen Stellen können Sie nachhelfen, indem Sie im Geiste eine Bürste, eine Blüte oder einen anderen für Sie geeigneten Gegenstand verwenden.

- Sobald Ihre Chakren sauber sind, lassen Sie die Reinigungsflüssigkeit durch Hände und Füße wieder ausfließen.
- Wenden Sie sich dann wieder den Chakren zu und kräftigen Sie sie durch Farbmeditation. Senden Sie beginnend mit dem 1. Chakra die jeweilige Farbe in das Energiezentrum: Rot wirkt auf das 1., Orange auf das 2., Gelb auf das 3., Grün auf das 4., Hellblau auf das 5., Königsblau auf das 6. und Violett auf das 7. Chakra. Stellen Sie sich vor, daß Sie die Zentren mit kräftigem, leuchtendem, farbigem Licht bestrahlen. Alternativ dazu können Sie sie auch bemalen oder mit glitzernden Edelsteinen schmücken.
- Nachdem Sie dies abgeschlossen haben, treten Sie aus sich heraus und schauen Sie sich an. Sehen Sie Ihre Chakren farbig leuchten.

Es gibt noch viele andere Möglichkeiten, die Chakren zu säubern. Lassen Sie sich von Ihrer Intuition leiten. Sie können sich Rituale einfallen lassen, tanzen, einen Berg hinaufklettern. Sie können sich aber auch von Sonne, Wind oder dem Wasser in einem See reinigen lassen. Benutzen Sie Ihre Vorstellungskraft und folgen Sie Ihrem Gefühl.

Chakren-Schließen

Es ist sinnvoll, die Chakren einmal täglich zu schließen. Dazu streicht man mit der flachen Hand über sie hinweg wie über die Ähren in einem Kornfeld. Sie geben kurz nach und richten sich dann wieder auf.

Übung

- Stellen Sie sich aufrecht und locker auf einen geraden Untergrund.
- Atmen Sie mehrmals tief in Ihren Beckenboden hinunter und entspannen Sie dabei Bauch und Zwerchfell.
- Legen Sie die Hände wie einen Schutzschild vor dem

Genitalbereich übereinander. Der Abstand zum Körper sollte etwa fünf Zentimeter betragen.

- Nachdem Sie sich geistig auf das Schließen der Chakren eingestellt haben, führen Sie die Hände ganz langsam am Körper entlang über die einzelnen Zentren bis zum Scheitelchakra hinauf.
- Atmen Sie dabei tief und entspannt.
- Wiederholen Sie dieses Schließen siebenmal.

Tip

Machen Sie Übung am besten immer abends, nachdem Sie von der Arbeit nach Hause gekommen sind und bevor Sie Ihren Feierabend genießen.

Kommentar

Mit dieser Übung unterstützen Sie die Flexibilität Ihrer Chakren.

Chakren über die Fußreflexe stimulieren

Eine weitere hervorragende Methode, auf die Chakren einzuwirken, bietet die Fußreflexzonenmassage. Die Grundlage ihrer Wirksamkeit liegt darin, daß unsere Fußsohlen ein Abbild unseres gesamten Organismus darstellen. Die Fußzonen stehen über das Gehirn mit den jeweiligen Körperteilen oder -bereichen in Verbindung. Über die Stimulation jener kann man daher direkt auf Organe und selbstverständlich auch auf die Chakren einwirken. Ihre Reflexzonen befinden sich entlang des Fußgewölbes, der dichten Muskelpartie an der Innenseite des Fußes, die vom großen Zeh bis zur Ferse reicht. Diese wird reflektorisch der Wirbelsäule zugeordnet.

Massieren Sie jedoch grundsätzlich den ganzen Fuß, um energetische Dysbalance zu vermeiden. Beginnen Sie immer mit dem linken Fuß, arbeiten Sie von den Zehenspitzen nach unten zur Ferse und von außen nach innen.

Das entspricht dem Verlauf der Lymphbahnen und des Darms sowie dem allgemeinen Heilungsprinzip.

Bewegung und Natur

Unser Organismus ist auf Bewegung in ausreichender Menge angewiesen. Doch in unserem modernen Leben beachten wir dies zuwenig. Als Konsequenz ergeben sich vielfältige Beschwerden und Krankheiten. Mangelnde Durchblutung führt zu einer Sauerstoffunterversorgung in den Organen und im Gewebe. Stoffwechselrückstände, z. B. unverbrauchtes Adrenalin nach Schreck, Schock und Streß, sowie Gifte wie Amalgam, Schwermetalle und chemische Substanzen lagern sich im Körper ab. Die Muskulatur wird geschwächt, dadurch wird die Entstehung von Osteoporose und Knochenabbau gefördert. Doch die viel schwerer wiegende Folge besteht darin, daß wir den Kontakt zur Natur verlieren.

Erholung der Sinnesorgane durch Natur

Regelmäßige Spaziergänge wirken in vielfacher Hinsicht positiv auf unsere Chakren, unsere Entwicklung und unseren Energiehaushalt. Frische Waldluft hat zweifelsohne eine ganz andere Qualität als abgasverpestete Stadtluft. Natürliche Düfte reinigen unsere Riechzellen, die im Alltag mit künstlichen Duftstoffen, die in Waschmitteln, Shampoos oder Parfüms enthalten sind, bombardiert werden.

Unsere durch Werbeplakate und Fernsehen verdorbenen Augen können sich bei Naturbetrachtungen erholen. Die natürlichen Farben vervollständigen unser inneres Farbspektrum, und ihr Zusammenspiel harmonisiert unseren Energiehaushalt.

Durch die farblichen Wahrnehmungen während der verschiedenen Jahreszeiten bringen wir uns mit dem natürlichen Rhythmus wieder in Einklang. Beschwerden durch Wetterveränderung oder Jahreszeitenwechsel werden deutlich gelindert.

Zudem werden Sie die Klänge der Natur mit Lebensfreude erfüllen. Hören Sie genau auf Blätterrascheln, Vogelgezwitscher, knackendes Geäst und davonlaufende Rehe.

Ein Aufenthalt in der Natur bringt Wohlbefinden

Ein Aufenthalt in der Natur wirkt auf das durch viele Eindrücke überreizte Zentrale Nervensystem stabilisierend, beruhigend und ausgleichend. Darüber hinaus lernen wir, den natürlichen Lauf der Dinge wieder wahrzunehmen. Wir werden mit Verfall und Tod konfrontiert und sehen nicht nur die Blüte und Schönheit. Wenn Sie sich nun noch die Schuhe ausziehen und langsam barfuß über den Waldboden laufen, schenkt Ihnen die Natur eine wunderbar stimulierende Fußreflexzonenmassage.

Teil III

Der Energie-TÜV

Vorbemerkungen

Man kann auf verschiedene Arten feststellen, welches Chakra im Moment der größten Aufmerksamkeit bedarf. Sicher haben Sie beim Lesen schon entdeckt, welche Themen Sie ganz persönlich angesprochen haben. Aber vielleicht gibt es auch eine Körperregion, die immer wieder von Schmerzen oder Krankheiten heimgesucht wird und damit auf ein Ungleichgewicht in einem Chakra hinweist. Sie können die Chakren auch von einem erfahrenen Pendler auspendeln lassen. Oder Sie führen unseren kleinen Test durch. Dazu vorab noch ein paar Tips:

- Die Fragen und möglichen Antworten sind lediglich als Anhaltspunkte zu verstehen. Die Bewußtseinszentren sind viel zu komplex, als daß man sie auf wenige Fragen reduzieren könnte.
- Analysieren Sie daher die Fragen nicht, antworten Sie spontan. Sie werden bei der Auswertung sehen, daß es nicht auf die einzelne Antwort ankommt.
- Lesen Sie zuerst alle möglichen Antworten durch, um ein Gespür für die Frage zu bekommen.
- Dieser Test gibt Auskunft über den momentanen Zustand des jeweiligen Chakras. Zu einem späteren Zeitpunkt kann der Test ganz anders ausfallen.
- Versuchen Sie nicht, sich etwas zu beweisen. Geben Sie alle Selbstbilder auf, bevor Sie die Fragen beantworten.
- Selbsteinschätzungen fallen oftmals schwer, weil man

sich automatisch als Maßstab nimmt und in manchen Punkten daher der Bezug fehlt. Wenn Sie ganz unsicher sind, fragen Sie Freunde.

- Lesen Sie die Auswertung (Seite 266) erst, wenn Sie alle für Sie in Frage kommenden Testbögen ausgefüllt haben.
- Kopieren Sie die Testbögen oder füllen Sie sie nur mit Bleistift aus, so können Sie sie zu einem späteren Zeitpunkt wiederholen.

Test zum 1. Chakra

a b c d e

1. Wie reagiert Ihr Körper im Falle einer Erkrankung?

a. Er braucht sehr lange, um zu genesen.
b. Er braucht lange, um zu genesen.
c. Er wird schnell krank und schnell wieder gesund.
d. Es dauert lange, bis ich richtig erkranke.
e. Ich erlaube mir nie, krank zu werden.

a b c d e

2. Fühlen Sie sich geerdet?

a. Selten.
b. Manchmal.
c. Immer.
d. Sehr.
e. Extrem.

a b c d e

3. Wie oft sind Sie scheinbar ohne Grund verstimmt?

a. Oft.
b. Manchmal.
c. Nie.
d. Ich erlaube mir keine Verstimmungen.
e. Man hat nicht verstimmt zu sein.

a b c d e

4. Wie gut können Sie mit Streßsituationen umgehen?

a. Sie machen mich krank.
b. Nicht besonders gut.
c. Im allgemeinen ganz gut.
d. Ich hab gerne Streß.
e. Ohne Streß könnte ich nicht leben.

5. Haben Sie oft Krämpfe? a b c d e

a. Nein, aber ich verstauche mir ständig etwas.
b. Nein, ich bin eher kraftlos.
c. Nie.
d. Manchmal.
e. Ja, sehr oft.

6. Wie schwer fällt es Ihnen, allein zu sein? a b c d e

a. Ich gerate in Panik.
b. Ich bin ungern allein.
c. Manchmal bin ich gern allein.
d. Ich bin lieber allein.
e. Ich kann mit anderen Menschen nichts anfangen.

7. Wie kommen Sie in der materiellen Welt zurecht? a b c d e

a. Sie überfordert mich.
b. Dauernd geht mir etwas kaputt.
c. Ich komme gut zurecht.
d. Ich liebe Materie.
e. Ich kann nur mit Materiellem etwas anfangen.

8. Wie gut können Sie mit Geld umgehen? a b c d e

a. Ich finde keinen Bezug dazu.
b. Mehr schlecht als recht.
c. Ich kann mir alles leisten, was ich brauche.
d. Es reicht oft nicht aus.
e. Ich habe immer zuwenig.

9. Nehmen Sie Ihre Bedürfnisse wahr? a b c d e

a. Was ist mit Bedürfnis gemeint?
b. Manchmal.
c. Meistens.
d. Ich kenne sie zu gut.
e. Ich habe sie ständig im Blick.

a b c d e

10. Wie leicht fällt es Ihnen, Dinge zu verschenken?

a. Ich behalte nie etwas für mich.
b. Ich bin sehr großzügig.
c. Ich gebe gerne, besitze aber auch gern.
d. Ich gebe ungern.
e. Ich gebe fast nie.

a b c d e

11. Wie fühlen Sie sich in der Natur?

a. Verloren.
b. Geht so.
c. Sie schenkt mir Kraft.
d. Ich gehe oft, aber es bringt mir wenig.
e. Ich bin ständig in der Natur.

a b c d e

12. Leiden Sie unter kalten Extremitäten?

a. Ständig.
b. Manchmal.
c. Nie.
d. Eher das Gegenteil.
e. Ich fühle mich immer ganz heiß.

Test zum 2. Chakra

1. Können Sie einem anderen Menschen Platz neben sich einräumen? a b c d e

a. Ich brauche immer jemanden ganz nah bei mir.
b. Ohne Nähe komme ich schlecht zurecht.
c. Gut.
d. Ungern.
e. Er darf mir nicht zu nahe kommen.

2. Wie groß ist Ihr Kinderwunsch? a b c d e

a. Ich möchte auf keinen Fall ein Kind.
b. Ich fühle mich noch nicht soweit.
c. Ich würde mich über ein Kind freuen.
d. Ich will unbedingt Kinder.
e. Ich will eine ganze Fußballmannschaft bekommen.

3. Gibt es Auseinandersetzungen in Ihrer Partnerschaft? a b c d e

a. Nie.
b. Zu selten.
c. Ab und zu, wenn es nötig ist.
d. Leider oft.
e. Unsinnigerweise sehr oft.

4. Bestehen Sie auf sexueller Treue? a b c d e

a. Unbedingt.
b. Eigentlich schon.
c. Nein, aber ich freue mich, wenn ich die Wünsche meines Partners erfüllen kann.
d. Ich will frei sein.
e. Treue ist totaler Quatsch.

a b c d e

5. *Wie gut kommen Sie mit Ihren gegengeschlechtlichen Aspekten zurecht?*
a. Ich fühle mich ganz wie das andere Geschlecht.
b. Ich fühle oft wie das andere Geschlecht.
c. Gut.
d. Ich kann nichts Gegengeschlechtliches in mir finden.
e. Das würde ich gar nicht fühlen wollen.

a b c d e

6. *Wie wohl fühlen Sie sich, wenn Ihnen andere Menschen körperlich nahe kommen?*
a. Nähe brauche ich dringend.
b. Ich suche die Nähe.
c. Wenn es nette Menschen sind, ist es schön.
d. Unwohl.
e. Ich kann mit Nähe nichts anfangen.

a b c d e

7. *Drücken Sie Zärtlichkeit aus?*
a. Ständig.
b. Oft.
c. In angemessenem Rahmen.
d. Selten.
e. Nie.

a b c d e

8. *Wie gehen Sie mit sexuellen Fantasien um?*
a. Ich habe keine.
b. Ich verdränge sie.
c. Ich versuche, sie auszuleben.
d. Ich lebe alles aus.
e. Ich bin sexuell so aktiv, daß ich keine Zeit für Fantasien habe.

Test zum 3. Chakra

1. Wie fühlen Sie sich in Gruppen? a b c d e

a. Verloren.
b. Unwohl.
c. Gut.
d. Ich brauche Gruppen.
e. Ich leite Gruppen.

2. Leiden Sie unter Verdauungsproblemen? a b c d e

a. Ich habe oft Durchfall.
b. Manchmal.
c. Normalerweise nicht.
d. Ich leide manchmal unter Verstopfungen.
e. Ich habe oft Verstopfungen.

3. Wie sensibel reagieren Sie auf Einflüsse von außen? a b c d e

a. Extrem sensibel.
b. Sehr sensibel.
c. Ich nehme sie wahr, werde aber nicht beeinflußt.
d. Ich kriege selten etwas mit.
e. Ich spüre nichts.

4. Welche Rolle übernehmen Sie im Leben? a b c d e

a. Ich bin immer das Schlußlicht.
b. Ich bin der Vermittler.
c. Ich befinde mich in der goldenen Mitte.
d. Ich bin der Helfer.
e. Ich versorge meine gesamte Umwelt.

a b c d e *5. Wie stark ist Ihr Selbstwertgefühl?*
a. Sehr schwach.
b. Könnte stärker sein.
c. Stark.
d. Ich bin sehr von mir überzeugt.
e. Ich bin extrem von mir überzeugt.

a b c d e *6. Leiden Sie manchmal unter dem unbegründeten Gefühl, schwach zu sein?*
a. Sehr oft.
b. Ja.
c. Nein.
d. Ich bin nie schwach.
e. Ich darf nicht schwach sein.

a b c d e *7. Wie stark schätzen Sie Ihre eigene Ausstrahlung ein?*
a. Sehr gering.
b. Eher gering.
c. Gut.
d. Sehr stark.
e. Eher zu stark.

a b c d e *8. Befinden Sie sich in Ihrer Mitte?*
a. Nie.
b. Selten.
c. Oft.
d. Brauch ich nicht.
e. Ich habe keine Mitte.

Test zum 4. Chakra

1. Wie reagieren Sie, wenn jemand, der Ihnen nicht nahesteht, Hilfe braucht? a b c d e

a. Ich helfe immer.
b. Ich helfe oft.
c. Ich helfe, wenn es notwendig ist.
d. Ich helfe ungern.
e. Ich helfe nie.

2. Wie stabil ist Ihr Immunsystem? a b c d e

a. Ich bin dauernd krank.
b. Ich bin infektanfällig.
c. Ausgewogen.
d. Ich leide manchmal unter Allergien.
e. Ich habe viele Allergien.

3. Wie kritisch sind Sie sich selbst gegenüber? a b c d e

a. Ich bin zu kritisch.
b. Ich bin oft sehr kritisch.
c. Ich beobachte mich und lerne aus meinen Fehlern.
d. Selbstkritik bringt nichts.
e. Ich mache keine Fehler.

4. Wie gern haben Sie sich selbst? a b c d e

a. Ich mag mich nicht.
b. Ich habe viele Fehler.
c. Ich mag mich trotz meiner Macken.
d. Ich bin von mir überzeugt.
e. Ich finde mich toll.

a b c d e *5. Setzen Sie Grenzen?*
a. Das gelingt mir nicht.
b. Es gelingt mir nur selten.
c. Ich grenze mich ab, wenn es notwendig ist.
d. Ja, einige.
e. Meine Grenzen sind unumstößlich.

a b c d e *6. Haben Sie Herzprobleme?*
a. Ja, ich habe ein schwaches Herz.
b. Ich leide manchmal unter Herz-Rhythmusstörungen.
c. Nein.
d. Ja, ich habe Herzschmerzen.
e. Ja, ich habe Herzflattern.

a b c d e *7. Wie sehr fühlen Sie sich mit der Menschheit als solches verbunden?*
a. Überhaupt nicht.
b. Nur manchmal.
c. Sehr.
d. Extrem.
e. Ich denke nur an die anderen und selten an mich.

a b c d e *8. Wie reagieren Sie auf das Leid anderer?*
a. Es berührt und lähmt mich.
b. Ich fühle mich längere Zeit berührt.
c. Ich empfinde Mitgefühl und helfe wenn möglich.
d. Ich helfe.
e. Ich tue alles, was in meiner Macht steht.

9. Leiden Sie unter Problemen im Rücken oder in der Brust? a b c d e

a. Ich kann mich nicht stark genug aufrichten.
b. Manchmal verspüre ich Beschwerden.
c. Nein.
d. Zeitweilig bin ich verspannt.
e. Ich bin immer verspannt.

10. Wie gern übernehmen Sie Verantwortung? a b c d e

a. Ich vermeide sie, wo es geht.
b. Ungern.
c. Ich übernehme sie, wenn es nötig ist.
d. Ich übernehme sie oft, auch wenn es nicht sein müßte.
e. Ich übernehme ständig zuviel Verantwortung.

Test zum 5. Chakra

a b c d e

1. Wie gut können Sie sich ausdrücken?
a. Es fällt mir schwer.
b. Ich kann mich nur begrenzt verständlich machen.
c. Gut.
d. Es ist den anderen manchmal zuviel.
e. Ich wünschte, ich könnte mich zurückhalten.

a b c d e

2. Leiden Sie unter Problemen mit der Atmung?
a. Ich kriege nicht genug Luft.
b. Habe manchmal Atemnot.
c. Nein.
d. Ich habe oft Luft im Bauch.
e. Ich habe Asthma.

a b c d e

3. Wie laut ist Ihre Stimme?
a. Sehr leise.
b. Eher leise.
c. Normal laut.
d. Eher laut.
e. Sehr laut.

a b c d e

4. Wie leicht fällt es Ihnen, Ziele in Handlung umzusetzen?
a. Sehr schwer.
b. Nicht leicht.
c. Funktioniert ganz gut.
d. Ich kämpfe darum.
e. Ich erreiche jeden Vorsatz, koste es, was es wolle.

5. Fühlen Sie sich von anderen Menschen verstanden? a b c d e

a. Nein.
b. Selten wirklich.
c. Ja.
d. Ja, aber ich mißverstehe die anderen.
e. Ich bin der einzige, der Verständnis aufbringt.

6. Wie hoch ist ihre Stimme? a b c d e

a. Extrem hoch.
b. Zu hoch.
c. Normal hoch.
d. Eher tief.
e. Sehr tief.

7. Trauen Sie sich, die Wahrheit zu sagen? a b c d e

a. Selten.
b. Nur manchmal.
c. Ich bemühe mich.
d. Ich kann nicht lügen.
e. Ich sage aus Prinzip immer die Wahrheit.

8. Leiden Sie unter Halsproblemen? a b c d e

a. Ich bin sehr infektanfällig.
b. Ich bin oft erkältet.
c. Nein.
d. Ich bin manchmal heiser.
e. Ich bin oft heiser.

9. Wie gut ertragen Sie Stille? a b c d e

a. Gar nicht.
b. Nicht besonders gut.
c. Gut.
d. Ist mir lieber als alles andere.
e. Ich mag überhaupt nichts hören.

Test zum 6. Chakra

a b c d e

1. Wie sehr können Sie sich auf Ihre Sinne verlassen?
a. Ich habe Probleme damit.
b. Manchmal ist es schwierig.
c. Gut.
d. Ich höre und sehe alles.
e. Ich kriege viel zu viel mit.

a b c d e

2. Sind Sie fähig, einen inneren Dialog zu halten?
a. Ich werde vom Geplapper in meinem Kopf gestört.
b. Selten.
c. Ja.
d. Es fällt mir schwer, innerlich mit mir zu sprechen.
e. Nein, ich kann es nicht.

a b c d e

3. Wie gehen Sie mit Problemen um?
a. Ich schiebe sie weg, so lange es geht.
b. Ich zögere sie hinaus.
c. Ich nehme sie in Angriff.
d. Ich denke lange darüber nach.
e. Ich grüble ständig darüber nach.

a b c d e

4. Wie leicht fällt es Ihnen, neue Einsichten anzunehmen?
a. Ich habe keine Einsichten.
b. Ich habe ständig neue.
c. Funktioniert ganz gut.
d. Warum sollte ich meine alten in Frage stellen?
e. Es soll alles so bleiben, wie es ist.

5. Wie tolerant schätzen Sie sich ein? a b c d e

a. Mir ist alles gleich.
b. Sehr tolerant.
c. Jeder soll das tun, was er für richtig hält, solange er andere nicht verletzt.
d. Es muß alles seine Ordnung haben.
e. Ich finde, Toleranz hat klare Grenzen.

6. Haben Sie Zugang zu Ihren Träumen? a b c d e

a. Ich träume ständig.
b. Ich träume oft.
c. Wenn ich will, erinnere ich mich an sie.
d. Ich träume selten.
e. Ich träume nie.

7. Vertrauen Sie Ihrer Intuition? a b c d e

a. Nein.
b. Manchmal.
c. Ja.
d. Ich bin sehr intuitiv.
e. Mein ganzes Leben basiert auf Intuition.

8. Wie kreativ schätzen Sie sich ein? a b c d e

a. Ich bin sehr bodenständig veranlagt.
b. Nicht besonders.
c. Sehr.
d. Extrem.
e. Mein Leben ist Kreativität.

Test zum 7. Chakra

a b c d e

1. Wie deutlich sehen Sie Ihr Lebensziel?

a. Ich habe keins.
b. Eher unklar.
c. Klar.
d. Ich denke nicht darüber nach, ich wußte immer schon, was ich wollte.
e. Ich tue das, was mir meine Eltern gesagt haben.

a b c d e

2. Haben Sie Moralvorstellungen?

a. Natürlich.
b. Zu viele.
c. Ich überdenke die Situation und entscheide dann, was richtig ist.
d. Kaum.
e. Moral ist überflüssig.

a b c d e

3. Leiden Sie unter Nervosität?

a. Ich wäre froh, wenn ich soviel Energie hätte.
b. Nein, ich bin eher träge.
c. Nein.
d. Ja, manchmal.
e. Ständig.

a b c d e

4. Empfinden Sie Frieden?

a. Nein, eher Leere.
b. Selten.
c. Ja, oft.
d. Ich bin zu aufgedreht.
e. Für Frieden habe ich Zeit, wenn ich tot bin.

5. Wie denken Sie über den Tod? a b c d e

a. Ich habe Angst vor ihm.
b. Ich denke ungern darüber nach.
c. Er ist ein Teil des Lebens.
d. Ich denke nie darüber nach.
e. Ich wäre gern unsterblich.

6. Haben Sie Kopfschmerzen? a b c d e

a. Mein Kopf fühlt sich oft ganz leer an.
b. Manchmal fühlt sich mein Kopf wie aus Watte an.
c. Praktisch nie.
d. Ja, stechende Schmerzen.
e. Manchmal starke, wie ein Ring um den Schädel.

7. Glauben Sie an eine höhere Macht? a b c d e

a. Nein.
b. Manchmal.
c. Ja.
d. Gott ist überall.
e. Ich spüre ihn/sie in jedem Moment.

8. Wie stehen Sie zum Altwerden? a b c d e

a. Ich bin froh, wenn endlich alles vorbei ist.
b. Ich wäre lieber älter als jünger.
c. Es ist schön, älter zu werden.
d. Ich wäre lieber jünger.
e. Ich wehre mich gegen das Altwerden.

Auswertung

Wenn Sie alle Fragen beantwortet haben, verbinden Sie die jeweiligen Kreuze miteinander. An der Kurve, die sich ergibt, sehen Sie, wie weit Abweichungen von der Mitte (angegeben durch Buchstabe C) vorhanden sind.
Je stärker ein Ausschlag nach rechts oder links sichtbar wird, desto größer ist das Ungleichgewicht im jeweiligen Chakra.
Beginnen Sie Ihre Arbeit nun an dem Chakra, das am auffälligsten aus der Balance geraten ist.

Weiterführende Literatur

Affirmationen
Wilde, Stuart: *Affirmationen.* München 1991
Atmen
Lewis, Dennis: *Das Tao des Atmens.* München 1997
Beziehungen
Wilson Schaef, Anne: *Die Flucht vor der Nähe.* München 1992
Dies.: *Im Zeitalter der Sucht.* München 1993
Dies.: *Co-Abhängigkeit.* München 1995
Chakren ...
Myss, Caroline. *Geistkörper-Anatomie.* München 1997
... und Fußreflexzonenmassage
Uhl, Marianne: *Chakra Energie Massage.* Aitrang 1988
... und Ernährung
Cousens, Dr. Gabriel: *Ganzheitliche Ernährung.* Frankfurt 1995
... und Farben
Muths, Christa: *Farbtherapie.* München 1989
... und Düfte
Davis, Patricia: *Aromatherapie und Chakren.* München 1993
Energie
Capra, Fritjof: *Das Tao der Physik.* München 1997
Chopra, Deepak: *Dein Heilgeheimnis. Das Schlüsselbuch zu Wohlstand und Überfluß.* München 1992
Dalichow, Irene; Booth, Mike: *Aura-Soma.* München 1994
Gordon, Richard: *Deine heilenden Hände.* München 1996

Esoterik

Dethlefsen, Thorwald: *Ödipus der Rätsellöser.* München 1990

Pfeiffer, Vera. *Positives Denken.* Köttingen/Aarau 1989

Watts, Alan: *Die Sanfte Befreiung. Moderne Psychologie und östliche Weisheit.* München 1985

Geld und persönlicher Reichtum

Chopra, Deepak: *Dein Heilgeheimnis. Das Schlüsselbuch zu Wohlstand und Überfluß.* München 1992

Ponder, Catherine: *Die dynamischen Gesetze des Reichtums.* München 1992

Wilde, Stuart: *Geld – Fließende Energie.* München 1996

Intuition

Blum, Ralph: *Runen.* München 1985

Murray, Liz; Murray Colin: *Das Keltische Baumorakel.* München 1989

Sams, Jamie; Carsons, David: *Karten der Kraft.* Aitrang 1991

Ziegler, Gerd: *Tarot.* Neuhausen 1994

Körperübungen

Kelder, Peter: *Die fünf «Tibeter».* Bern, München, Wien 1997

Tarthang, Tulku: *Selbstheilung durch Entspannung.* Bern, München 1988

Krafttiere

Cowan, Tom: *Schamanismus.* Kreuzlingen 1997

Gallegos, Eligio: *Indianisches Chakra-Heilen.* München 1994

Mandalas

Dahlke, Rüdiger: *Mandala Malblock.* München 1997

Küstenmacher Marion; Küstenmacher Werner: *Energie und Kraft durch Mandalas.* München 1998

Maschwitz, Gerda; Maschwitz Rüdiger: *Aus der Mitte malen – heilsame Mandalas.* München 1996

Meditieren

Dahlke, Rüdiger: *Reise nach Innen.* München 1995

Romane, erleuchtende

Mulisch, Harry: *Die Entdeckung des Himmels.* Reinbek 1993

Nadolny, Sten: *Die Entdeckung der Langsamkeit.* München 1987

van de Wetering, Janwillem: *Der Leere Spiegel. Erfahrungen in einem japanischen Zen-Kloster.* Reinbek 1981

Seele

Moore, Thomas: *Seel-Sorge. Tiefe und Spiritualität im täglichen Leben finden.* München 1993

Selbsterfahrung

Siems, Martin: *Dein Körper weiß die Antwort.* Reinbek 1986

Sex

Anand, Margo: *Tantra oder die Kunst der sexuellen Ekstase.* München 1990

Selbstheilung

Lechleitner, Hermann (Hg.): *Selbstheilungskräfte. Die Quelle zur Stärkung und Heilung im eigenen Ich.* Küttingen / Aarau 1997

Shealy, Dr. Norman; Myss, Caroline: *Auch Du kannst Dich heilen.* Chieming 1994

Tod

Kübler-Ross, Elisabeth: *Interviews mit Sterbenden.* Stuttgart 1996

Sogyal, Rinpoche: *Das tibetische Buch vom Leben und vom Sterben.* Bern, München, Wien 1993

Träumen

Feyler, Günther: *Lebenskompaß Traum.* Freiburg 1990

Williams, Strephon: *Durch Traumarbeit zum eigenen Selbst.* Interlaken 1995

Trance

Gore, Belinda: *Ekstatische Körperhaltungen.* Essen 1996

Harner, Michael: *Der Weg des Schamanen.* Reinbek 1986

Visualisieren

Gawain, Shakti. *Kreativ Visualisieren.* Essen 1984

Quellen

Bücher

Avalon, Arthur: *Die Schlangenkraft.* Weilheim 1961

Bailey, Alice A.: *A Treatise on White Magic.* London 1951

Bek, Lilla; Pullar, Philippa: *Chakra-Energie.* Bern, München, Wien 1987

Cowan, Tom: *Schamanismus.* Kreuzlingen 1997

Dalichow, Irene; Booth, Mike: *Aura-Soma.* München 1994

Easwaran, Eknath: *So öffnet sich das Leben. Acht Schritte der Meditation.* Freiburg 1991

Feyler, Günther: *Lebenskompaß Traum.* Freiburg 1990

Fischer-Rizzi, Susanne: *Blätter von Bäumen.* München 1980

Fromm, Erich: *Die Kunst des Liebens.* Stuttgart 1980

Gallegos, Eligio: *Indianisches Chakra-Heilen.* München 1994

Gawain, Shakti: *Kreativ Visualisieren.* Basel 1984

Gordon, Richard: *Deine heilenden Hände.* Freiburg 1996

Gore, Belinda: *Ekstatische Körperhaltungen.* Essen 1996

Harner, Michael: *Der Weg des Schamanen.* Reinbek 1986

Kaptchuk, Ted: *The Web that has no Weaver.* New York 1983

Klein, Nicolaus; Dahlke, Rüdiger: *Das senkrechte Weltbild.* München 1986

Kravette, Steve: *Complete Meditation.* New York 1982

Kurz, Ron: *Körperzentrierte Psychotherapie.* Essen 1985

Laurich, Evi: *Pfeile des Lichts.* Interlaken 1989

Lechleitner, Hermann (Hg.): *Selbstheilungskräfte. Die Quelle zur Stärkung und Heilung im eigenen Ich.* Küttingen / Aarau 1997

Maschwitz, Gerda; Maschwitz, Rüdiger: *Aus der Mitte malen – heilsame Mandalas.* München 1996

Moore, Thomas: *Seel-Sorge. Tiefe und Spiritualität im täglichen Leben finden.* München 1993

Moyers, Bill: *Die Kunst des Heilens.* München 1996

Murray, Liz; Murray Colin: *Das Keltische Baumorakel.* München 1989

Myss, Caroline: *Geistkörper-Anatomie.* München 1997

Norberg-Hodge, Helena: *Leben in Ladakh.* Freiburg 1993

Oken, Alan: *Astrologie der Seele.* München 1990

Page, Dr. med. Christine: *Chakraheilung – Körperheilung.* München 1994

Prekop, Jirina: *Hättest Du mich festgehalten ....* München 1995
Sams, Jamie; Carsons, David: *Karten der Kraft.* Aitrang 1991
Shealy, Dr. Norman; Myss, Caroline: *Auch Du kannst Dich heilen.* Chieming 1994
Siems, Martin: *Dein Körper weiß die Antwort.* Reinbek 1986
Sogyal, Rinpoche: *Funken der Erleuchtung.* Bern, München, Wien 1995
Ders.: *Das tibetische Buch vom Leben und vom Sterben.* Bern, München, Wien 1993
Storl, Wolf-Dieter: *Pflanzendevas – Die Göttin und ihre Pflanzen.* Aarau, 1997
Tarthang, Tulku: *Selbstheilung durch Entspannung.* Bern, München 1988
Thews, Gerhard; Mutschler, Ernst; Vaupel, Peter: *Anatomie, Pathophysiologie des Menschen.* Stuttgart 1991
Vollmar, Klausbernd: *Chakra-Arbeit.* München 1994
Walter, Johannes: *Chakra-Erfahrung.* München 1993
Weltzien, Diane von: *Das große Praxisbuch der Aura- und Chakra-Arbeit.* München 1993

Zeitungsartikel

Appleton, Elaine: Solo Flight. *Natural Health* Nr. 1 1997
Barandsen, Kristin: Why people don' t heal. *Yoga Journal* Nr. 5 1996
Farhi, Donna: Holding Your Breath. *Yoga Journal* Nr. 2 1996.
Goodman, Sarah: Walking Mindfully. *New Age Journal* Nr. 4 1996
Grabill, James: Hugging as a Path to the Soul. *New Age Journal* Nr. 5 1996
Hanan, Stephen Mo: Before The Talkies. *New Age Journal* Nr. 4 1996
Levine, Stephen, Ondrea: An Experiment in Mystical Union. *Yoga Journal* Nr. 1 1995
Mc Quade Crawford, Amanda: Hormones Demystified. *Yoga Journal* Nr. 3 1997
Miller, Richard: The Power of Mudra. *Yoga Journal* Nr. 5 1996
Occhiogrosse, Peter: Dream Yoga. *Yoga Journal* Nr. 1 1997
Rabbin, Robert: The Sound of Silence. *Yoga Journal* Nr. 1 1997
Rosen, Richard: Ujjayi Pranayama. *Yoga Journal* Nr. 2 1996
Salzberg, Sharon: May All Beings Be Happy. *Yoga Journal* Nr. 1 1995
Snyder, Gary: Crawling. *Yoga Journal* Nr. 1 1996